国家安全法治研究丛书

数字时代的
金融平台和加密资产

技术、风险和规制

Financial Platforms and Crypto Assets
in the Digital Era

Technologies, Risks and Regulation

沈 伟 主编

上海交通大学出版社
SHANGHAI JIAO TONG UNIVERSITY PRESS

内容提要

数字时代的数字经济出现了新的商业形式和新的商业资产，金融平台和加密资产就是典型的代表。数字和技术既是金融平台和加密资产的驱动力，也是风险来源。由于数字技术的介入，金融平台和加密资产改变了传统金融的中心化特点，使得与之匹配的中心化的金融监管显示出一种无力感。金融科技对监管提出了更高的要求，需要更有技术含量的监管科技。本书主要聚焦数字经济时代的加密经济、加密金融、加密资产，以及区块链、人工智能在金融和金融监管中的前景、法律和政策。

图书在版编目(CIP) 数据

数字时代的金融平台和加密资产：技术、风险和规制 ∕ 沈伟主编. -- 上海：上海交通大学出版社，2024.7
(国家安全法治研究丛书). -- ISBN 978-7-313-30979
-2

Ⅰ. D922.174

中国国家版本馆 CIP 数据核字第 2024B6X967 号

数字时代的金融平台和加密资产：技术、风险和规制

SHUZI SHIDAI DE JINRONG PINGTAI HE JIAMI ZICHAN：JISHU、FENGXIAN HE GUIZHI

主 编：沈 伟			
出版发行：上海交通大学出版社		地 址：上海市番禺路 951 号
邮政编码：200030		电 话：021 - 64071208
印 制：上海万卷印刷股份有限公司		经 销：全国新华书店
开 本：710 mm×1000 mm 1/16		印 张：14.5
字 数：241 千字		
版 次：2024 年 7 月第 1 版		印 次：2024 年 7 月第 1 次印刷
书 号：ISBN 978 - 7 - 313 - 30979 - 2		
定 价：58.00 元		

国家安全法治研究丛书

编 委 会

总主编：董卫民

编　委：沈　伟　韩　燕　杭　燕　巫社广

总　　序

　　国家安全是安邦定国的重要基石，围绕国家安全法治开展多视角、多领域、多法域和多方法的深度研究，是学习和落实总体国家安全观的现实需要。法治是治国理政的基本方式，保障国家安全是现行法律的应有之义。有感于此，我十分乐意为这套国家安全法治研究丛书写序，既为推荐，更是共勉。

　　法律是治国之重器，良法是善治之前提。从社会主义法制到社会主义法治，从依法治国到全面依法治国，从形成中国特色社会主义法律体系到建设中国特色社会主义法治体系，一幅波澜壮阔的法治画卷正在徐徐绘就。党的十八大以来，我国的国家安全法治建设取得历史性成就，发生历史性变革，以《中华人民共和国国家安全法》实施为引领，《反恐怖主义法》《网络安全法》《香港国安法》等 20 余部国家安全专门立法接连出台，110 余部含有国家安全条款的法律法规相继制定、修订。我本人从事法制研究 40 余年，时至今日，最直接的感悟就是中国法治环境的持续改善，法治为强国建设提供了坚实支撑。

　　当前，世界百年未有之大变局加速演进，以中国式现代化全面推进中华民族伟大复兴进入关键阶段，面对风高浪急甚至惊涛骇浪的重大考验，我们所面临的国家安全问题的复杂程度、艰巨程度明显加大，如何维护国家安全，法治既是当务之急，又是重中之重。

　　本系列丛书以国家安全为主轴，对传统安全和非传统安全的各个领域展开系统化研究，既有美国高校使用的专业课教材，也有国际前沿领域专家学者论文的精选；既有国家安全问题的专著，也有专题文献的汇总。每一部书深入、详尽地分析与国家安全有关的理论、案例、问题和制度，从一个核心问题出发，由浅及深地阐述，有助于读者在国内法、比较法和国际法的不同视野下，在世界之变、时代之变、历史之变的大背景下理解国家安全法治的重要意义，了解其他国家的国家安全法律体系和制度，特别是思考在非传统安全领域的新型安全问题所面临的风险和挑战。本系列丛书将开放地吸收国家安全研究的最新成果，将我国和世界其他国家的经验、教训、理论、实践加以归纳和总结，以达到探讨、反思、学习和借鉴的目的。

对我而言，阅读本系列丛书的过程，也是进一步学习和研究国家安全法治的过程。世界各国几乎都有保障国家安全的立法，美国是国家安全法律体系最为完备的国家，最早专门就国家安全进行立法，从1787年通过《美利坚合众国宪法》之后，又陆续出台了国家安全领域的综合性、系统性法律法规，国家安全立法可谓贯穿其整个历史，涵盖内容无所不及。因此，全面理解和认识美国的国家安全法律体系，特别是在中美关系日益复杂、美国全面遏制我国的背景下，对我们做好国家安全工作有着重要的借鉴意义。

我国的国家安全法治体系建设，需要在理论研究方面有所挖掘和创新，更好服务国家安全的战略需求，需要在实践层面有所探索和突破，从法律制度的运行实践中发现问题、总结经验、认识规律，推进国家安全体系和能力现代化。此外，非传统国家安全领域和新兴国家安全议题值得关注。进入数字时代，数字经济是继农业经济、工业经济之后的主要经济形态之一，是高质量发展之路的重要引擎，是新一轮国际竞争重点领域。例如，数字货币这一挑战国家现有主权货币的重大变化，有可能成为未来金融体系的重要组成部分，中国也在积极研发和推出央行数字人民币，走在全球前列，为数字经济竞争创立新的优势。与此同时，数字货币也产生了一系列风险，例如价格波动、安全性问题和监管难题等，需要加强法律制度建设。本丛书对于数字货币的系统研究尤其具有现实意义。

利莫大于治，害莫大于乱。国家安全是国家发展的重要基石，确保国家安全和长治久安必须在法治的轨道上，久久为功、驰而不息。

是为序。

周汉民系全国政协常委、民建中央原副主席、十三届上海市政协副主席、上海中华职教社主任、上海公共外交协会会长。

前　　言

　　数字时代的经济出现了新的商业形式和商业资产,金融平台和加密资产就是典型的代表。数字和技术既是金融平台和加密资产的驱动力,也是风险的可能来源。由于数字技术的介入,金融平台和加密资产改变了传统金融的中心化特点,使得与之匹配的中心化的金融监管显示出一种无力感。区块链和人工智能大量出现在金融行业,科技公司可以通过技术介入的方式参与金融行业,而金融监管的一些监管工具,例如准入制、资本制、信息披露制度等,却无从约束这类金融行业的主体和其带来的金融产品或服务。数字时代的金融平台既是数据的搜集者、使用者和提供者,也是新的金融媒介,呈现出一种交叉性和复杂性。金融科技既改变了金融行业的业态,也对监管提出了更高的要求,需要更有技术含量的监管科技。

　　平台经济和加密资产都运用了区块链和人工智能,算法黑箱、数字鸿沟会增加信息不对称,由此产生许多风险场景和风险形态,人类不仅没有解决风险社会的风险,而且因为数字时代和数字技术陷入更深的数字风险黑洞。此外,加密资产还是大国博弈的重要媒介。俄乌冲突后,美西国家对俄罗斯采取了极限施压式的制裁,特别是金融制裁,运用加密资产和数字货币就是俄罗斯反金融制裁的重要手段和工具。加密资产和数字货币的出现和运用就多了一个安全维度,围绕加密资产和数字货币的监管就更加紧迫和重要。

　　人类已经进入数字经济,与传统经济不同,数字经济的基础是数据。以数字和数据为基础的技术对传统监管的底层逻辑构成了挑战,既有物理意义上的,也有哲学意义上的;既有国内法意义上的,也有国际法意义上的。国家之间的竞争归根到底是技术和制度的竞争,围绕数字经济背景下的金融平台和加密资产的监管竞争将是大国博弈的重要方面。在各国强调国家安全的背景下,金融安全在一定程度上是金融基础设施安全,而金融平台和加密资产会以新的形态和方式影响既有的和将来的金融基础设施的运行和维护。

　　本书主要聚焦数字经济时代的加密经济、加密金融、加密资产，以及区块链、人工智能等技术参与的金融生态、技术风险、规制前景、适用法律和监管政策。本书为读者呈现了在数字经济背景下，其他法域特别是欧盟和美国的金融平台和加密资产的监管面貌和图景，具有现实的参考意义。

沈　伟

2024 年 6 月 18 日

CONTENTS 目录

技术风险

罗斯·P.巴克利   道格拉斯·W.阿纳   德克·A.泽切

埃里克斯·K.塞尔加*

苏可祯 译 沈 伟 校

摘要: 金融科技正为一个长期的、全球性的金融数字化进程所定义,越来越多地与数据化和包括云计算、区块链、大数据及人工智能在内的新技术相结合。因此,网络安全和技术风险正演变成对金融稳定和国家安全的主要威胁,同时还带来了两个新问题:一是伴随着潜在的系统性重要基础设施新形式而出现;二是数据业如同金融业一样受益于范围经济、规模经济以及网络效应,它甚至比金融业更倾向于完全垄断或者寡头垄断,导致潜在的系统性风险,它们主要来自新形式的"大而不能倒"和"连而不能倒"(too connected to fail)现象。本文就如何处理这些风险提出了一些建议。

关键词: 金融科技;网络安全;监管挑战;系统性风险;数据安全

一、引言

金融业在过去的 50 年里经历了数字转型进程,其中包括数字化和数据化。今天,金融不仅是世界经济中最全球化的部分,而且还是最为数字化和

---

* 罗斯·P. 巴克利(Ross P. Buckley),新南威尔士大学毕马威法律与金杜律师事务所颠覆式创新教席、Scientia 教授,法律、市场和监管中心成员,澳大利亚证券与投资委员会(ASIC)数字金融顾问小组(Digital Finance Advisory Panel)主席,本文所表达的观点文责由巴克利教授自负,与 ASIC 无关;道格拉斯·W. 阿纳(Douglas W. Arner),香港大学法学院法学教授、亚洲国际金融法研究所所长,财政法、科技及创业中心顾问委员会委员;德克·A. 泽切(Dirk A. Zetzsche),卢森堡大学法律、经济和金融学院金融法(普惠金融)讲座教授,德国杜塞尔多夫海因里希·海涅大学商业和公司法中心主任;埃里克斯·K. 塞尔加(Eriks K. Selga),香港大学法学院亚洲国际财政法研究所研究员。

数据化的一部分。①

　　这一进程可以从四个主要轴线观测：全球批发市场（global whole-sale markets）的出现、2008年以来金融技术（金融科技，FinTech）初创企业的爆炸式增长、发展中国家（尤其是中国）前所未有的数字金融转型、大型技术和数据公司（科技巨头，BigTech）在金融服务（科技金融，TechFin）中日益增强的作用，以及各系统间即时互连性（real time inter-connectivity）的增加。数字金融的转型进程带来了结构性的变化。这些变化既有积极的一面，也有消极的一面。尽管金融和技术总是相互影响、相互支持，但自2008年全球金融危机以来的这些变化是前所未有的，特别是在变化的速度和新入场者的规模方面。变化的速度特别体现在新技术的作用上，这些新技术通常被概括为"ABCD"框架：人工智能（artificial intelligence，AI）、区块链（blockchain）、云技术（cloud）和数据（data），它们正与金融以越来越快的速度共同进化，许多人还会在这个框架中再加上移动互联网和物联网（IoT）。

　　在金融科技的新时代，②金融数字化及数据化的长期过程愈发地与相关技术结合在一起，这些技术包括大数据③和人工智能、④分布式账本和区块链、⑤

----

① Prashant Gandhi, Somesh Khanna & Sree Ramaswamy. Which Industries Are the Most Digital (and Why)? *Harvard Business Review*, https://hbr.org/2016/04/a-chart-that-shows-which-industries-are-the-most-digital-and-why.

② Douglas W. Arner, Janos Barberis & Ross P Buckley. The Evolution of FinTech: A New Post-Crisis Paradigm? *Geo J. Intl L*, Vol.47, 2017, p.1271.

③ 参见 Solon Barocas & Andrew D Selbst. Big Data's Disparate Impact. *CLR*, Vol.104, 2016, p.671; Daniel Martin Katz. Quantitative Legal Prediction — or — How I Learned to Stop Worrying and Start Preparing for the Data Driven Future of the Legal Services Industry. *Emory L. J.*, Vol.62, 2013, p.909; Omer Tene & Jules Polonetsky. Big Data for All: Privacy and User Control in the Age of Analytics. *Northwestern J. Technology & Intellectual Property*, Vol.11, 2013, p.239; Dirk A Zetzsche et al. From FinTech to TechFin: The Regulatory Challenges of Data-Driven Finance. *New York U. J. L. & Business*, Vol.14, 2018, p.393.

④ 在计算机科学中，人工智能被定义为感知周围环境并采取行动以最大限度地提高成功完成任务的机会的设备。人工智能的基础是一台模仿人类"认知"功能的计算机，例如"学习"和"解决问题"。今天的人工智能可以用来探寻大型数据库中预料之外的相关性，测试预料之中的因果关系，或者确定一个预定义模式的经验概率。参见 David Lynton Poole, Alan K. Mackworth & Randy Goebel. *Computational Intelligence: A Logical Approach*. New York: Oxford University Press, 1998; Stuart J. Russell & Peter Norvig. *Artificial Intelligence: A Modern Approach*. London: Prentice Hall, 2009.

⑤ Primavera De Filippi & Aaron Wright. *Blockchain and the Law: The Rule of Code*. Cambridge, Massachusetts: Harvard University Press, 2018; Usha Rodrigues. Law and the Blockchain. *Iowa L. Rev.*, Vol.104, 2018, p.679; Dirk A. Zetzsche, Ross P. Buckley & Douglas W. Arner. The Distributed Liability of Distributed Ledgers: Legal Risks of Blockchain. *U. Ill L. Rev.*, 2018, p.1361.

首次代币发行(initial coin offering, ICOs)、[1]智能合约、[2]监管科技(RegTech)[3]和数字身份。[4]

在当前的金融科技发展时期,有两个主要趋势非常突出:一是技术商品化、大数据分析、机器学习和人工智能驱动的变化速度;二是金融领域新入场者不断增加的数量和变式,其中包括既存的技术与电子商务公司。迄今为止,大部分注意力都集中在技术化的金融服务的总体发展轨迹,以及它们将如何受到监管上。[5]金融科技对银行和支付服务部门的影响也得到了特别考量,[6]包括众筹和众贷[7]对现有金融中介机构的颠覆性影响。然而,数字金融转型的

① Shaanan Cohney. Coin-operated Capitalism. *Colum L. Rev.*, Vol.119, p.591; Philipp Hacker Chris Thomale. Crypto-Securities Regulation: ICOs, Token Sales and Cryptocurrencies under EU Financial Law. *ECFR*, 2018, p.645; Dirk A Zetzsche. The ICO Gold Rush: It's a Scam, It's a Bubble, It's a Super Challenge for Regulators. *Harv. Intl L. J.*, Vol.60, 2019, p.305.

② Jeremy M. Sklaroff. Smart Contracts and the Cost of Inflexibility. *U. Pa L. Rev.*, Vol.166, 2017, p.263; Kevin Werbach & Nicolas Cornell. Contracts Ex Machina. *Duke L. J.*, Vol.67, 2017, p.313; Max Raskin. The Law and Legality of Smart Contracts. *Georgetown L. Technology Rev.*, Vol.1, 2017, p.304.

③ Douglas W. Arner, Janos Barberis & Ross P. Buckley. FinTech, RegTech and the Reconceptualization of Financial Regulation. *Nw J. Intl L & Bus*, Vol.37, 2017, p.371; Lawrence G. Baxter. Adaptive Financial Regulation and RegTech: A Concept Article on Realistic Protection for Victims of Bank Failures. *Duke L. J.*, Vol.66, 2016 (认为技术帮助银行监管者对监管进行更新,并紧随演进中的市场); Dirk A. Zetzsche. *The EU's Future of Data-driven Financ*. Common Market L. Rev. press, 2020.

④ Douglas W. Arner. The Identity Challenge in Finance: From Analogue Identity to Digitized Identification to Digital K. Y. C. Utilities. *European Business Organisation L. Rev*, Vol.20, 2019, p.55.

⑤ H. J. Allen. Regulatory Sandboxes. *Geo Wash L. Rev.*, Vol.87, No.3, 2019, p.579; Chris Brummer. Disruptive Technology and Securities Regulation. *Fordham L. Rev.*, Vol.84, 2015, p.977; Chris Bummer & Yesha Yadav. FinTech and the Innovation Trilemma. *Geo L. J.*, Vol.107, 2019, p.235; Kathryn Judge. Investor-Driven Financial Innovation. *Harv. Bus L. Rev.*, Vol.8, 2018, p.291; S. T. Omarova. New Tech v. New Deal: Fintech As A Systemic Phenomenon. *Yale J. Reg.*, Vol.36, 2019, p.735; W. J. Magnuson. Regulating Fintech. *Vanderbilt L. Rev.*, Vol.71, 2018, p.1168; Dirk A. Zetzsche. Regulating a Revolution: From Regulatory Sandboxes to Smart Regulation. *Fordham J. Corp. & Fin L.*, Vol.23, 2017, p.31.

⑥ Basel Committee on Banking Supervision. Sound Practices: Implications of Fintech Developments for Banks and Bank Supervisors. *Bank for International Settlements*, https://www.bis.org/bcbs/publ/d431.pdf; U. S. Department of the Treasury. A Financial System That Creates Economic Opportunities: Nonbank Financials, Fintech and Innovation (Executive Order 13772 on Core Principles for Regulating the United States Financial System). https://home.treasury.gov/sites/default/files/2018-08/A-Financial-System-that-Creates-Economic-Opportunities—Nonbank-Financials-Fintech-and-Innovation_0.pdf; Lerong Lu. Decoding Alipay: Mobile Payments, a Cashless Society and Regulatory Challenges. *Butterworths J. International Banking & Financial L.*, https://ssrn.com/abstract=3103751.

⑦ John Armour & Luca Enriques. The Promise and Perils of Crowdfunding: Between Corporate Finance and Consumer Contracts. *Modern L. Rev.*, Vol.81, 2018, p.51; Dirk Zetzsche & Christina Preiner. Cross-Border Crowdfunding: Towards a Single Crowdlending and Crowdinvesting Market for Europe. *European Business & Organisation L. Rev.*, Vol.19, 2018, p.217.

负面影响可能令人不安，因为它引发了许多问题。① 新冠疫情突出了世界对于数字基础设施的既有依赖，②由此引发的风险和挑战也是本文关注的重点。

本文在第二部分中提出了一个分析框架，以考虑数字金融转型中出现的新旧风险，从而奠定全文论述的基础。其后的内容对主要关注领域进行了分析：网络安全和数据风险（第三部分）、科技巨头和科技金融（第四部分）和新技术风险（第五部分），第六部分提出有必要在国内和国际两个层面采取协调一致的路径，并以此作为基础的一系列原则。这些路径和原则可作为今后处理这类风险之框架的基础。

二、技术与金融：分析框架

2019 年 Facebook 宣布其正牵头组建一个联合体以创设"天秤币"（Libra）。天秤币是一种新的加密货币，其将通过一个新的全球电子支付系统（Facebook/WhatsApp/Instagram Pay）创建和运营，并与 Facebook 主导的数字身份识别基础设施相结合。Facebook 的主要目标是为其社交媒体应用生态（ecosystem of social media applications）创建一个新的电子支付系统，系统的基础是一种与法定货币（稳定币）池挂钩的新支付工具，该系统使 Facebook 能够将其全球范围内约 30 亿用户间的互动货币化，特别是在缺乏类似基础设施的发展中国家。③

这个计划强调了数字金融转型会引发的许多关键问题：如果天秤币被黑客攻击和摧毁了怎么办（网络安全风险）？ 如果 Facebook 出于自身目的使用获得的数据怎么办（数据保护和隐私风险）？ 如果用户数据被盗取怎么办（数据安全风险）？ 如果 Facebook 因为天秤币而在国际金融体系中占据主导地位怎么办（新的系统性重大金融机构风险）？ 如果天秤币成为主要的

---

① Financial Stability Board. Decentralised Financial Technologies：Report on Financial Stability, Regulatory and Governance Implications. https://www. fsb. org/2019/06/decentralised-financial-technologies-report-on-financial-stability-regulatory-and-governance-implications/.

② 关于数据基础设施与金融在新冠疫情期间的重要性，参见 Douglas W. Arner. Digital Finance & The COVID- 19 Crisis. *University of Hong Kong Faculty of Law Research Paper*，https://papers. ssrn. com/sol3/papers. cfm?abstractid=3558889.

③ Libra 的设立和监管，参见 Dirk A. Zetzsche, Ross P. Buckley & Douglas W. Arner. Regulating Libra, *Oxford J. Leg Stud*，2020，https://www. ssrn. com/abstract=3414401.

国际货币形式怎么办(技术基础设施风险、竞争威胁)？这些担忧共同解释了为什么天秤币在全球范围内受到了监管机构的冷淡回应。[①]

这些风险都是金融监管的关键考虑因素。金融监管的目标可归纳为四大类：① 金融稳定；② 金融诚信；③ 消费者保护；④ 金融效率、发展和普惠(金融市场运行)。金融稳定既可以被看作消极预防的(避免危机)，也可以被看作积极促进的(金融系统的适当运作)。金融诚信侧重于防止犯罪活动和以犯罪为目的利用金融市场的行为，例如洗钱、恐怖主义集资、国际犯罪组织甚至国家组织的进攻等；消费者保护侧重于(构建)防止对金融服务使用者——消费者、储户和投资者之霸凌的系统；金融效率、发展和普惠关注如何支持和加强金融系统的积极功能和作用。

虽然金融科技在上述领域引发了担忧，但我们还是将重点放在金融稳定的语境中，这是全球监管机构所关注的核心问题，尤其是在 2008 年之后。2008 年以前，维持金融稳定和预防危机重点在于识别风险的主要形式，并建立适当的规制和监管框架来解决它们，《巴塞尔协议 II》是其在国际层面前沿的体现。2008 年之前，《巴塞尔协议 II》和金融稳定监管整体的重点都落在"微观审慎"路径上，即规制者和监管者通过审慎的监管标准最大限度地关注各金融机构的安全和稳定。

这种方法主要关注五大类风险：信用或交易相对方风险、市场风险、支付风险、运营风险和法律风险。《巴塞尔协议 II》包括针对前四项风险的资本费用和相关监管标准(对法律风险的关注则相对较少)。

在这一框架中，与技术和数据问题有关的风险被纳入运营风险框架，从而使资本费用、风险管理和合规制度方面的相关成本相对更低。自 2008 年以来，金融稳定监管一直非常重视应对"宏观审慎"风险：这不仅包括从个别机构的潜在破产中生发的风险，而且包括因市场间的相互依存关系而产生的风险，后者即 2008 年金融危机的核心，因此其一直是危机后金融监管改革进程的中枢。相关分析的范围现在开始拓展至由金融科技引发的一系列考虑要素和风险。

我们认为在数字金融转型的背景下，将技术和数据风险作为运营风险

---

① 关于美国的回应，参见 Mark Zuckerberg grilled by US Congress over Libra. *Deutsche Welle News*. https://www.dw.com/en/mark-zuckerberg-grilled-by-us-congress-over-libra/a-50957685.

的一部分进行监管不足以也不适于把握金融体系面临的全部风险。

在研究数字金融转型时，适当的分析框架应包括：① 传统形式风险的新来源；② 新形式风险；③ 全新的市场和系统，包括监管领域在内（例如监管科技）。

三、网络安全与数据风险

与技术有关的问题传统上一直被纳入运营风险的范畴，而运营风险与信贷风险、市场风险和法律风险一样，都被认为是金融风险的一种重要形式。[①] 由于数字化和数据化的出现，我们认为技术风险（包括与网络安全及数据私隐有关的风险）应被视为一种独立的风险形式，超越传统的运营风险类别。技术风险既可能出现在特定机构中，也可能出现在机构之间的相互联系中。在新冠疫情期间，确保工作人员在专有的和第三方的网络和软件之间活动的技术困难就是这种薄弱之处的一个典型例子。更为根本的现实状况是，技术风险有可能直接影响金融领域的信心和稳定性。作为数字金融转型的结果，网络安全问题已经成为金融系统中系统性风险的主要来源之一。

（一）系统性风险的来源

在我们就新技术所引发的威胁提出详细观点前，需要特定系统性风险的背景，为我们的分析提供语境。

系统性风险[②]长期以来一直是金融监管尤其是银行监管演进中的一个主要焦点。根据 20 国集团（G20）的说法："系统性金融风险是指特定事件将引发大量金融系统的经济价值或信心丧失，以及附随相关不确定性增加

---

① Basel Committee on Banking Supervision. Basel III: A global regulatory framework for more resilient banking systems. *Bank for International Settlements*, https://www.bis.org/publ/bcbs189.pdf.

② 系统性风险是指整个系统出现故障的风险或可能性，而非单个部分或组件的故障，并通过多数或所有部分之间的耦合性（相关性）来确定。George G. Kaufman. Bank Failures, Systemic Risk and Bank Regulation. *Cato Journal* Vol.16, 1996; George G. Kaufmann & Kenneth E. Scott. What is Systemic Risk and Do Bank Regulators Retard or Contribute to it? *The Independent Rev.*, Vol.7, 2003; Douglas Arner. *Systemic Risk in the Financial Sector: Ten Years after the Global Financial Crisis*. Ontario: CIGI Press, 2019.

的风险,其严重程度很可能对实体经济产生重大不利影响。"[1]

在 2008 年全球金融危机之前,金融稳定监管已成为一项核心监管职能,侧重于识别、预防和管理系统性风险。[2] 一般而言,监管的重点是银行业,通常排除了非银行的金融机构,特别是个别机构的规模(大而不能倒问题)和支付系统。尽管有几十年的经验和分析,系统性风险仍是 2008 年全球金融危机的核心特征,这突出了金融稳定监管的显著失败。[3]

2008 年全球金融危机之后,人们普遍认为系统性风险通常是金融中介机构规模(大而不能倒)或中介机构之间相互关系(连而不能倒)的结果。无论是从微观审慎(大而不能倒)还是从宏观审慎(连而不能倒)的角度看,如今"大而不能倒"和"连而不能倒"都被视为金融稳定监管的核心方面。

自全球金融危机以来,大量的研究加深了人们对系统性风险的理解。作为基础,人们普遍认为中介机构的规模和相互连接是系统性风险的核心来源。正如美国前联邦储备委员会主席本·伯南克(Ben Bernanke)所定义的,系统性重要金融机构(systemically important financial institution, SIFI)"其规模、复杂性、相互关联性和关键功能如此之大,以致一旦该公司意外破产,金融体系和经济体的其他部分将面临严重的不利后果。"[4]系统性重要金融机构特别是全球性的系统性重要金融机构(Global SIFIs, G-SIFIs)成为 20 国集团及金融稳定委员会(Financial Stability Board,FSB)在后危机时代监管改革议程的中心焦点。

在"大而不能倒"形式的语境中,系统重要性源自金融机构的规模;[5]在"连而不能倒"形式的语境中,系统重要性则源自金融中介机构在与其他同

① Group of Ten. Report on Consolidation in the Financial Sector. *International Monetary Fund*, https://www.imf.org/external/np/g10/2001/01/eng/pdf/file3.pdf.

② Douglas W. Arner. *Financial Stability*, *Economic Growth and the Role of Law*. New York: Cambridge University Press, 2007.

③ Steven L. Schwarcz. Systemic Risk. *Geo L. J*. Vol.97, 2008, p.193.施瓦茨认为应该对市场有一个综合的看法,而非关注机构。他的观点间接支持了本文的立场,即系统性风险是金融法市场治理目标的必有特征。

④ Ben Bernanke. Causes of the Recent Financial and Economic Crisis. Testimony Delivered before the Financial Crisis Enquiry Commission, United States Congress, Washington D. C. https://www.federalreserve.gov/newsevents/testimony/bernanke20100902a.htm.

⑤ Luc Laeven, Lev Ratnovski & Hui Tong. Bank Size and Systemic Risk. *IMF Staff Discussion Note*, No. SDN/14/04, https://www.imf.org/external/pubs/ft/sdn/2014/sdn1404.pdf.

行的、对众多中介机构都十分重要的业务联系中的参与，同时所有这些中介机构对金融体系都至关重要，而要找到（参与）这些联系的替代机构并非易事。危机带给人们的关键启示是，相互联系可以有多种形式，而不只是支付方面的相互联系，后危机时代尤其要关注场外（over-the-counter，OTC）衍生品的联系和相关的相对方风险。此外，这些联系现在还被认为可产生于共同的商业模式（例如产地直销）、合约办法（标准化文件，例如国际掉期与衍生工具协会的文件）以及风险管理系统间的共性。

而系统重要性带来的一个后果是，如果这些金融机构面临财务问题，政府就会被迫向它们提供支持。因此，20 国集团及金融稳定委员会的危机后监管议程大多侧重于通过一系列金融稳定体系来防范系统性风险，包括：① 对系统性重要金融机构特别是全球性系统性重要金融机构的微观审慎监管；② 宏观审慎监管，在任何危机被触发之前识别关联性和风险；③ 强化核心基础设施，特别是具有系统重要性的基础设施例如支付系统、证券结算系统和中央对手方。[①] 这些措施都是多管齐下地采用的，既涵盖了国内、区域和国际的不同层面，又包括监管本身的变化和监管职权范围（包括个别司法管辖权及金融稳定委员会管辖权）的变化，以及创设新的系统性风险监管架构，例如欧盟的欧洲系统性风险委员会（European Systemic Risk Board）和美国的金融稳定监察委员会（Financial Stability Oversight Council）。

（二）网络威胁

网络安全已经成为世界各地金融监管者以及政府、金融公司和科技公司关注的一个主要领域。我们认为，网络安全问题现在是系统性风险最重要的来源，也是国家安全较为重要的问题之一。网络攻击的严重性和频繁性一直在加剧，网络保险费在过去两年间增加了两倍，再保险人正在质疑这项业务的可行性。[②] 网络犯罪的经济影响在过去 6 年增

---

① Kern Alexander & Steven L. Schwarcz. The Macroprudential Quandary: Unsystematic Efforts to Reform Financial Regulation in Ross Buckley, Emilios Avgouleas & Douglas W. Arner. eds. *Reconceptualising Global Finance and its Regulation*. New York: Cambridge University Press, 2016, p.127.

② Demand for Cyber Insurance Grows as Volatility Scares off Some Providers. *CyberScoop*, https://www.cyberscoop.com/cyber-insurance-demand-cost-2019/.

长了 5 倍。① 疫情引起的技术混乱也引发了各种新的安全漏洞。因此,网络安全风险既是传统风险的一个新来源,也是一种具有潜在灾难性后果的全新风险形式。俄罗斯一家银行遭到黑客攻击,导致 4 亿美元的交易被执行,美元兑卢布的汇率因此下降了 15%。由于金融稳定问题和国家安全问题的并存,在跨境层面解决这些风险极具挑战性。

从运作已基本数字化的系统性金融机构的立场来看,黑客攻击、网络盗窃、网络恐怖主义、网络激进主义(cyberactivism)和网络攻击构成了严重的风险。虽然金融机构长期以来一直关注各种形式的欺诈和盗窃风险,但数字化和全球化使得简单的欺诈和盗窃行为也有扩大的可能性:攻击者可能同时抢劫或攻击多个司法辖区内多家公司的所有账户和办公室,而不是抢劫一个办公室或公司。这带来的挑战是,攻击者的动机变得更多、更广泛。

虽然来自个别司法辖区以及国际和区域的监管机构正在集中关注相关问题,但所涉甚广的行为者及其动机将构成挑战:尽管所有金融机构和基础设施提供者将大量资源和努力集中于网络安全是适当且必要的,但所涉国家及其所支持之行为者的广泛存在增加了将所有负担推给金融行业的困难程度。与此同时,向金融科技的转向加剧了某些对金融系统以及附随的对金融稳定的、独特的网络安全威胁。金融系统的脆弱性源于较高的杠杆率、资产转换链(asset conversion chains)和顺周期性(procyclicality)。② 正如疫情期间信息技术中心所扮演的生命线角色所表明的,对复杂的、不可替代的数字化信息技术中心的愈发依赖与向金融科技发展并提升网络曝光率者数量的日渐增加形成了对比。③ 网络攻击可以对这些安全漏洞进行利用,例如破坏支付系统、损坏托管银行或中央证券托管机构的数据,或破坏

---

① President Jean-Claude Juncker. State of the Union 2017. State of the Union Address 2017 delivered at the European Commission.

② Martin Boer & Jaime Vazquez. Cyber Security & Financial Stability: How Cyber-Attacks Could Materially Impact the Global Financial System. *Institute of International Finance*, https://www.iif. com/Publications/ID/228/Cyber-Security-Financial-Stability-How-Cyber-attacks-Could-Materially-Impact-the-Global-Financial-System.

③ Artie W. Ng & Benny K. B. Kwok. Emergence of Fintech and Cybersecurity in a Global Financial Centre. J. *Financial Regulation & Compliance*, https://www.emerald.com/insight/conten/doi/10. 1108/JFRC-01-2017-0013/full/html.

金融系统所依赖的基础设施。虽然这些都是低风险的事件，但如果不加以控制，可能会产生严重后果，并滚雪球般地造成金融不稳定。

由于国家越来越多地参与网络活动（包括网络战争），除了私人和监管部门对网络安全问题的关注之外，各国显然需要在监测和支持关键经济领域例如金融领域的系统建立方面发挥主导作用。

我们提出了将网络安全转变为新风险形式的三个因素（其中有一个对金融稳定尤为切实的因素）：① 金融领域技术开发和运用的速度日益加快；② 国际金融科技治理的滞后和分化；③ 网络领域中国家安全与金融稳定混同所致的信任受损。

1. 金融科技开发高速发展引发的风险

第一层网络风险源于金融领域中技术发展和数字系统运用的高速度和类型化。向云基础设施的过渡创造了更加集中的数据节点和更低的软件多样性，且需要更强的安保措施。[1] 对这些节点的内源性威胁源于对公司或客户内部信息的泄露，以及用户或雇员未经授权进入系统的行为。[2] 外源性威胁涉及与其他第三方系统对接的漏洞，或以欺诈获得的特权账户凭证访问数据和执行交易的行为。[3] 由于依赖第三方软件，例如托管主服务器数据的托管中心，或员工的移动设备和其他物联网设备的安全性，这两种威胁形成了几个同中心的安全风险层（concentric layers of security risk），[4]例如2016年，犯罪分子用恶意软件攻击了环球银行金融电信协会（Society for Worldwide Interbank Financial Telecommunication，SWIFT）的服务器，从孟加拉国中央银行窃取了8 100万美元。[5] 随着技术的互联化和数字化，网络安全的可靠性取决于网络中最薄弱的环节。

---

① Centre for Risk Studies. Cyber Risk Outlook 2019. *University of Cambridge Judge Business School*，https://www.jbs.cam.ac.uk/faculty-research/centres/risk/publications/technology-and-space/cyber-risk-outlook/cyber-risk-outlook-2019/.

② Polozov Y. Trading Systems Manipulation: Metel/Corkow Trojan Proof of Concept Attack. Wapack Labs，FS-ISAC，2016.

③ Benton E. Gup. *The Most Important Concepts in Finance*. Cheltenham：Edward Elgar Publishing，2017，p.43.

④ Benton E. Gup. *The Most Important Concepts in Finance*. Cheltenham：Edward Elgar Publishing，2017，p.45.

⑤ Emanuel Kopp, Lincoln Kaffenberger & Christopher Wilson. Cyber Risk，Market Failures and Financial Stability. *International Monetary Fund Working Paper*，https://www.imf.org/en/Publications/WP/Issues/2017/08/07/Cyber-Risk-Market-Failures-and-Financial-Stability-45104.

　　新的金融科技像分布式分类账技术(例如区块链)或稳定币都有随之而来的一系列威胁。尽管它们新颖的中心化(或去中心化)方式为其用户提供了独特的价值,但是它们仍然倾向于以传统的或基于云的基础设施为(运营)基础。例如,通过钓鱼行为和病毒获取用户数据、从世界上最大的加密货币交易所之一偷走 7 000 个比特币的盗窃案,导致比特币的价格下跌了约 3%。① 根据中心化的程度和"链"的相关状态,更新技术基础设施可能会很困难。由于没有明确的应急机制,安全漏洞可以随时破坏这些对于资源传送愈发重要的网络。

　　2. 国际金融科技治理滞后和分殊引发的风险

　　第二层风险源自不同国家在网络治理中的滞后和分殊。虽然网络空间是一个高速的、无阻滞的全球网络,但其监管是碎片化的;在良好的情况下监管也存在着重大差距,而在糟糕的情况中各行为体之间还会存在规范冲突。在国家层面,尤其是在不够成熟的监管环境下,严重的前述差异使私主体和公主体都容易受到损害,导致更大规模的系统暴露在违规主体的影响下。② 减少这种部门差异的尝试尚处于萌芽阶段,影响仍待检验。

　　美国已经接受了政府和社会资本合作模式(public-private partnerships),2015 年的《网络安全信息共享法》(Cybersecurity Information Sharing Act)③要求私人主体和特定政府机构与联邦机构共享与威胁相关的信息。国家标准和技术研究院(The National Institute of Standards and Technology)与金融业管理局(Financial Industry Regulatory Authority)收集、识别、评估和应对公主体和私主体之间的风险,交流最佳实践方案,然而由于不同成员的领域和规模差异,这在一定程度上只是软性措施。产生系统性保护的硬性措施是稀缺而相异的。纽约最近实施了全面的网络安全规则,要求金融服务公司任命首席信息安全官以实施定期风险评估并保护敏感性数据。④ 还有,为了避免规定型的要求,加利福尼亚州选择了以消费者数据保护为中心

---

① Eric Lam. Hackers Steal $ 40 Million Worth of Bitcoin From Binance Exchange. *Bloomberg*, https://www.bloomberg.com/news/articles/2019-05-08/crypto-exchange-giant-binance-reports-a-hack-of-7-000-bitcoin.

② Challenges to Effective EU Cybersecurity Policy.

③ Pub L. No 114 - 113, div N, tit I, 129 Stat 2936 (2015) (codified as amended at 6 USC § 1501).

④ *Cybersecurity Requirements for Financial Service Companies*, 23 NYCRR tit 23 § 500.00 (2017).

的基于风险的安全模式。①

2016 年启用的《欧盟网络与信息安全指令》(*EU Network and Information Security Directive*)规定了成员国之间最低程度的调和，设立了单一联络点并创建了计算机安全事件应对团队(computer security incident response teams, CSIRTs)。② 然而，拉脱维亚有 8 个部门主管机构，爱沙尼亚有 1 个，西班牙则根据公共或私营将其分为两个部门。③ 如果有情况发生，执法部门之间将难以合作，因为所涉的司法管辖区数目众多，且跨界合作效率低下。④ 这些差异会为合作的尝试带来额外负担，催化黑客们的事业，并扩大网络事件的传播。⑤

3. 国家安全和金融稳定混淆引发的风险

第三层风险和国家安全与金融稳定在网络领域的融合有关。在网络安全通常被理解为国家责任并旨在保护国内关键基础设施和网络空间不为国家安全事件所影响的情况下，⑥愈发关联的数据和交易流要求将这一职责的外延扩大。然而，网络安全防御（的差异）或将导致跨国网络安全合作的殊途，这可能不利于有效防止网络事件所必需的情报收集活动。

世界上的数百个 CSIRTs 在公共和私人领域履行着类似的主要职能：① 协调预防网络威胁的工作；② 传播关于网络安全实践和事件的信息；③ 通过保护泄露的数据来救济损害；④ 在国家基础设施遭受网络攻击后恢复公私系统。为在彼此间传播和发展（各自的）情报和最佳实践，各种非

---

① US, AB 375, *California Consumer Privacy Act*, 2017 - 2018, Reg Sess, Cal, 2018 (enacted).

② EU. *Commission Directive 2016/1148 of 6 July 2016 the European Parliament and of the Council of concerning measures for a high common level of security of network and information systems across the Union* [2016] OJ, L 194/1.

③ Sabrina Galli. NYDFS Cybersecurity Regulations: A Blueprint for Uniform State Statute, 2018.

④ Sabrina Galli. NYDFS Cybersecurity Regulations: A Blueprint for Uniform State Statute, 2018.

⑤ Loretta J. Mester. Perspectives on Cybersecurity, the Financial System and the Federal Reserve, 2019, *Ohio Division of Financial Institutions*, *Columbus*, *OH*, https://www.clevelandfed.org/newsroom-and-events/speeches/sp-20190404-perspectives-on-cybersecurity-the-financial-system-and-the-federal-reserve.

⑥ 例如，2007 年爱沙尼亚遭受了网络攻击，其通信能力因拒绝服务攻击(denial of service attacks)而中断，伊朗核设施被病毒摧毁，2011—2013 年美国金融部门遭遇分布式拒绝服务攻击(distributed denial of service, DDOS)，之后，国际组织进行了大规模网络安全动员。Christopher S. Yoo. Cyber Espionage or Cyberwar? International Law, Domestic Law and Self-Protective Measures. *University of Pennsylvania*, *Public Law Research Paper*, No.15, 2016, p.3.

正式的网络安全网建立，将CSIRTs相互连接以促进共同的网络安全。[①] 这样的"自留地"（walled-gardens）仍为 CSIRTs 之间交流最佳实践、工具集和沟通的主要工具，缓解了不同团队之间能力的不对称。[②]

随着 CSIRT 职能发展以满足各自政府的需求，它们的职责扩大至包括法律执行或情报活动在内（的范围），这使得它们的职能转向了揭露漏洞，还引起安全网成员对于所收集之信息被用于政治目的的的怀疑。尽管不是由其自身的过错引起，但是各 CSIRT 承受着被孤立于"信任网"之外、无法了解最新漏洞并处于信息真空中的风险。[③] 相较于孤军奋战，CSIRT 的集体行动可以显著创造更多网络弹性（cyber-resilience）。[④] 由于这些安全网的组成者既有公领域团队，亦有私领域团队，限制特定团队获取资讯的能力可能会使网络安保能力失效，增加金融不确定性风险。

类似的错配还出现在更高的政策层面。例如，美国的战略将某些私营企业界定为对经济安全具有灾难性国家级影响（catastrophic national effects）的关键基础设施的一部分。然而，近年来美国的网络安全政策（方向）已经从防御转向威慑。[⑤] 2016 年，八大美国金融服务提供商之负责人成立了金融系统分析与弹性中心（Financial Systemic Analysis and Resilience Center），与美国政府一同启动了试点项目，共享可能对美国国家安全构成威胁的国家行为者（nation-state actors）的威胁数据。[⑥] 前述转向旨在增加

---

① 最大的网络安全网 FIRST 成立于 1990 年，其成员组成已从当年北美的几个 CSIRTs 发展到 2019 年来自世界各地 92 个国家的 490 多名成员。Samantha Bradshaw. Combating Cyber Threats: CSIRTs and Fostering International Cooperation on Cybersecurity. *Global Commission on Internet Governance Paper Series*, No.23, 2015.

② Isabel Skierka. CSIRT Basics for Policy-Makers: The History, Types & Culture of Computer Security Incident Response Teams. *Global Public Policy Institute Working Paper*, www.gppi.net/publications/global-internet-politics/article/csirtbasics-for-policy-makers.

③ Jaco Robertson, Marthie Lessing & Simon Nare. Preparedness and Response to Cyber Threats Require a CSIRT. *International Federation for Information Processing*, 2008.

④ Joseph S. Nye. The Regime Complex for Managing Global Cyber Activities. Global Commission on Internet Governance. *Global Commission on Internet Governance Paper Series*, https://www.cigionline.org/sites/default/files/gcigpapernol.pdf.

⑤ Joseph S. Nye. The Regime Complex for Managing Global Cyber Activities. Global Commission on Internet Governance. *Global Commission on Internet Governance Paper Series*, https://www.cigionline.org/sites/default/files/gcigpapernol.pdf.

⑥ Chris Bing. Project Indigo: The Quiet Info-Sharing Program between Banks and U.S. Cyber Command. CyberScoop. https://www.cyberscoop.com/project-indigo-fs-isac-cyber-command-information-sharing-dhs/.

主要金融从业者对于美国情报方面的重要性，这对其他以自己的方式（收集情报的主体）包括采取了类似措施的主体是一种挑战。[①] 各国现在必须谨慎考虑在自身辖区内设有分支机构的美国金融服务提供商可以在多大程度上收集和传送信息，而这可能会阻滞一些国家对信息的分享。由于有其他国家采取类似措施，使得碎片化风险加剧。最后一项挑战来自敌对政权蓄意并秘密地利用网络空间对抗它们的对手，在这一情况下，为了金融稳定进行的网络合作可能被完全排除，国家和地区倾向于设置分别的、相互独立的金融科技网络。

4. 网络单一文明引发的风险

另一个网络风险来自网络多样性的缺乏，即在大多数大型机构使用相同信息技术功能（软件、基础设施、云计算）情况下的网络风险增加，因为针对一家机构的网络攻击也可能成功地攻击使用类似信息技术系统的另一机构。新冠疫情证明了仓促转向数字解决方案的风险，特别是为了方便远程工作（的转向），因为远程工作可能并不完全安全。因此，不仅是技术使用本身，而且技术应用的一致性（这是技术经济的固有属性）也创设了新的风险。

5. 网络安全新威胁的应对

就传统的关键基础设施而言，网络安全通常被认为是成熟的，[②]但金融科技带来的数据流和资金流增长可能会创设危险的相互依存关系，这种关系往往会使利益相关者对网络弹性的关注被转移开。为了应对前述风险，我们认为，在国际上扩大网络事件的范围和金融科技公司的参与可以评估系统的弱点与成本，同时厘清责任分配，可能有助于减少网络引发危机的不确定性并促进通用法律结构的推广。这类试验也可能凸显了与道德风险、"大而不能倒"和"连而不能倒"等相关问题。

考虑到国家安全问题，我们建议在已实施的基层操作尝试之基础上开展全面监管工作，这些尝试在汇集预防性、应对性和主动性的网络安全工作

---

① Gil Baram. Strategic Trends in the Global Cyber Conflict. *Cyber Security: A Peer-Reviewed Journal*, Vol. 2, No. 3, 2018, p. 238, https://www.ingentaconnect.com/content/hsp/jcs/2018/00000002/00000003/art00006.

② Basel Committee on Banking Supervision. Cyber-Resilience: Range of Practices. Bank for International Settlements, https://www.bis.org/bcbs/publ/d454.htm.

方面具有经验。谨慎的审查理应识别易受网络攻击且能够影响金融稳定的实体，相关的情报应在国际层面与其他利益相关者共享。政策差异会妨碍利益相关者之间的信任，因此非政治的机制可能是合适的。红十字国际委员会(The International Committee of the Red Cross)为保密、公正的协调者实体提供了一个范本，这类实体与独立的国内下属机构合作，有能力在国际上追踪传染病威胁。

在国内层面，显然需要(采取)多层次路径，即在国家层面(围绕国家安全问题)、部门层面(例如金融部门，围绕金融稳定问题)、业界层面进行内外一致的协调努力，其背景为个别机构和整个金融业的所谓"三道防线"(管理控制、风控与合规、独立保证)。

(三)数据安全与隐私风险

除了网络安全，数据在金融领域愈发重要的作用凸显了第二个需要关注的领域：数据保护。不同经济体制定了不同政策，其中部分政策代表了不同的社会(治理)方法，美国、中国和欧盟是拥有、使用和保护数据之法律方法的主要范例。值得注意的是，欧盟的《一般数据保护条例》(*General Data Protection Regulation*，GDPR)或许是迄今最具雄心和体系性的方式，其反映了对于个人隐私的关切(并确立了用户相对数据管理者的权利)；美国则基于有限监管和充分可转移性，仅通过联邦贸易委员会(Federal Trade Commission)等联邦机构处理数据治理问题上的细微差别问题，总体采取商业友好型路径。[①] 然而这种特征和路径正在迅速改变，加利福尼亚州颁布的新立法在许多方面与《一般数据保护条例》并无差异，诸多政党和多数主要技术公司现在都同意在这一领域制定新的联邦立法。中国在收集和使用数据方面具有较高的自由度。[②] 这些差异突出了在数字化、数据化的社会与经济中之数据作用的主要问题：谁拥有、控制数据，相应的所有

[①] 例如 Facebook 的剑桥分析丑闻，参见 Federal Trade Commission，Press Release. FTC Sues Cambridge Analytica，Settles with Former CEO and App Developer：FTC Alleges they Deceived Facebook Users about Data Collection，https://www.ftc.gov/news-events/press-releases/2019/07/ftc-sues-cambridge-analytica-settles-former-ceo-app-developer.

[②] Susan Ning & Han Wu. Data Protection 2019，https://iclg.com/practice-areas/data-protection-laws-and-regulations/china.

权、控制权的内涵是什么？

在考察相关问题时，必须区分数据的安全和保护风险（即数据保护方面，这通常与网络安全风险存在重合）与数据隐私风险（即个人数据收集与使用方面，特别是对隐私进行广泛保护的司法管辖区，这种保护参见《一般数据保护条例》）。

各国法律（数据保护）上的路径和能力的差异凸显了数据安全与隐私之技术风险，[1]我们确定了三项这方面的风险：① 数据操纵不确定性风险；② 金融科技系统整合风险；③ 监管科技干预与能力风险。

1. 数据操控的不确定性风险

鉴于目前对于构建"循证政策"以避免不当限制增长的趋向——法律框架的构建一般不考虑宏观审慎的数据风险，[2]对于数据和隐私的预防原则仍处于萌芽阶段。例如，欧盟《一般数据保护条例》要求数据控制者进行的影响评估测试仍然是"抽象或不精确的"。[3] 监管者对故意或过失的数据对接和跨辖区传输造成的危害缺乏清晰认知。[4]

为了避免狭隘的、基于目标的规则设置所导致的对数据风险的误解，监管正转向通过审查算法的技术构造和来增加数据操纵者的可归责性，并增加后者数据分析的可审计性。[5] 虽然对于回顾性调查有所帮助，但这些因素在减轻或防止损失方面却难以奏效。

2. 金融科技系统整合风险

2018 年，奥古斯丁·卡斯滕斯（Agustin Carstens）强调了关于金融科技向金融中介或在线货币市场基金（online money market funds）扩张

---

[1] World Bank. World Development Report 2020：Trading for Development in the Age of Global Value Chains, http://elibrary.worldbank.org/doi/book/10.1596/978-1-4648-1457-0 at 245.

[2] Andrew Stirling. Precaution in the Governance of Technology. University of Sussex. *Science Policy Research Unit Working Paper Series SWPS*, 2016 - 14.

[3] Amir Shayan Ahmadian. Supporting Privacy Impact Assessment by Model-Based Privacy Analysis. Proceedings of the 33rd Annual ACM Symposium on Applied Computing, http://doi.acm.org/10.1145/3167132.3167288.

[4] Luiz Costa. Privacy and the Precautionary Principle. *CLS Rev.*, Vol.28, 2012, p.14.

[5] Paulette Lacroix. Big Data Privacy and Ethical Challenges. in Mowafa Househ, Andre W. Kushniruk & Elizabeth M. Borycki, eds. *Big Data, Big Challenges: A Healthcare Perspective: Background, Issues, Solutions and Research Directions*. Berlin：Springer International Publishing, 2019, https://doi.org/10.1007/978 - 3 - 030 - 06109 - 8_9.

的风险。① 某些金融科技公司的规模是造成信贷和流动性以及投资者连带风险的原因。② 传统银行会将小额存款组合成大额贷款，而金融科技公司则依靠内部来源、银团贷款和转售原始信贷的混合。③ 使用专有的或二手的非传统银行数据来评估信贷风险，可能会根据现有可用数据样本的多少选择其所适用的不同的风险等级，从而避免了一刀切的监管方案。

拥有大型数据面板的公司所享有的复合网络效应使新进入者无法实现模式识别，从而抑制了竞争。④ 即使政策试图通过限制数据收集和保留来救济这种不平衡，既有数据也提供了大量的衍生读取和分析形式以规避传统的合规（要求），持续性地挑战着监管者，⑤然而能够获取大量数据的公司还受益于其运营市场的高度信息对称——任何使公司朝着特定方向发展的尝试都必然面临国际挑战，而分散化的监管框架又使其加剧。

3. 监管科技监测与干预能力的风险

若公共和私营部门分担数据风险，监管者就需要足够的法律和技术能力来有效评估和介入数据驱动的经济。在此方面，三项数据属性构成了特定的挑战：⑥① 为进行全面调查而监测的大量数据给资源带来了压力；② 通过专有系统运行的大量数据结构可能需要转换为符合监管标准的形

① Agustin Carstens. Big Tech in Finance and New Challenges for Public Policy. Keynote Address Delivered at the FT Banking Summit, https://www.bis.org/speeches/sp181205.htm. FinTech and Banks. Friends or Foes?. *European Economy*, https://european-economy.eu/book/fintech-and-banks-friends-or-foes/.

② Agustin Carstens. Big Tech in Finance and New Challenges for Public Policy. Keynote Address Delivered at the FT Banking Summit, https://www.bis.org/speeches/sp181205.htm. FinTech and Banks. Friends or Foes?. *European Economy*, https://european-economy.eu/book/fintech-and-banks-friends-or-foes/.

③ Agustin Carstens. Big Tech in Finance and New Challenges for Public Policy. Keynote Address Delivered at the FT Banking Summit, https://www.bis.org/speeches/sp181205.htm. FinTech and Banks. Friends or Foes?. *European Economy*, https://european-economy.eu/book/fintech-and-banks-friends-or-foes/.

④ Financial Stability Board. FinTech and Market Structure in Financial Services：Market Developments and Potential Financial Stability Implications：Financial Stability Board. https://www.fsb.org/2019/02/fintech-and-market-structure-in-financial-services-market-developments-and-potential-financial-stability-implications/.

⑤ 例如，亚马逊算法利润偏好被发现，可见 Dana Mattioli. WSJ News Exclusive | Amazon Changed Search Algorithm in Ways That Boost Its Own Products. *The Wall Street Journal*, https://www.wsj.com/articles/amazon-changed-search-algorithm-in-ways-that-boost-its-own-products-11568645345.

⑥ Mark Flood, H. V. Jagadish & L. Raschid. Big Data Challenges and Opportunities in Financial Stability Monitoring. *Financial Stability Rev.*, Vol.20, 2016，p.129.

式;③ 数据质量评估需要了解、比较上游和垂直的数据来源与要点,从而使调查负担成倍增加。此外,数据调查困难还因跨境协调负担而加重,例如(不同司法管辖区的)异构方法论和调查职权与能力会加剧调查难度。

在全球范围内,标准化提议,例如法人机构识别码(legal entity identifiers, LEIs)在协助数据同步方面具有巨大潜力,不过这些举措进展缓慢,且它们提供的宏观审慎切入点有限。① 但是,数据访问共享是有限制的,甚至是有争议的,例如美国的《数据合法海外使用声明法案》(*Clarifying Lawful Overseas Use of Data Act*)②对像谷歌和亚马逊这样的云服务提供商施加了根据授权令或传票向执法部门提交数据的义务,即使数据位于另一国家。欧盟当局报告称该法案与《一般数据保护条例》相冲突,该法案突出了更新法律互助条约(Mutual Legal Assistance Treaties)以将比例原则和数据最小化(data minimisation)原则纳入其中的"紧迫"需要。③ 为了使众公司(同时)遵守两部规范,它们可能需要完全分割自己的网络,将薄弱之处分归于剥离的分支机构。若数据访问仍处于一个不平衡的竞争环境,信息不对称性将制约预防性和应对性的风险管理。

4. 处理数据安全和隐私风险

数据安全与隐私风险区别于网络安全,前者关系数据的收集、对所收集数据的应用和真实性,而非对数据的保护。这就要求给予(监管者)适当的资源和权限以调查复杂的数据流。一旦数据流被调查,法律风险管理框架就能够创建和更新。为了有效地追踪数据线索,监管部门应当实现国际层面的协调。

与网络活动类似,推进更有效数据评估的最有效方式是构建用以交流最佳实践的数据专家网络。④ 我们主张支持既有倡议,并加强政府和社会资本的合作,以更好地了解可能招致利益相关者,尤其是可能于跨境司法机

① Mark Flood, H. V. Jagadish & L. Raschid. Big Data Challenges and Opportunities in Financial Stability Monitoring. *Financial Stability Rev.*, Vol.20, 2016, p.129.

② Pub L. No. 115-141, div V, 132 Stat. 1213 (2018).

③ Email from EDPB and EDPS to Mr. Lopez Aguilar. https://edpb.europa.eu/sites/edpb/files/files/file1/edpb_edps_joint_response_uscloudactcoverletter.pdf or https://edpb.europa.eu/our-work-tools/our-documents/letters/epdb-edps-joint-response-libe-committee-impact-us-cloud-act_en.

④ Konstantina Vemou & Maria Karyda. Evaluating Privacy Impact Assessment Methods: Guid-lines and Best Practice. *Information & Computer Security*, https://www.emerald.com/insight/conten/doi/10.1108/ICS-04-2019-0047/full/html.

构信任方面具有影响的公司指责的技术风险和事件。

四、金融科技、科技金融、规模与连接性

除了网络安全和数据保护,新的金融业入场者,例如金融科技公司和科技巨头的参与引致了潜在的担忧。[①]

从系统性风险的角度看,我们不认为风险源自金融科技公司本身。金融科技公司是问题驱动型公司,尽管努力成为大公司,它们总要从小公司开始经营。[②] 大多数金融科技公司并不要求排挤现有的中介机构;相反,它们希望与中介机构合作并把后者作为客户。真正的金融科技创新在这个过程中高速进行。因此,正如在前文详细分析过的那样,平衡比例的监管路径是最合适的。

然而,科技巨头对金融事务的参与是令人担忧的原因之一,尤其是考虑到它们在市场供应链运作中发挥着日益重要的作用(见图1)。[③]

图1　科技巨头在金融中的功能

(一)科技巨头

巴塞尔银行监理委员会认为,科技巨头是指大型的、全球性活跃的、于数字技术方面具有相对优势的技术公司。科技巨头公司通常通过互联网和(或)信息技术平台向终端用户提供网络服务(搜索引擎、社交网络、电子商务等),或者维护其他公司用以提供产品或服务的基础设施(数据存储和处

---

① Jon Frost. BigTech and the Changing Structure of Financial Intermediation. *BIS Working Papers*, No.779, 2019.

② Daniel Drummer. Fintech: Challenges and Opportunities. *McKinsey & Company*, https://www.mckinsey.de/fles/160525_fJntech_english.pdf.

③ 当前监管的注意力集中于技术公司的系统性风险维度。国际清算银行(Bank for International Settlements, BIS)、巴塞尔银行监理委员会(Basel Committee on Banking Supervision, BCBS)正在进行全球咨询,其中特别关注科技巨头的作用。

理的功能)。①

这些科技巨头通过两种方式与金融市场产生关联：一是它们可以充当金融中介机构的第三方供应商。适用的案例包括由亚马逊等公司提供的云服务，或者提供给银行和资产管理公司、用以为风险模型和计算提供信息的数据反馈。二是科技巨头公司可以更直接地提供金融服务，它们在起始阶段作为通道，连接金融服务提供商和科技巨头的既有客户，并随着时间发展逐渐开始作为科技金融公司直接向客户提供金融服务本身。②

无论是作为第三方的信息技术服务(例如大数据)还是科技金融式的金融服务供给，科技巨头的这两种商业模式都具有造成系统性风险的潜在可能，尽管方式不同。

在"大而不能倒"方面，我们以科技金融公司为例(例如亚马逊和阿里巴巴等进军金融服务领域的数据巨头)，重点关注规模积累的快速形成。大型科技公司正越来越多地进入金融领域，它们通常受益于：① 监管差异和(或)与传统金融机构的待遇差别；② 范围经济(economies of scope)与规模经济；③ 网络效应(即数据领域与金融领域共有的集中趋势)。上述现象共同表明，科技金融公司不仅可能引起对竞争和数据保护的担忧，而且实际上增加了"大而不能倒"的风险。

在"连而不能倒"方面，我们认为，在数字化金融的世界中，一切都是通过数据反馈串联起来的，而这种连接会造成系统性风险，特别是传统的银行拥有且运营的基础设施为新的、由其他人拥有的系统性重要基础设施所取代，而且这个"其他人"可能并非传统意义上的金融中介机构，即并不受到为系统性风险设置的措施(例如准备金的存取、关键基础设施的分隔等)的限制。这方面的例子包括在数据反馈、云服务(非金融公司为金融公司和监管机构提供数据和托管服务)等领域的市场集中现象。此外，网络安全风险在金融领域的各个方面都在急剧上升。

我们认为在科技巨头对金融业的参与中，其规模与连通性是同在

---

① BIS/BCBS. Sound Practices: Implications of fintech developments for banks and bank supervisors. Consultative Document, (2017) at 15.

② Dirk A. Zetzsche. From FinTech to TechFin: The Regulatory Challenges of Data-Driven Finance. *NYUJ L. & Bus*, Vol.14, 2018, p.393.

的——这种组合造成了巨大的潜在系统性风险。金融服务业缺乏透明度且有可能迅速(进一步)扩大规模的事实有力地表明,针对科技巨头的监管行动应当被列入监管议程。

(二) 科技金融

与金融科技公司不同的是,科技金融公司(进入金融领域的科技巨头公司)在进入金融领域之前往往就是金融领域外的大型公司。由于其规模,科技金融公司从进入金融服务市场时起就与许多机构联系在一起,例如作为持牌机构的渠道而运营。此外,由于其数据能力,科技金融公司自进入金融市场起就对相关联的金融机构发挥影响,并且当最终开始提供受到监管的金融服务时,它们往往能够迅速地控制整个市场部门。

金融服务的治理和披露框架并不是为了适应科技金融公司而设计的:金融中介机构应当是处理金融信息的专家,以实现在预期风险回报率下对现金流的最有效使用,这一范式受到了科技金融公司的挑战。如果科技金融公司拥有比传统金融机构更优越的数据,前者或将实现更高效的金融中介功能。然而至少迄今为止,科技金融公司大多数情况下都在不受监管的环境中运作。直到科技金融公司进入金融服务市场之进程的后期,即在它们申请获得金融服务牌照前,科技金融公司既不会受到客户保护、消费者保护或投资者保护规则的限制,也不会为确保金融市场运作、防止系统性风险累积的措施所约束。[1]

此外,从既有持牌金融中介机构的角度出发,科技金融公司造成了不平衡的甚至不正当的竞争。(获得)设立牌照的固定成本、由顾问进行监督和相关审查的持续成本等都意味着持牌中介机构需要比非持牌者承受更高的成本。长远来看,由于更高的成本基础以及应对竞争挑战的有限灵活性,持牌中介机构注定要在竞争中失败。这样的不平等竞争环境显然增加了监管套利和不正当竞争的风险。

在某个公司或产品现在可以从"太小而不值得关注"(too small to

---

[1] Dirk Zetzsche. Investment Law as Financial Law: From Fund Governance over Market Governance to Stakeholder Governance? in Hanne S Birkmose, Mette Neville & Karsten Engsig Ssrensen, eds. *The European Financial Market in Transition*. London: Kluwer Law International, 2012, pp.339-343.

care)迅速转向"大而不能倒"的背景下,各种风险来自科技金融背景下的极速扩张之可能性,这是我们先前强调过的——这也是过去 10 年的金融科技纪元的核心特征之一。以蚂蚁金服运营的资产管理平台余额宝为例,在运营的前 10 个月,①余额宝成为世界第四大货币市场基金,导致了中国监管者做出迅速的、限制性的回应。② 2017 年 4 月,中国监管者将限制解除后,余额宝在创设仅 4 年后就于全球货币市场基金中占据了头把交椅。③ 2014 年 10 月,阿里巴巴决定拆分其子公司支付宝为一家独立的持牌金融服务控股公司(尽管仍然处于其控制下,并将其重新命名为蚂蚁金服),这既是监管者担忧支付宝和余额宝可能引发系统性风险的直接结果,也是中国决定构建监管体系以应对金融科技问题的结果。④ 无独有偶,M-Pesa 等移动资金平台在一些非洲国家具有系统重要性,⑤MercadoLibre(及其支付和金融附属机构)和俄罗斯金融平台提供商 Tinkoff 在各自的国内市场也都具有系统重要性。

　　虽然科技金融公司带来了重要的消费者利益,但它们的出现也强调了大型新公司的出现必须得到基于其规模、相互关联性和在提供系统重要性基础设施方面的作用对其潜在风险的慎重考虑。在过去,对金融服务中重要市场组成的信任和控制往往掌握在少数主体手中,而这也导致了重大金融危机,例如 21 世纪前 10 年的审计欺诈⑥和 2008 年全球金融危机中的信

---

① Jamil Anderlini. Explosive Growth pushes Alibaba Online Fund up Global Rankings. *Financial Times*. https://www.ft.com/content/748a0cd8-a843-11e3-8cel-00144feab7de.

② Zhou Weihuan, Douglas W. Arner & Ross P. Buckley. Regulation of Digital Financial Service in China: Last Mover Advantage. *Tsinghua China L. Rev.*, Vol.8, 2015, p.25.

③ Yifan Xie & Chuin-Wei Yap. Meet the Earth's Largest Money-Market Fund. *The Wall Street Journal*. https://www. wsj. com/articles/how-an-alibaba-spinoff-created-the-worlds-largest-money-market-fund-1505295000.

④ Yifan Xie & Chuin-Wei Yap. Meet the Earth's Largest Money-Market Fund. *The Wall Street Journal*. https://www. wsj. com/articles/how-an-alibaba-spinoff-created-the-worlds-largest-money-market-fund-1505295000.

⑤ Kiarie Njoroge. Report: This is What Would Happen to Kenya's Economy if M-Pesa was to Collapse. *Nairobi News*, http://nairobinews.nation.co.ke/news/treasury-report-reveals-fears-m-pesas-critical-role-economy/; Frank Jacob. The Role of M-Pesa in Kenya's Economic and Political Development. in Falola T. & Heaton M. M., eds. *African Histories and Modernities*. New York: Palgrave MacMillan, 2016, p.89.

⑥ Sean Farrell. The World's Biggest Accounting Scandals. *The Guardian*, https://www.theguardian.com/business/2015/jul/21/the-worlds-biggest-accounting-scandals-toshiba-enron-olympus; C. William Thomas. The Rise and Fall of Enron. *J. Accountancy*, Vol.193, No.4, 2002, p.41.

用评级机构,^①以及系统性重要金融机构在近期之外的许多危机中的作用。^② 会计师事务所和评级机构只是与(金融)系统相连的数据提供者(类似于科技金融公司的前期阶段),而系统性重要金融机构的规模通常是非常大的(类似于提供受监管之服务的科技金融公司)。^③ 与科技金融公司不同的是,如今它们都受到了严格监管。^④

然而,科技金融公司并非没有风险。由于缺乏经验和监测,我们无法尽知由技术创设的所有风险,因为科技金融公司向金融监管者提供信息并不是强制性的,只要前者处于监测或者监督的范围之外。我们只有在服务没有得到合适履行的情况下才能得到结果,而且通常会是令人惊讶的结果。随着人工智能和机器学习(AI/ML)在金融服务领域愈发普遍,情况将愈加如此,因为基础算法非常复杂、近乎不透明,而自我学习算法的行为也无法预测。此外,我们缺乏在整个商业周期内基于人工智能和机器学习的定价模型之经验。

如果金融法不适用,潜在的系统性风险可能会不被察觉、不经缓解且不受控制地累积,而且从长远来看,下一次全球金融危机很可能来自科技金融公司的弱点,而非来自获授权的金融机构。这种担忧导致中国在 2018 年年末决定将蚂蚁金服界定为系统性重要金融机构。

(三)应对技术风险

科技巨头引致系统性风险的可能是由于连接性而增加的,虽然连接性可以被分散,但这要付出一定的代价,而对科技金融公司系统性风险的观测是建立在对规模和连接性的假设之上的,所以多元化并无帮助。

我们关注的核心是科技金融公司在早期作为金融中介机构及其客户之

---

① Amanda J. Bahena. What Role did Credit Rating Agencies Play in the Credit Crisis? http://www.spaeth.ru/HS20152016/artikel_16.pdf.

② Financial System Inquiry. Too-Big-to-Fail and Moral Hazard. https://treasury.gov.au/sites/default/files/2019-03/p2014-FSI-O1Final-Report.pdf.

③ Mustafa Yuksel. Identifying Global Systemically Important Financial Institutions. *Reserve Bank of Australia December Quarter 2014*. https://www.rba.gov.au/publications/bulletin/2014/dec/pdf/bu-1214-8.pdf.

④ Siegfried Utzig. The Financial Crisis and the Regulation of Credit Rating Agencies: A European Banking Perspective. *Asian Development Bank Institute Working Paper*, No.188, 2010.

间通道的功能。有的观点可能认为，早期科技金融的通道功能只是数据的传输方式之一，而数据传输并不是一种需要监管的特殊活动。

然而在高度集中市场上的数据供给已促使监管者要求金融机构实现其数据来源的多样化。与科技金融不同，数据传输只是一项后端功能，而科技金融还同时向金融机构提供前端覆盖服务，为后者构建金融生态系统或平台技术。科技金融公司的管道功能问题无法通过针对多元化的要求来解决，因为金融机构不能像更换后端关系那样随时更换"服务提供者"——终止金融机构与科技金融公司的合作，使前者牺牲其与自身最珍贵资产——客户的连接。

因此，我们已经建议在其他地方通过适度的监管干预来规制数据的收集与分析，伴随着业务规模从"太小而不值得关注"发展为"太大而无法忽视"（too large to ignore），再到"大而不能倒"。[①]

鉴于科技金融公司通常并不寻求直接获取客户资金，许多基于资产负债表规模、风险敞口或者所管理资产的既有金融监管门槛将无法被触发。为了设定合适的门槛，监管者必须制定新的标准。这可以包括数据点的总体数量标准，或持有相关市场中相当人口份额的数据标准，或其他能反映（存在）相当大量数据集之措施的标准。

如果金融数据收集和分析成为一项受到监管的活动，那么，一旦科技金融公司对金融稳定至关重要，系统性风险措施就会被适用，而这将由"大而不能倒"或者"太复杂而不能倒或连而不能倒"（too complex or too connected to fail，TCTF）的测试来决定。如果特定的科技金融公司是一家重要的银行或者多家具有系统重要性之银行的主要客户渠道，这家科技金融公司的重要性就会近似于一位新的首席执行官（CEO）或者一种新的商业模式，而非只作为基础设施。与新的银行首席执行官和其他关键员工接受监管审查的程度相同，我们将要求科技金融公司满足"合适和恰当"的要求，并要求有足够的资源来维持科技金融公司的相关职能。这就是系统性风险的视角下所表现出的对科技金融公司进行监管的情形。

一旦监管机构得出科技金融公司具有系统重要性的结论，例如科技

---

① Siegfried Utzig. The Financial Crisis and the Regulation of Credit Rating Agencies: A European Banking Perspective. *Asian Development Bank Institute Working Paper*, No.188, 2010.

金融公司的数据对于一个系统性关键金融机构至关重要,或一家科技金融公司系数家共同具有系统重要性之金融机构的主要客户渠道,我们就建议采取控制和限缩系统性风险的措施。在前一个情境中,这可能需要重要的金融机构多样化其数据来源。在后一种情境中,我们建议规定:① 针对科技金融公司的架构要求(关于其金融部分的区隔条款,涉及实体、信息技术和资本;维护和清盘的最低资本,以及按照不同国家或者不同市场分类的活动,为此支付的代价可能是为消费者支出之成本的增加)。② 赋权监管者叫停特定业务活动(同时保存客户数据)。③ 为公共利益指派一名专员经营被区隔开的科技金融部分业务。作为解决方案的一部分,监管者必须询问服务供应商如何确保在危机时期能够使用基本设施。对于数据驱动的商业模型,例如科技金融的各种商业模式,其解决方案必须规定如何确保对数据的持续访问,即使是在金融业务破产的情况下。例如,我们会要求数据密集型金融公司与它们的数据驱动型的同母体其他子公司签订授权合同,以确保业务的连续性(即长期的数据反馈),即使金融公司本身已经破产了一段时间。因为如果没有这些数据,整个公司都会受到威胁,而且大数据公司的科技金融部门很少会完全拥有它所提供的数据。

系统性风险干预甚至可以再更进一步。由于基于公益运作一个重要数据提供商并非长期解决方案,在某些情况下强制执行开放数据政策,作为针对数据驱动型金融服务的特殊系统性风险应对措施,长期采用之后可能会减少对额外监管干预的需求。请注意,与开放银行业的支持者相反,我们并不主张在所有情况下都实行开放数据政策,而只是将其作为一项针对极大程度数据驱动之金融服务公司所实行的特定危机应对措施。

五、金融基础设施的新形式

除了来自数字环境(特别是与网络安全和数据保护及隐私有关的)和新金融机构(特别是其规模效应和网络效应)的新风险外,风险还来自新形式的数字金融基础设施的演变。科技巨头在这个发展进程中具有特别突出的作用,在中国,科技巨头的移动支付规模达到了 2017 年国内生产总值(GDP)的 16%,其通过不依赖传统银行的自营支付服务向超过半数的人口提供服务。[①] 这些公司的活动正在迅速扩展到信贷提供、保险和投资服务，在几个部门之间创建复杂的、相互联结的网络。在肯尼亚、印度和俄罗斯等越来越多国家也出现了类似的情况。

虽然在美国或欧洲等基于既有银行的支付占主导地位的国家或地区，新的支付服务仍得到传统银行基础设施的支持，但金融科技市场份额的不断增长预示着传统银行业务向新基础设施的融入。以中国为例，这种变化的速度和范围可能导致金融系统的结构性变化。

对金融基础设施的关注并非新闻，由于赫斯塔特银行在 1974 年的倒闭，金融监管的重点一直在支付系统，特别是证券结算与交易系统上，这两个监管重点均为国际清算银行支付与结算委员会（BIS Committee on Payment and Settlement Systems）和国际证监会组织（International Organisation of Securities Commissions，IOSCO）所处理。2008 年后，人们对于金融市场基础设施（financial market infrastructures，FMIs）的忧虑和关注度急剧增加，而金融稳定委员会和重新命名的国际清算银行与国际证监会组织联合的支付与市场基础设施委员会（BIS-IOSCO Committee on Payment and Market Infrastructures）发挥了领导作用。自 2008 年起，关于中央结算机构之风险以及集中性和系统性依赖带来的新风险是否超过了减少相应风险之收益的讨论不绝于耳。疫情也突出了升级数字金融框架的迫切需要。

显然，网络安全问题直接关系衍生品的中央对手方（central counterparties，CCPs）和类似的基础设施。对"大而不能倒"与"连而不能倒"的担忧亦存在，特别是因为有使用区块链、稳定币等新技术的新入场者尝试扰乱现有市场、干扰现有参与者。

然而，除了这些，我们也看到了新形式的数字金融基础设施的出现，特别是在云服务的语境中。云服务与其提供商在金融领域发挥着越来越重要的作用。在新兴金融科技公司尤其如此，它们往往是"云土著"（cloud natives），其整体业务是基于云服务的——这就是数字化和数据化既有发展程度的一个例证。与此同时，传统金融机构也越来越多地使用云服务，不仅为既有系统提供备份，而且也用它来建立新的系统，并以此替

---

① Jon Frost. BigTech and the Changing Structure of Financial Intermediation. *Bank for International Settlements Working Paper*, No.779, 2019.

换既有过时的核心系统(后者往往是基于运行严重过时软件之旧主机的系统)。

就对金融中介机构的信息技术或数据供给而言,中介机构会面对来自第三方服务供应商的运营风险,尤其是网络运营风险。例如,当亚马逊在中国香港地区的云计算数据中心发生故障时,美国证券交易委员会(SEC)的网页以及许多面向消费者的服务商,例如 Netflix 都出现了问题。[①] 我们也可以在这方面将大型信息技术服务平台的发展成果共享,许多金融中介机构就将核心功能外包给这些平台。例如,全球最大的资产管理公司黑石(Blackrock)[②]开发的后台办公软件平台阿拉丁(Aladdin)就被全世界约25 000名专业投资人士[③]用以管理全球约 7% 的金融资产,包括十大资产管理公司的资产。[④]

金融监督通常不适用于大数据提供商。信息技术或数据的提供者通常不属于金融监管的范围:金融监管者既缺乏这些公司的相关信息,又缺乏后者在金融部门间互联互通方面之潜在作用的信息,也缺少监督或监管工具。

金融法通常以对金融公司提出严格外包要求来应对无法监督的公司(non-supervised firms)带来的风险。金融公司需要在任何时候确保系统稳定性,即使其信息技术是外包的,但是一家银行(即使它是摩根大通或者高盛)要如何确保一家大型科技公司(例如亚马逊、苹果、谷歌或微软)提供恰如其分的服务?众银行既不能监督那些市值为自己数倍的公司(在最糟糕的情况下苹果公司甚至可以用自己的现金收购德意志银行),也无法实施能确保科技巨头云服务中心运转的控制手段。

这些问题在云服务的运营中引发了越来越多的讨论,其中内容为这些公司是否应当被视为具有系统重要性的基础设施提供商,并以与某些支付系统或者证券和中央对手方(securities)相同的方式进行相应监管。关于云

---

① Elaine Ou. Can't Stream Netflix: The Cloud May Be to Blame. *Bloomberg*. https://www.bloomberg.com/view/articles/2017-03-02/can-t-stream-netflix-the-cloud-may-be-to-blame.

② Aladdin by BlackRock, https://www.blackrock.com/aladdin.

③ Aladdin Platform Overview. https://www.blackrock.com/aladdin/offerings/aladdin-overview.

④ The Monolith and the Markets. *The Economist*. https://www.economist.com/briefing/2013/12/07/the-monolith-and-the-markets.

服务是否在事实上属于一种工具形式而需要从其他技术性的业务中分离出来的讨论还在进行。

对服务提供商施加控制的另一个选择是多元化。例如，金融法可以要求任何金融公司必须在三个不同的供应商处拥有镜像云服务器，同时这些供应商必须互不相关。然而在强制多元化确保了额外安全性并对供方市场结构具有积极影响的同时，其也带来了增加的成本和其他问题。

第一，"其他问题"就是网络安全问题。持有中介机构金融数据的供应商越多，内部数据腐败（盗窃、操纵或滥用）或者受到外部网络攻击的风险就越大。

第二，数据流和服务器空间的强制多元化夺走了数据化的一些益处。这降低了信息技术的处理速度并造成了混淆的风险：如果数据储存在由许多不同云供应商构成的区块链上，这种链上数据储存本身就要花费时间和资源。如果一个经纪系统同时运行在三个不同的数据流上，而其中一个数据流显示的数据不同于另外两个，那么，三个数据集中何者为真，且经纪人应当基于何者进行一桩涉及数十亿美元金额的交易？云储存与相关分析市场以及金融市场数据供给高度集中，这一事实加剧了这些风险。[1] 金融中介机构几乎别无选择，而网络攻击则目标明确。

其他的例子还包括由于对少数数据供应商的依赖，商业模式上的相似性（正如 2008 年之前的证券化所引致的）与集中化引发的相互关联风险以及依赖风险。

六、新的风险范式：作为系统性风险驱动因素的信息技术和模型风险

我们认为，系统性风险不会大到需要新型技术投入对技术产品进行干预的程度，无论是区块链、加密货币还是代币销售。尽管首次代币发行量的增长确实令人印象深刻，但并无证据表明受监管的金融中介机构大量参与了这些产品的发行。尽管考虑到银行首席执行官们的公开声明，事实看似

---

① Douglas W. Arner, Dirk A. Zetzsche & Ross P. Buckley. *Systemic Risk in the FinancialSector: Ten Years after the Global Financial Crisis*. Ontario：CIGI Press，2019.

恰恰相反。① 然而,这种情况可能发生变化,而这种变化的第一个迹象就是参与这些市场中的所谓加密对冲基金(crypto hedge funds)和受监管的投资基金数量显著增加。② 考虑到首次代币发行市场发展迅速,监管者最好严格执行现有法律,密切监测事态发展并开展全球性合作,以确保系统性风险处于控制之下。

与之相反,数字化——在许多情况下涵盖业务全过程的显著风险在于安全问题,主要是在网络安全和数据保护方面。即使政策制定者和监管者听从了我们的建议,有一件事也是不会改变且无法改变的:对技术的依赖,以及技术和人为故障的发生。与此同时,金融风险并未减少。网络风险、数据风险、技术风险和金融风险不断累积。这种新型风险——技术风险现在构成了另一种主要风险形式,与其他传统金融风险类别并存。对数字化、数据化、网络安全、"大而不能倒""太关联而不能倒"的考虑共同创造了一个金融系统较以往更加脆弱的世界。同时,正如疫情中所展现的,数字化对于现代社会的运作正变得愈发重要。在技术风险成为新的不稳定推动因素的情况下,监管者最好独立地关注这些新型风险,同时也关注它们与其他形式之风险的联系。

从某种意义上说,国际金融体系及其参与者的许多特征,都可以转用于国际网络及其参与者,特别是在科技金融活动中。两者都涉及大规模集中的、相对缺乏摩擦的活动,亟待增加透明度与控制力度。两者都讨论国际集中化或地区化的优点——不过讨论并不针对货币,而是针对数据。两者的潜在波动性、风险敏感性和传染效应正经受着仔细检查,它们都需要结构性的关注。因此毫不奇怪的是,由于科技金融公司在几个并行领域包括金融领域发挥着日益重要的作用,它们需要审慎地监管和监测,因此过往经验可

---

① Anthony Cuthbertson. Bitcoin Trading Comes to Goldman Sachs after Investment Bank Hires First Cryptocurrency Trader. *The Independent*. https://www.independent.co.uk/life-style/gadgets-and-tech/news/bitcoin-trading-latest-goldman-sachs-digital-asset-trader-investment-banks-a8334171.html; Tae Kim. Jamie Dimon Says He Regrets Calling Bitcoin a Fraud and Believes in the Technology Behind it. *CNBC Markets*. https://www.cnbc.com/2018/01/09/jamie-dimon-says-he-regrets-calling-bitcoin-a-fraud.html.

② Jemima Kelly & Maiya Keidan. Bitcoin Boom Failing to Attract Big Name Investors. *The Independent*. https://www.independent.co.uk/news/business/news/bitcoin-investers-crypto-currencies-hedge-funds-a8014666.html, citing Autonomous NEXT, *Crypto Fund List*. https://next.autonomous.com/cryptofundlist/.

作为有益参照。

总而言之，我们就如何监管和监测网络安全和技术风险提出了若干建议，也概述了现有传统路径的缺陷。

在重要性方面，网络安全与技术风险作为运营风险下的类别，依然补充了（传统的）金融风险。我们认为技术风险并非市场发展的结果，而是潜在不确定性的新驱动因素，而监管者应该关注这个新的风险类别。

监管者应如何应对这一新现实？全球技术风险的监管制度缺陷，与我们在全球金融危机前所见识的其他新型系统性风险是类似的。这些缺陷包括监管漏洞、监管者之间缺乏协调、信息不对称、金融中介机构和监管者缺乏专业知识，以及中介机构缺乏相应的认知或投入。

我们鼓励设置新的风险议程，以积极应对全球技术风险。该议程必须考虑新冠疫情的启示，其中的策略必须力求支持政策的协调，以及支持利用数字渠道更好引导资源的行动，同时这些渠道必须在混乱时期也能运作良好。从监管的角度来看，该议程必须包含七个步骤。

第一，监管者必须优先考虑技术风险，这种优先性必须同时在内部和外部实现。这种优先性的结果就是，技术风险应当与金融风险扮演同等重要的角色。这在监测新型风险和收集非传统形式信息的情况下，尤其重要。要实现这一点，可以在监管当局任命一位首席技术风险官（chief technology risk officer, CTRO）或者在董事会级别设置一个类似的职位，以重点关注这类风险的严重程度。与此同时，金融中介机构应当被要求任命负责网络、技术或数据风险的首席技术风险官或者同等级别的高级管理人员作为主要联络点，这由董事会监督，或至少在任何公司的风险委员会范围内（设置相关功能）。此外，首席技术风险官关于网络风险的报告，应当作为监督机构和中介机构高级管理层所有会议的核心议程项目。

第二，监管者需要加强其内部的技术专门知识储备，以了解他们所监测和监督的生态系统之新风险的来源，并能够与中介机构讨论技术问题。我们尤其鼓励在金融稳定委员会和国际证监会组织等全球性政策机构中设置技术委员会和技术专家团队。

第三，监管者必须继续加强报告要求，详细说明中介机构的技术风险管理战略，以及在系统稳定与网络安全方面投入的预算和分配的人力资源。

这些报告应包括技术细节,并由监管者的技术部门加以审阅。

第四,监管者必须优先考虑这类风险,无论是在现场还是非现场检查中,以了解中介机构是否明确这些风险,以及他们如何应对这些风险;他们在场时需要与技术人员交谈,而不是与高层管理人员或法律部门的人员交谈。当然,监管当局的技术和监管专家也应该出席。

第五,在涉及金融稳定的情况下,监管者必须努力使网络安全非政治化,以促进发展能够预防和防范网络事故的政府间网络或部门网络,特别是考虑到金融相互关联性的日益增强。一个孤立的网络安全岛,如果仍与数据化金融网络相连,就会带来越来越多的风险传染。

第六,监管者须自己使用新技术,因为只有用户才了解应用程序的问题。这将是监管科技主战略的一部分——在许多情况下这个战略早该实施,以应对监管者收到的巨大数据流,而数据流的产生来自关于全球金融危机的额外报告要求。我们承认监管者也可能因技术失败而遭受损害,但倘若这种情况出现,其将使监管者学会处理大型技术项目,并了解他们向中介机构提出什么要求。

第七,监管者应继续寻求协调规范性的网络和数据政策以避免摩擦和不确定性,并防止可能影响金融稳定的规则长期固化。这或许可以防止加剧不稳定行为的逐底竞争。

由于金融科技的发展,技术风险成为风险水平的主要决定因素,世界已经变得更具风险,新的技术风险迟早会转化为金融风险。等到金融风险固化为技术风险的长期影响时,监管系统的核心职能便无法实现。监管者需要面对而非惧怕未知,并具备一定程度的技术专业知识,至少要与那些大型的且完全不受监管的数据驱动型公司相匹配。这对所有的监管者和学者来说都是一个非常艰巨的挑战,但这不是他们中的任何人可以回避的。

区块链技术在全球证券和衍生品市场中的前景：新的金融生态系统和系统性风险控制的"圣杯"

埃米利奥·阿夫古利亚斯　阿格洛斯·基亚亚斯*

陈徐安黎　译　芦心玥　沈　伟　校

摘要：投资者对投资的控制薄弱和现代金融市场基础设施（financial market infrastructure，FMI）大量存储系统性风险的缺陷，由市场失灵和现代金融市场固有的结构性缺陷共同造成。然而，由长监管链和大型全球中央对手方（central counterparties，CCPs）组成的复杂FMI对现代市场运作的效用却并未受到严重质疑。随着证券和衍生品FMI引入分布式账本技术（distributed ledger technology，DLT）系统，改变技术范式可以使投资者的控制和风险管理更加有效，并在一定程度上分散系统性风险。因此，它可以创建一个更多样化、更有弹性的金融生态系统。本文的跨学科研究发现了许多支持FMI技术范式转变的原因，勾勒出一个全面的基于区块链框架可以用于开发基于许可的衍生品清算和结算平台，并处理了DLT系统内的流动性短缺。可以说，技术变革的影响应降低行业租金，造福金融终端投资者和终端用户（企业家和企业），从而增进市场福利。因此，区块链技术在FMI中的应用可以改变整个金融服务行业的结构和未来的发展方向。

关键词：CCPs；金融稳定；DLT；区块链；系统性风险；以太坊；衍生品；保证金；清算和结算；流动性；逆向选择；中介化证券

---

* 埃米利奥·阿夫古利亚斯（Emilios Avgouleas），爱丁堡大学国际银行法与金融系主任、教授，香港大学法学院访问教授，意大利国际社会自由大学欧洲政治经济学院高级研究员兼访问教授；阿格洛斯·基亚亚斯（Aggelos Kiayias），爱丁堡大学信息学院网络安全与隐私委员会主席、教授，爱丁堡大学信息学院区块链技术实验室主任。

一、引言

在当代金融市场中，每完成一次证券交易都必须使用大量中介机构的服务，使有关资产或现金转移具有终局性（绝对的法律效力和实体确定性）。衍生品合约在交易结算和清算方面采用了更复杂的程序，涉及抵押品的转让，以保障相关衍生品合约的执行（履行）。衍生品合约的执行取决于该合约是场内交易衍生品合约还是场外交易（over-the-counter，OTC）合约。不使用CCPs基础设施的OTC合约则由合约双方自行安排执行，结算通常持续多日。但是，在交易结算期间，每一方都承担着另一方资不抵债或发生其他事件导致交易无法完成的风险（交易对手风险）。如果OTC合约采用CCPs机制进行清算，则CCPs将介入合约方之间吸收信用风险。

FMI安排（所谓的市场"管道"）对全球金融体系的有序运行至关重要，它包括运用昂贵的科技、复杂的技术和法律基础设施。2008年全球金融危机后，二十国集团（G20）达成协议，为对抗系统性风险，场外衍生品清算和结算的集中化成为改革立法[①]的核心之一。这与场外交易情境下的三个现象有关：一是当抵押品变得稀缺时，因衍生品交易对手一系列的可能违约所引发的风险传染；二是在场外交易市场中形成的不同市场参与者和细分市场之间的无形联系；三是资产抛售（firesales）的风险，这种风险源自一些压力大的交易者为了避免违约，试图挤压现金流以满足追加保证金的要求。

根据新规，CCPs将收到合约的通知，并通过法律修订的方式取代交易对手方。因此，双边合约被两份与交易对手签订的对立合同所取代。CCPs为非违约方（以及间接地成为他们的客户）提供保护，以防止违约方无法履行义务。[②]

CCPs使用多种风险缓释技术，包括高基准净额清算，将风险敞口压缩

---

① Title VII and Title VIII of the Dodd-Franck Act (Wall Street Reform and Consumer Protection Act) (Pub. L. 111 - 203, H. R. 4173) and the EU Market Infrastructure Regulation (EMIR), Regulation (EU) No. 648/2012 on OTC Derivatives, Central Counterparties and Trade Repositories [2012] OJ L. 201/1 - 59.

② ASX Clearing Party Limited. Clearing Participant Default-An Overview, https://www.asx.com.au/documents/clearing/131001_Default_Management_-_Public_Information_Document_v2.pdf.

为原则上可控的风险块。此外,还有其他安排用以减少CCPs的风险敞口和破产的可能性,包括通过高级抵押品(即所谓保证金)实现风险敞口配置的动态过程。接着,成员的预筹积累承诺(pre-funded commitment)和大部分CCPs的所有者权益可以被用来吸收以补偿损失。

目前证券和衍生品交易和结算的FMI增加了大量社会成本。就证券而言,一连串的保管人相继持有投资者仅间接控制非物质化证券,也就是说,资产的非物质化和可替代性导致所谓中介化证券的出现,它可能通过增加流动性来改善系统的有效性,但也产生了一些不良后果:① 投资者(最终所有者)失去对证券的控制权;② 潜在的法律不确定性;③ 抵押品重复利用的风险可能通过回购市场和其他获得担保资金的渠道诱发信贷创造,最终可能成为一个系统性问题,特别是在普遍流动性不足的情况下。在OTC衍生品市场中,CCPs内部风险的集中会引发系统性风险问题,尤其是在CCPs破产的情况下。

对这些挑战,监管都无法给出明确的答案。一方面,在强制集中OTC衍生品清算和结算的情况下,监管引发了意料之外的后果。另一方面,近年来兴起的基于区块链的平台具有更复杂的特征,包括使用基于许可的系统转让、交易加密资产。这些平台的出现,使得当代证券与衍生品交易、清算和结算相关的社会成本有可能通过底层技术来降低,例如以太坊(ethereum)平台或瑞波(ripple)支付[1]等系统使用的区块链技术,与原先强调比特币的区块链技术相比有了长足的发展。DLT在处理文件的时间和交易成本方面具有可观的预期收益,(因此)已确认被引入贸易金融环境中。[2] 此外,两家主要的国际证券交易所也宣布,它们打算最终转向完全区块链运营的交易和清算环境。[3]

鉴于金融行业或已开展大规模实验或已实施新技术,本文假设现在是考虑将区块链技术用于证券的最终收益和风险的正确时机,特别是在衍生品清算和结算领域,本文还将指出使这一转变可行的基本决策和风险管理

---

① https://www.ripple.com.

② Ian Allison. Banks Take Sides as Blockchain Trade Finance Race Heats Up. https://www.coindesk.com/banks-take-sides-as-blockchain-trade-finance-race-heats-up/.

③ 这些机构分别是澳大利亚证券交易所(ASX 2018)和加拿大证券交易所(CSE 2018)。

技术。关于引入区块链技术的预期影响，其中最重要却讨论最少的是区块链技术将显著改变金融系统内的风险管理、分配技术，同时让投资者对他们的投资、清算和结算过程有更多的控制权。据此，本文探索性地讨论这种转变如何影响风险转移以及是否可以抑制过度投机。在第五部分中，本文将针对 DLT 技术如何在衍生品交易、清算和结算环境中运作（特别是在追加保证金方面）提出一项原则性的处置方案。

假定考虑 DLT 平台的网络效应，由于更高的透明度和更低的交易成本，深度的流动性池将被重新分配。DLT 系统可能会吸引相对更标准化的 OTC 衍生品合约，这些合约在产品的生命周期内管理起来更简单且便宜，并且是清晰的或量身定制的但又风险不大的合约。区块链系统更高的透明度和更复杂的算法可能更易于定价。与此同时，这种假设并非设想 CCPs 不复存在，相反，为了在风险更高、更复杂的衍生品市场中清除、吸收风险，CCPs 将从事费用更高的业务。虽然此类发展可能加剧 CCPs 的风险，但与此同时，可能存在几个相互竞争的系统来清算 OTC 衍生品合约，这将使 CCPs 变成不那么重要的系统性风险仓库，从而使这些系统的运作更顺畅。这将缓解全球金融最棘手的一个问题，因为大型跨境 CCPs 在实践中通常被认为是最高级别"大而不倒"（too big to fail）的。[1]

最后，如果交易量减少意味着在清算高度复杂和高风险的衍生品时，CCPs 的损失吸收能力会下降，那么 CCPs 将干脆拒绝清算此类产品。CCPs 此种拒绝清算某种产品的理性决定会向市场和机构投资者的董事会释放强烈的信号，即除非这种产品对实现对冲目的而言是必要的，否则，应放弃交易这种通常具有高度投机性的产品。

本文认为，交易、清算和结算技术的变化将导致流动性和风险池创造无关的风险集群（uncorrelated clusters of risk），这些流动性和风险池通过新一代 DLT 运营会与 CCPs 竞争清算和结算业务。虽然平台本身将根据保证金要求运作，包括保证金变动（看涨）期权以及保证基金（即所谓的政府债券），但在此类平台上管理流动性可能比在 CCPs 内部更有效。这可能是由

---

[1] 例如，国际货币基金组织的一份文件指出："强制清算和将交易对手风险集中到中央基础设施中，增加了基础设施自身破产的风险。"这个问题出现在最大的 CCPs 上，它们根据新的授权清除场外衍生品。Singh and Turing. For CCPs Resolution Standards See Financial Stability Board (FSB)(2017d).

于更高的透明度和更优的定价，也可能是因为其有潜力为平台配备特殊功能，从而激活了有效的流动性管理机制。

虽然难以预测 DLT 系统未来将引致的市场化和风险转型程度，但这些系统不断增长的准确性和可靠性意味着目前全球监管机构使 CCPs 更加集中的进一步"集中化"努力是错误的。但是，如果监管机构仅通过帮助 CCPs 劫持新技术达到自己的目的（尽管他们当然有能力做到），将无法实现新技术可能给（金融）生态系统复原能力带来的好处。

本文分为七个部分（包括引言），第二部分分析概述了 CCPs 的主要职能及其所采取的风险缓解机制，原则上应有利于遏制清算和结算的风险；第三部分讨论 CCPs 对金融系统的有序性和稳定性提出的挑战；第四部分重点介绍可能触发系统性事件的 CCPs 的风险溢出效应，这可能是由于关键损失吸收机制和（或）互联性的潜在不足；第五部分解释如何合并（建立）一个用于衍生品交易、清算和结算的 DLT 系统，以及先进的区块链系统可以采用何种机制来降低金融市场的风险集中程度；第六部分论证采用 DLT 系统应如何向投资者赋权，并降低不可控的抵押品重复利用对金融系统的风险；第七部分将归纳本文研究的不同方面，得出一个综合性的结论。

二、CCPs：风险缓释技术

（一）集中清算和 CCPs 运作的优势

清算所（Clearinghouses，CCHs）是一种风险管理机制，可以在全市场范围内统筹交易后流动性。CCH 成为所有已清算交易的交易节点，可以访问所有已清算交易的相关信息，因此 CCH 可以评估和监控市场中的风险，并对其进行定价。衍生品交易的抵押化减少了衍生品交易中隐形信贷（杠杆）的总量，而互惠化（成员风险分担）和股份化（股东吸收损失）将违约损失转移给 CCPs 的成员和所有者（在较小程度上）。此外，CCPs 还采取了各种措施，例如通过拍卖减少和重新分配因成员违约而造成的损失。通过这种方式，CCPs 可以减少与替代违约头寸相关的经营中断。

大多数 CCPs 最初由期货交易所的成员创建，通过更有效地分配和管理违约风险来满足成员的利益。但与设想相反，CCPs 并未成为有义务来增强更广泛的金融系统安全和稳健性的宏观审慎机构。① 在《多德—弗兰克法案》《欧洲市场基础设施监管规则》(*EU Market Infrastructure Regulation，EMIR*)和世界上其他要求衍生品合约清算的监管举措的共同作用下，CCPs 的系统性重要性显著增强。CCPs 在许多关键方面有助于金融系统的稳定性。

（二）保证金的收取

CCPs 最重要的风险管理功能之一是对要进行清算的衍生品头寸进行（准确的）估值。由于交易方的风险敞口在上述更新过程后将成为 CCPs 风险敞口，CCPs 要求交易对手提供抵押物（或保证金）。收取的抵押物作为保证金，具有重要的风险缓释功能，无论合约是通过 CCPs 进行双边清算还是集中清算，它都被用作防范交易对手风险的第一道防线。

清算成员（clearing member，CM）在每笔交易开始时向客户收取保证金（初始保证金），并在合约有效期内定期收取保证金（变动保证金）。变动保证金至少每日收取一次，但通常是在日内收取，具体数额是上一次按市值计价的数值与现价的差额，其中 CCPs 负责计算每一个投资组合的损益。部分主体订立的合约因价格变化而价值下降的主体则有义务向 CCPs 转移与市场价值变化相等的抵押品。这是一种变动保证金的支付方式。

CCPs 设定初始保证金金额和按市值计算的频率，以控制平仓头寸造成的损失，这也反映了 CCPs 对基础交易风险的估计。虽然初始保证金是指合约风险，但它们不包括交易对方的信誉。

原则上，初始保证金和变动保证金应足以涵盖违约者的义务。但"违约者付费"模式可能永远不会被完全适用。由于保证金十分高昂，以抵押合约对抗所有可能价格波动的效率较为低下。衍生品交易员通常进行信用交易，而他们提供的证券（抵押品）只占任何给定合同价值的一小部分。因此，通过选择保证金率水平，CCPs 不仅可以调整其违约损失的风险敞口，而且可以调整交易员的杠杆。由于衍生品交易员经常不得不借入额外资金或需

---

① 对于 1987 年金融危机期间因美国期货 CCPs 可能失灵引发的系统性担忧，参见 Bernanke 1990，p.133.

要作为抵押品的证券，因此流动性可能会枯竭，而融资成本和收益率可能会增加，这使得在成本大幅提高的借贷和违约之间做决定十分困难。我们将在下文讨论融资风险。

（三）净额交易、合约更新和拍卖

相抵头寸净额结算和跨合约风险净额结算可能是一种相当有效的风险缓释机制，因为它减少了合约在违约和违约金额方面的风险敞口。考虑到集中清算使相反头寸和风险更加集中，CCPs 比双边清算方案更有能力使净额结算成为有效的风险降低机制。此外，多方间头寸的净额结算减少了违约时需要替换的总头寸，这往往会降低对价格的影响。

然而，从促进一致性（标准化）和集中化的角度来说，净额交易是否有益还取决于 CCPs 的规模和范围，因为对于每一个衍生品合约而言，单个 CCPs 清算特定产品时，持仓的获利机会最大。

此外，CCPs 通过多种机制（例如拍卖违约者的合约义务）促进客户头寸有序转移或更换，（使其）脱离陷入财务困境的中介机构。由于 CCPs 规则允许客户转移头寸，如果 CCPs 成员的客户账户陷入困境，客户可以将这些（头寸）转移到财务状况稳健的成员市场。据此，违约者的客户因违约遭受损失的可能性会降低，他们的保证金或资产成为破产财产的可能性也会有所下降。

此外，集中拍卖违约的合约不仅可以吸收违约合约的风险，而且可以遏制价格波动。当然，CCPs 成员间管理妥帖的集中拍卖可能比个别拍卖流动性更强，并且可以减少价格波动。这在市场明显波动的时期尤为重要，因为 CCPs 内集中的流动性可以避免资产抛售的风险。

（四）风险的股份化和互惠化

CCPs 利用成员预筹积累的资源和所有者权益作为逆周期风险吸收的缓冲地带，使它们能发挥宏观审慎功能，同时利用上述风险管理技术控制系统性风险。原则上，这种内置的事前损失吸收能力可以控制传染风险，特别是在担保资金集中的情况下，CCPs 的资产净值明显高于单个公司，并且可以控制 CCPs 的市场内部传染风险。上述情况在以下情形下尤其明显：如果一个信心不足的市场拒绝偿还公司债务，或者在资产负债表的另一部分作为交易相对方，那么，公司资产负债表中的市场风险就会成为偿付能力风险。与此同时，CCPs 加强了 CMs 之间的合同联系，这种联系导致 CCPs 产生了不同的传染风险来源。

CCPs 通常要求其成员公司向违约基金（或其等同实体）出资。通过这种方式，违约损失可以在 CCPs 成员中互惠化地分配，超过违约方保证金和违约基金出资额的损失则从一般违约基金中提取。如果基金不足以填补损失，CCPs 通常会课以成员额外出资的义务。额外出资（capital calls）的上限可能与 CCPs 违约基金的原始出资相等，它们是所谓的"损失瀑布"（loss waterfall）的一部分。因为有这些特征，CCH 可以在降低系统性风险方面发挥宏观审慎功能：基金的逆周期性降低了传染的可能性。在某些情况下，只有在耗尽 CCPs 的资源（包括保证金和对担保基金的出资等）后，CCH 的所有者才可能进行干预。

CCH 如今是营利法人或营利法人的子公司。这带来了许多治理问题：为高风险的产品提供清算业务可能会增加收入并使股东获利，因此股东可能受此诱惑参与这些清算，也就是说，破产时成员的预筹积累的承诺首当其冲，股东及董事可能会因此愿意承担不必要的风险。但是，股东权益还可以用来吸收违约损失，即所谓的"非对称风险"（skin-in-the-game），这可以在某种程度上缓解这种不正当的代理问题。

三、CCPs 治理、道德风险和风险集中

（一）逆向选择、道德风险和 CCPs 治理

1. 逆向选择

CCPs 对风险的重新分配可以通过转移风险来改善福利，具体来说是将风险从那些以高成本承担风险的人转移给能够以较低成本承担风险的人。重要的是，由于所有的保护机制都有因信息和激励问题产生的成本——一个很好的例子是与存款保险或信用违约互换（credit default swaps，CDS）相关的道德风险和逆向选择——通过 CCPs 清算衍生品交易也不例外。由于交易衍生品的公司比 CCPs 更了解特定产品的风险，这些公司倾向于过度交易那些风险被 CCPs 低估的产品，而几乎不交易那些风

险被 CCPs 高估的产品。许多交易衍生品的公司（例如大型银行，对冲基金等）会专门熟知这些风险，因此，这些公司持有的信息可能比 CCPs 的更充分，尤其对于更复杂和新型的衍生工具。

事实上，CCPs 的成员可以从事这种行为，还能相对免责。清算的好处之一是它允许所有潜在的交易对手互换，进而使清算工具可替代。同时，这往往可以降低企业成本，例如与风险较高的企业交易的成本（相对于风险较低的企业而言）。当 CCPs 监测其成员的信誉时，监测的标准和依据（例如会计报表）在一定程度上无法及时反映成员的信誉变化。因此，与风险较高的公司交易时，CCPs 的密切监测也无法完全控制其中的道德风险。

2. CCPs 治理

CCHs 最初作为一个节约交易成本的社团而成立，风险可以由所有作为组织所有者的 CCHs 成员集中分担。然而，随着 21 世纪初金融交易所由合伙制向股份制转变，在交易、交易后处理（post-trading）和报表服务（reporting services）纵向一体化的进程中，CCHs 成为更大规模的 FMI 集团的一部分。四个最重要的衍生品清算所都是上市母公司的子公司或分公司，它们的运作目的是使股东利益最大化，从而减少甚至剥夺其成员的管理权。考虑到现代 CCHs 的公司结构，CCPs 风险偏好校准方面的代理问题相当普遍，并引起了更大范围的关注，因为它们清算的产品越多，CCH 股东获得的利润就越高。

一个解决 CCPs 治理问题的方案是风险隔离（ring-fencing），这种技术保护实体远离来自企业集团或市场其他部分的风险。最好的例子是英国的举措，将商业银行与投资银行（由银行集团其他实体或部门运营）进行风险隔离。[①] 但是风险隔离技术本身也可能带来问题：如果通过"损失瀑布"获得的所有资金来源均已耗尽，风险隔离技术将允许 CCHs 撤回其（资金）支持，而那些 CCHs 正在用自有资金吸收 CCPs 的剩余损失。跨 CCHs 部门运营的效率前景黯淡，IT 基础设施的交叉使用（一种集团内部的交叉补贴形式）也将停摆，这都将使 CCPs 会员资格的成本更加高昂。

———————————

① Financial Services (Banking Reform) Act 2013 c. 33.

（二）审慎控制：对 CCPs 决策和压力测试的监管检查

通过为 CCPs 制定审慎的规则和风险管理标准的监管体系，特别是关于保证金、担保基金和违约瀑布机制（default waterfalls），在一定程度上缓解了与 CCPs 相关的逆向选择和治理问题。从前这些规则主要讨论 CCPs 层面风险委员会的建立，现在为了应对流动性和偿付能力风险[①]以及定期进行压力测试，[②]这些规则扩展到了流动性额度和金融资源的国际标准。

然而，尽管有如此审慎的控制，尤其是引入了稳健的 CCPs 压力测试（这些测试可以发现极端情况下的资源匮乏），[③]但是遏制和模拟 CCPs 风险的问题仍然存在。为了避免 CCPs 破产，风险建模对校准担保基金出资和（损失）瀑布机制至关重要。[④] 罗姆·孔德（Roma Cont）认为由于大型金融机构跨多个 CCPs 的交叉成员资格以及 CCPs 间的互操作协议，单个 CCPs 的压力测试无法提供一个或多个 CM 违约时准确的损失情况。

因此，要现实评估与 CM 破产相关的系统性风险，相关压力测试需要能够解释不同 CCPs 及其 CMs 之间的互联性。CCPs 压力测试的另一个障碍当然是监管机构在银行的压力测试方面经验丰富，常常将 CCPs 视为银行，但是，CCPs 处置的风险类型与银行完全不同（通常没那么多样化），CCPs 也不会像银行一样主要使用股东的出资来缓冲损失。

（三）行业集中和风险溢出

如今，CCPs 具有强大的自然垄断特征，这决定性地影响了清算部门内部的结构和竞争现状，也解释了为什么全球市场由极少数的、通常具有高度系统重要性的大型 CCPs 主导。有观点提出在竞争和系统稳定之间有一种利益交换，此种观点遍布在关于银行业的文献中。但即使如此，2008 年后的监管（如果有的话）高强度地加固了准入壁垒，进而强化了极少数 CCPs/

---

① Committee on Payments and Market Infrastructures. the Board of the International Organization of Securities Commissions (CPMI-IOSCO) (2012).

② Committee on Payments and Market Infrastructures. the Board of the International Organization of Securities Commissions (CPMI-IOSCO) (2018).

③ Dan Hardie of Risk. Small Increases to Stress — Test Scenarios Would have Left Ice Clear Europe "in Material Breach". Hardie (2018).

④ Two Very Important Studies Highlighting this Problem are Cont (2015) and Armakolla and Laurent (2017).

(CCHs)主导全球金融市场基础设施服务行业的竞争地位。

CCPs 是金融系统中重要的互联器，因此很可能是具有系统性重要地位的金融机构。大型 CCPs 的破产可以引发潜在的灾难性后果。如果这种集中带来的直接金融稳定风险还不够，那么，对全球结算服务供应中断，甚至是 CCPs 自身运作的中断的威胁（可能性很小但并非绝不可能）则太过重大以致不能想象。

下文第四部分中讨论了 CCPs 和其成员互相联系的问题。此处可以肯定地说，对于 CCPs 集中化带来的巨大风险，转变投资加速技术范式从而削弱 CCPs 的系统重要性（"大而不倒"）可能是唯一的、极端的（尽管是长期的）补救措施。也就是说，改变技术范式的必要性可能反映了相同的担忧，这些担忧表明，全球大型 CCPs 存储了大规模的系统性风险，这也是"大而不倒"型道德风险的来源。

（四）标准化、复杂性和流动性

合同条款的标准化以多种方式促进了清算。大多数 CCPs 专门清算特定的资产类别，这一方面提高了交易（清算）后的流动性；另一方面，导致 CCPs 风险敞口的同质性和更高的行业集中度。

但是，强制清算复杂产品给 CCPs 带来了风险，因为专业公司处理复杂合约更具专业性，这使 CCPs 相对其成员处于信息劣势地位，进而加剧了逆向选择的问题。为了解决定价问题，CCPs 将或因产品定价过低而采取过度抵押化的方式，或由于产品定价过高而抵押不足，包括低于要求的初始保证金。在第一种情况下，CCPs 剥夺了市场中有用的流动性；而在第二种情况下，对于产品风险的保护力度仍然不足。

定价信息问题可以通过稳健的 CCPs 政策得到缓解。尽管如此，在市场压力较大时期，更广泛的危机导致获得产品流动性和定价信息（特别是针对复杂产品）的难度增大，如果成员违约，CCPs 可能会出现严重的风险敞口。

四、CCPs 和系统性风险

与 CCPs 相关的关键风险往往可以分为四大类（各类常互有交叉）：

① 与失控的现金和抵押品供应有关的融资流动性冲击；② 关键的 CCPs 经营破产；③ CCPs 的 CM 或风险溢出的关联方的破产，加上预筹积累的 CCPs 资源不足以覆盖风险敞口；④ 相互联系的风险，这种风险因 CCPs 的服务和运营商在全球范围内的集中度高而加剧。此外，CCPs 本身及其成员因"大而不倒"的这一事实可能会加剧道德风险。关于 CCPs 自身的偿付能力，存在一个功能性的处理框架，通过提供大量资金建立一个适当的系统将损失分配给守约成员（"损失瀑布"），可以有效处理破产的 CCPs 并促进破产有序进行，还能与中央银行建立适当的流动性援助安排，但这些方法都不是万无一失的。

（一）融资风险和流动性冲击

一般来说，保证金收取是控制微观审慎（交易对手违约）风险的稳健机制。然而，保证金要求的变化有时会诱使交易不稳定。公司在必须满足大量追加保证金的要求时，可能会出售资产和减持头寸，而这会加剧价格变化并触发追加保证金通知的条件。如前所述，要求追加保证金虽然降低了交易员的整体杠杆率，但同时也会向其会员施加压力，会员们需要在短时间内获得现金或其他流动性资产来满足这些要求。这可能导致资金紧张，使得利率上升和借贷限额，进而榨干市场流动性。更糟糕的是，如果 CCPs 成员在争夺流动性以满足需求时匆忙清算资产，它们可能会直接导致价格走向不稳定。

鉴于 CCPs 能悄无声息地提高保证金要求，这种清算可能导致价格螺旋式下跌，这可能由行为引起（包括恐慌和风险规避的情绪），最终导致系统性低估和无法控制的资产抛售压力。如果受追加保证金影响的公司（有偿付能力）没有其他可行的做法，例如（如果）有偿付能力的 CCPs 无法立即归还 CM 抵押品，他们会试图抛售资产来满足追加保证金要求，而这又会在资产负债表价值方面影响其他所有在其投资组合中持有类似资产的公司。在这种情况下，追加保证金通知成为一个典例：虽然它是稳健的微观审慎措施，但可能会产生重大的宏观审慎风险。因此可以说，中央银行可以（应当）对这种情况进行干预以缓解资金紧张，特别是防止资产抛售，否则追加保证金通知会变成全系统的价格冲击，进而导致一波违约浪潮。但诉诸央行融资确实会增加道德风险，刺激逆向选择，因此 CCPs 得到央行的公共流动性支持并非易事。

（二）成员破产和预筹积累的资源不足

一般来说，这类风险是指三种类型的破产。第一种类型发生在 CM（根据清算服务层面的标准确定 CM）不履行其义务时。由于 CCPs 保证履行对剩余 CMs 的义务，这种违约会使 CCPs 面临信用和流动性风险。如果预筹积累的资金不足，CCPs 为了满足流动性和支付需求，可能会抛售其持有的违约成员的抵押品，最终导致资产抛售类型的活动。由于接踵而来的价格螺旋式下跌，这些行动加剧了非遏制了本就在发展中的危机。鉴于对 CCPs 预筹积累的资源水平的审慎控制，以下情况并非常规：成员因为搭便车和供给不足而违约，为了弥补风险敞口导致 CCPs 预筹积累资金不足。但它们仍然不是遥不可及的风险。

1. 保证金变动、非对称风险、违约资金和"损失瀑布"机制

某种程度上，CCHs 在"损失瀑布"中存在的"非对称风险"与 CCH 成员的股东激励机制一致。在 CMs 违约的情况下，CCPs 首先启用违约方的初始保证金和违约基金出资来弥补损失（违约者支付方法）；其次，使用指定的 CCPs 资产，即所谓的非对称风险数额。如果以上仍然不足以弥补损失则将激活"损失瀑布"。"损失瀑布"说明了如何在非违约 CMs 间重新分配损失。首先，非违约 CMs 的预筹违约基金出资将用于弥补损失；其次，CCPs 必须部署回收工具（recovery tool），例如要求非违约的 CMs 提供流动性来补充违约基金；再次，如果违约基金的预筹出资不足以弥补所有剩余损失，CMs 必须向 CCPs 提供额外的金融资源，即所谓的估定（assessment）。

在这一点上，瀑布机制会引起问题，因为 CMs 可能会延迟付款，同时因为在给定违约基金的预筹积累总额和非对称风险总额的情况下，CCPs 的恢复能力现在完全取决于 CMs 补充违约时共同承担损失的能力。在陷入困境的市场中，CMs 支付能力较低，但（可能的）违约概率较高，这会影响它们筹集（外部）资金的能力。诚然，有一些 CCPs 的 CCHs 母公司级别非常高，CCHs 或其母公司自然会担心不良声誉的传播，此时可能就会用自己的

股权和流动性资源进行干预。①

　　当然一方面"非对称性风险"越高，CCPs破产时股东权益分配的决议框架就越清晰，道德风险也越低。尽管最终得到公众支持，CCPs(CCHs)的所有者在CCPs破产时可能会失去一些东西。另一方面，这并不完全排除股东的机会主义行为，因为完全违约有很多阶段，股东可能已经从长期清算高风险产品中大量获益。

　　2. 变动保证金扣减(variation margin haircuts，VMGHs)，解除合约，初始保证金扣减

　　控制CM破产的外部性的其他方式包括：VMGHs、解除合约、初始保证金扣减和前文讨论的央行流动性援助。VMGHs的损失分配方式与决议中发生的情况类似，即CCPs按照比例分配受益所有人层面未付的收益，进而分配剩余损失。VGMHs是在"损失瀑布"被耗尽之后出现的。②它们允许连续的清算服务，且CCPs能避免与全面决议相关的不可逆转性和成本。当CCPs清算工具逐日盯市(mark-to-market)而产生大量(新的)损失时，VMGHs非常有效。然而，如果成员因CCPs未清算的资产损失而违约，则它们并不足够。在压力情况下，VGMHs和解除合约可为CCPs暂时提供缓冲以规避昂贵、不可逆的处置程序，但这对市场的影响可能是无法控制的。

　　3. 解除合约

　　CCPs可能填平某些不平衡的未平仓头寸，这为防止持续亏损提供了进一步的保障。然而，解除合约引发了成员间的损失分配问题，而成员(的身份)在事前并不可知，因此CCPs无法为CMs提供明确的激励措施。此

---

① 例如，欧洲期货交易所清算股份公司(也是运营欧洲期货交易所清算CCPs的CCHs)，承诺提供额外的金融资源，即所谓的附加专用金额(further dedicated amount)。如果不充足，欧洲期货交易所清算公司的股权资本可以弥补任何剩余损失。此外，为了说明将CCPs和CCHs进行风险隔离可能存在的缺陷，以欧洲期货交易所为例，德意志交易所股份公司(欧洲期货交易所清算CCHs和德意志交易所共同的母公司)已经发出了一封支持欧洲期货交易所清算公司的安慰信。根据该信，德意志交易所股份公司作为最终的母公司，将为欧洲期货交易所清算公司提供财务资金，使欧洲期货交易所清算能够履行其义务，欧洲期货交易所的德意志交易所清算CCHs和德国意志交易所发布了支持欧洲期货交易所清算，根据该信函，一旦所有其他的资金来源被耗尽，最终的母公司德意志交易所将为欧洲期货交易所清算提供财务资金，以防止CCPs破产。EurexClearing. Default Waterfall. http://www.eurexclearing.com/clearing-en/risk-management/default-waterfall.

② CCPs强制推行对每个受益所有者在交易投资组合上的累积变动保证金(variation margin，VM)收益进行折扣，这在违约管理过程开始后的几天内累积，即CMs违约日开始产生违约损失。

外，从事后的角度看，它们与适当的处置程序相比似乎并不公平。

4. 初始保证金扣减

这是一种不常见的（风险）缓释程序，CCPs[和（或）决议机关]在追偿期间提供给 CCPs 的资金是非违约成员的初始保证金。在这种情况下，初始保证金折扣类似于预先承诺的成员对担保基金的出资，这模糊了两者的界限。它们可以明显地增加（减少）成员的风险敞口，并扭曲对成员的激励机制。究其本源，在非违约成员的资金中，有较大一部分被用于吸收违约成员的破产（风险），以避免 CCPs 做出破产决议。从逆向选择的角度来看，更好的做法是在事前增加担保基金的规模，然而，这将使 CCPs 的会员资格更加昂贵，进而使这些会员资格更集中于少数具有（全球）系统重要性的金融机构（SIFIs、G-SIFIs），增加了相互关联的风险。

5. 中央银行的流动性准备

尽管这应是恢复阶段的一个合理部分以避免最坏的情况（CCPs 决议），但它仍然向市场传递了一个非常强烈的信息（当其最终披露时），即除了上述道德风险问题外，CCPs 还陷入了巨大的困境。此外，如果 CCPs 以多种货币进行清算，或 CCPs 及其成员的注册地在不同的司法管辖区，则可能有大量政治和实践（货币）障碍影响这类援助。[①] 此外，这种情况下公共资金会受到严重威胁，因此即使多个司法管辖区预先商定了风险缓释和处置计划，如果没有多个中央银行或其他来源缓解风险，计划也可能在没有信贷额度进行清算的当天破裂。这当然是参与跨境和多币种交易清算的CCPs 执行风险缓释和处置框架的一个致命弱点。

（三）CCPs 的经营风险

CCPs 的恢复能力也受到各种运营风险的威胁。第一类运营风险是盘中流动性和结算安排的中断。在这种情形中，一方面，CCPs 是盘中流动性的提供者，需要使流动性短缺或有序清算瓶颈的风险最小化，而中断可能会

---

① 例如最近讨论的热点是，在伦敦外汇清算所中，欧元外汇交易相关的清算得到了重要的流动性支持，这些支持来自欧洲中央银行（ECB）和英格兰银行的货币互换安排（swap lines）。因为欧洲央行打算在英国退出欧盟后撤回这些流动性支持安排。欧洲央行在应对"外国"清算所危机时要求这些 CCHs 增加抵押品、限制跨货币风险敞口，并缩短追加保证金的时间间隔的权力。

推迟付款和结算,进而使 CCPs 面临运营和流动性风险。另一方面,如果中断的是隔夜信贷、定期信贷以及流动性安排的提供者,CCPs 将被暴露在流动性风险之下,即使 CCPs 持有足够的预筹积累承诺,也可能会暂时违反支付义务。

此外,即使 CCPs 持有充足的预筹积累承诺,这些承诺也通常被用作现金或非现金投资。而如果违约的是与 CCPs 达成回购协议的交易方或者借款方(包括办理取存款业务的银行在内),则持有该类资产(例如政府债券)的非现金投资和非现金抵押品投资组合可能会为了投资回报与第三方合作,进而又会产生流动性风险和运营风险。投资服务提供商的破产也可能使 CCPs 面临信贷、运营和流动性风险。

CCPs 经营风险的第二个关键来源是保管人的运作,即代表 CCPs 及其成员持有现金和证券抵押品的公司经营中断。保管机构的经营中断会使(它的)CCPs 客户面临经营和流动性风险,因为 CCPs 可能会延期取得其抵押品,正如金融稳定理事会(Financial Stability Board, FSB)指出的:"在现金抵押的情况下,CCPs 也可能面临信贷风险。"

第三种 CCPs 经营风险是结算银行的经营中断。银行处理 CCPs 与其成员之间的支付、贸易结算和抵押品转移的业务。FSB 指出"结算银行的经营中断使 CCPs 面临经营风险(可能还有信贷和盘中流动性风险),因为 CCPs 会迟延履行支付、结算义务或转让抵押物。"

(四)风险集中和互联性

风险集中及其管理当然是 CCPs 的关键业务,只有因成员的逆向选择行为、成员破产或市场范围内的偿付能力或流动性冲击而导致风险过度集中时,它才会成为问题。但风险集中化也产生了有形和无形的关联,这种联系因 CCPs 服务和运营商在全球的集中性更加紧密。

一个明显的问题是,CCPs 可能在多个司法辖区具有系统重要性,且彼此相互依赖。CCPs 还与金融系统的其他部分建立了非常牢固的关系,特别是具有系统重要性和全球系统重要性的金融机构(SIFIs 和 G-SIFIs)。CCPs 成员可能属于其业务部门,也可能作为分公司或子公司与之建立联系。此外,CCPs 与其他非成员的金融机构保持复杂的联系,这些金融机构可能作为保管人、结算银行、信贷和流动性提供者以及投资对手方。通常，单个实体与不同的 CCPs 保持不同类型的关系。例如，一个金融机构可能是一个 CCPs 的成员和另一个 CCPs 的保管机构，同时还向第三个 CCPs 提供信用额度。

根据 FSB 的数据，全球 306 个清算成员中规模最大的前 11 个成员与第 16—25 名的 CCPs 有着互联关系，这实际上意味着 CCPs 清算成员的违约可能导致同一实体或其附属机构在多达 24 个其他 CCPs 中违约。事实上，通过跨成员资格，CCPs 之间以及 CCPs 和其成员之间的相互联系更加深入。[1] CCPs 的风险集中度显然已超过 CCPs 风险敞口的明显衡量标准，因为预筹积累的金融资源也集中在少数 CCPs 上。正如 FSB 所指出的，两个最大的 CCPs（以预筹积累的金融资源衡量）"占向所有 CCPs 提供的预筹积累资金总额的近 40%。"[2]

事实上，基于 DLT 的清算系统可能是降低 CCPs 内部的全球风险集中度的催化剂。在某种程度上，DLT 系统可以在风险集中问题上通过促进更多样化的金融生态系统来实现相互联系。净额头寸的最终结算将以中央银行的资金进行，但这种结算可能会延迟，或者由系统资源提供资金，从而覆盖违约方的风险敞口。可以说，这种分配规则应该非常严格，以对抗逆向选择和道德风险。

五、区块链技术在衍生品交易、清算和结算中的运用

（一）问题概述

将证券和某些类型（非常标准化或高度复杂的）的衍生品合约的清算转移到 DLT 平台，只是减轻 CCHs 负担（及其收入和会员租金提取能力）的一种方式。清算成员为大型金融机构时，相互会形成一些有形和无形的联系，而这种方式还可以减少这些联系，尤其在衍生品市场的背景下，这既可以促进 CCH(CCPs) 的可处置性，还可以增强金融生态系统的弹性。实际上，DLT 技术将在"先实验，后试点"的基础上被分阶段引入，从更标准化的

---

[1] "甚至……与（其他 CCPs）联系程度较低的 CCPs 通常与至少一个（与其他 CCPs）联系程度很高的实体保持连接，这间接地将 CCPs 与网络结构的中央（更具有相互联系性）部分联系起来。"

[2] 事实上，2016—2017 年，这种集中因素更可能是从 32% 恶化到了 40%。

OTC 衍生品交易和清算开始,最终转向标准化较弱的合约。FSB 最近的一份咨询文件指出,虽然在后一种情况下,清算和结算的集中化主要是为了进行双边 OTC 和非标准化的衍生品交易,但 CCPs 并没有在不受强制性清算要求约束的合约上取得重大进展。FSB 指出:"一些类别的客户没有较强的动机使用中央清算方式,也不太可能获得中央清算。"①显然,引入多个基于DLT 的系统将在不损害透明度的情况下解决访问问题。

当然,DLT 平台也可能提供清算和结算服务相关的综合交易服务,进一步节约交易成本。这并不意味着 CCPs 将消失或不再履行有价值的职能,而是意味着清算和结算风险将更加多样化且相关性较低,从而更易于管理。因此,网络效应可能会将场外衍生品交易和清算(特别是更标准化的)转移至专门的 DLT 平台,这样推测并非不合理。同时,虽然平台本身将根据保证金要求来运作,包括追加保证金和将系统资金作为担保基金,但流动性管理可能效率更高。无论如何,因成员或客户破产而导致当前 CCPs 破产时,相关风险在单个 CCPs 中的集中度越低,发生灾难性后果的风险也就越小。

(二)基于 DLT 的衍生品清算和结算系统的基本特性

预计新型衍生品清算和结算系统将使用开源协议(例如,超级账本技术②)来配置 DLT 的功能和用户交换的智能合约类型。它们的代码中将嵌入追加和变化保证金的通知、更新定价等规则,(使用开源协议)还可能与一些措施互动,例如有关头寸限额的监管规则(限制)及其他控制交易员的风险敞口的措施。③ 考虑到隐藏交易员身份的重要性,本文设想分类账本中的节点将创建和使用独立数字身份,这些身份植根于区块链或其他分布式账本,还可以跨管理域、跨应用程序进行互相操作。此外,在本文的语境下,适用于分布式账本的隐私保护技术将特别有用(见图 1)。④

---

① Bank of International Settlements. Financial Stability Board and IOSCO, 2018, p 2.
② 超级账本是一个协同合作的开源协议(open source collaborative effort),旨在推进跨行业的区块链技术。这是 Linux 基金会主办的全球合作项目,包括金融和银行业的领导者。
③ White Paper. Project D-Chain (19 December 2018),作者保留文档。
④ 提供增强的隐私保护功能的开放 DLT 的方法的示例包括 Z. cash. https://z.cash and Monero; https://www.getmonero.org.

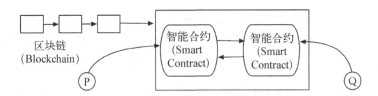

图1　交易对手方与基于区块链的 DLT 合作，发布可交互操作的智能合约

基于比特币协议及其变体的第一代 DLT 系统围绕单一资产提供基本的交易服务：可以自发创建账户，也可以将资产从一个账户转移到另一个账户。第一代系统以"多重签名"（multi-signatures）的形式提供一些加强版功能，例如可以根据某些任意阈值访问架构（threshold access structure）创建联合账户。虽然该功能涵盖了基本的实体对实体的资产转移和简单的账户管理，但它不足以推动形成 OTC 衍生品的强劲市场。

第二代 DLT 系统，例如以太坊具有与期货合约一致的、更广泛的功能。鉴于第二代 DLT 系统的"图灵完整性"，其可以对任意交易系统编码，以便它们在分类账本上运行。然而，要构建一个功能齐全的衍生品交易所，仍然需要考虑一些关键因素。接下来，本文将详细阐释所需的基本功能性。

首先，有必要支持多资产环境，使用户能将新资产引入系统，且能够相互转移此类资产。从一类资产转向另一类资产需要根据自定义规则执行，这些规则应由发行者指定甚至可能需要随着时间的推移进行修改。图1显示了投资者和代理商之间的这种配置。这里的一个关键特性是，如果底层DLT 提供的多资产环境允许所有资产间的流动性交互，而不是需要将其转换为基本原生资产，那么它将是最有用的。

本文假设多种资产和智能合约，可在 DLT 环境中为保证金账户提供便利。为简单起见，本文将介绍代理商和投资者间的场景，他们有意向交易衍生品，其中投资者的目标是以其他资产作为抵押品获得一定数量的资产（见图2）。为此，分类账本中从一开始就存有保证金。为了简化阐述，本文假设有一种资产可以通过 OTC 远期合约获得，"咖啡币"（coffeecoins，CC）和代币化美元（tokenised USD，T＄）用于支付溢价或结算合约，美国国债（TTBs＄）用作抵押品。

保证金规则在系统范围内设置，并根据交易分类账本的软件逻辑强制执行。在这两种情况下，代币化资产也可以进行典型意义上的交易，特别是

图2　关于区块链和建立与商品远期合约对应的保证金头寸的智能合约

1CC可以是特定类型的一磅"咖啡"，转化成1T\$则是一种美元货币的法定形式。在任何一种情况下，发行人都会支持代币化形式。该发行人还提供了一个有效的交换机制，持续确保资产的代币化形式与实际对应资产之间稳定的1：1利率。代币形式的法定货币可以用于清算，例如CAD-Coin实验的试点案例中使用的那些，这一研究在贾斯珀项目的早期阶段已经被加拿大银行成功执行。

因此，如果交易相对方达成一个智能合约，其内容是关于获取期货交割的风险敞口或在一个指数或商品（例如CC或其他资产）上进行的现金结算，那么，双方应当指定TTBs\$为抵押品，且有义务交付CCs以及货币化的T\$。这种智能合约的条款要么完全在链外被确定并部署在链上，前提是只接受符合分类账本保证金规则的情况；要么通过涉及分类账本的匹配过程确定，此时由分类账本自身的算法来匹配各交易方发布的相关订单。

一旦合约被分类账本接受，合约则需要符合保证金规则，智能合约成为交易对手方保证金账户的一部分。需要注意的是，头寸的价值是可变的，取决于CC和T\$之间的汇率，假设分类账本记录了充足的市场信息，这也可以从区块链数据中提取。

新的智能合约可能会在激活交易对手方连接的方面施加各种时间限制，但如果不注意追加保证金，合约将最终进入解散模式且可能被另一个合约取代，或在其内部逻辑中进入销售状态（selling state），即可以用CCs来换取T\$。智能合约的逻辑可以对合约交易方式施加各种限制。底层DLT系统的一个重要特征是检查所有未支付的合约，并尝试将它们整体进行净额结算。

参照图2，假设P方是收购CCs的投资者，Q是负有提供CCs义务的代理商。在这种安排下，不仅投资者可与智能合约互动并要求清算合约持有的CCs，而且代理商也可以根据CCs和T\$之间的相对价格采取行动。代理商可通过向智能合约发布特殊的维护交易发起这项行动。智能合约可能要求维持保证金，在这种情况下，代理商将发出追加保证金的通知。投资者必须存入 T＄或 TTBs＄才能满足追加的要求。

在以上论述中，有两个特征是标准 DLT 技术的非典型特征。首先，智能合约逻辑需要处理大量信息，包括分类账本中并发运行的其他智能合约的状态，以及由参与者发布的交易及其结果。

其次，DLT 需要定期以结算方式在智能合约间处理订单。显然，理想的设置是订单完全匹配。然而，完全匹配在市场中并不可行，在针对特定资产的流动性紧缩中甚至更糟。在这种情况下，DLT 系统的逻辑以具有内置的流动性储蓄机制来确保最优的清算策略，这种策略试图将基于 DLT 的衍生品清算系统内的系统性风险降至最低。

"核心"最终的选择是生产更多所需类型的资产，以满足追加保证金要求，甚至在极少数情况下，通过结算合约来平仓。在这种情况下，系统具有一定国库功能性（treasury functionality），可以用其发行的专有货币临时透支。这可能只是针对流动性管理设施最后的手段，须在非常严格且事前商定的参数下运作，且这些参数还需由授权的验证机构或监管机构本身预先批准。因此，分类账本将包含预先批准的参数，以便使用库存资源临时覆盖风险敞口，直至分类账本参与者或利用自己的资源覆盖风险敞口（追加保证金通知），或有序地平仓该头寸。代码（算法）将引入某些博弈理论，以此避免类似著名的阿罗不可能性定理（Arrow impossibility theorem）的情况。在缓解平台上的流动性瓶颈方面，验证机构无法达成帕累托最优决策。

与传统技术架构（包括中央银行控制的支付系统）协同工作的能力是这个问题的另一重要维度。但考虑到主要的中央银行（例如英格兰银行）允许区块链支付连接银行自己的系统，甚至愿意用自己的系统处理区块链支付，因此这个问题并非无法克服。[①]

六、使用区块链技术进行证券交易和结算——它能解决什么问题

（一）概述

随着数字化、无纸化的出现，在证券发行人登记册中，原先直接以投资

---

① 例如，英格兰银行于 2018 年 7 月 23 日宣布，它已经完成了概念验证，以了解更新的实时全额支付系统（RTGS）服务如何能够在采用创新支付技术的系统中支持结算。

者名义持有的纸质凭证现在由提供存托服务的中介机构间接持有。这些安排为提供存托（保管）服务的中介机构带来大量的租金。

一是过多的中介、保管费用和其他费用。根据一些研究的计算，这些费用将占贸易价值链的 6％—13％，包括执行、结算、保管和抵押品管理服务[①]在内每年可能达到 650 亿—800 亿美元。

二是投资者和投资中介机构之间的多重代理关系，这种关系遍及整个链条，可能产生利益冲突，中介机构的租金可能成倍增长。[②]

稀释投资者的合法权利也需要付出成本，[③]下文将充分讨论此种情况。

（二）投资者权利和中介化证券

投资者的证券通过中介机构间接持有，换句话说，它们已成为"中介化证券"。[④] 投资者只会收到关于他们所持资产价值的信息，可能仍保留（或已正式授予了）证券的"内在权利"（例如投票权、股息收益权）。但是，他们对所有权（title）和其他证券处分和享有权方面的"实质性"权利或其他产权（proprietary rights）的控制可能会在几个方面被稀释。

公司登记表列明的投资者曾经是这些证券的合法所有者，而通过保管链持有（证券）的投资者只能享有所谓的"证券权益"，这种衡平法权益是普通法下的衡平法权益再延伸而来的衡平法权益。根据英国法的"不穿透"观念，投资者的权利是间接的。[⑤] 也就是说，他们只能向直接保管人索赔，直接保管人赔付后可以沿着次级保管人链条追偿，次级保管人享有对信托等担保的必要权利。

且不论衡平法上的权利是否确实是产权，[⑥]保管链（已经）不可避免地

---

① 较高的数字可以基于 Wyman and SWIFT 的报告。该报告发现 2013 年从结算、保管和抵押品管理中获得的收益达到 400 亿—450 亿美元。Wyman and SWIFT（2014），Exhibit 3，p.8. 而较高和较低的数字都在英格兰银行的一篇职工报告中被提到。

② 关于中介力量和代理资本主义的研究，可见 Gilson and Gordon，2013.

③ 伊娃·米歇尔（Eva Micheler）确定了这一点，并解释了 DLT 技术在这方面可能产生的有益影响。事实上，她是第一次这样做的人之一。

④ See Art. 1 of the Unidroit Convention on Substantive Rules for Intermediated Securities. 关于中介交易的证券和它们引起的法律挑战，可见 Gullifer and Payne，2010.

⑤ Law Commission Project on Intermediated Investment Securities. Second Seminar: Issues Affecting Account Holders and Intermediaries，23 June 2006，p 7.

⑥ 尽管普遍的观点是，英国法下的衡平法权利是产权。

稀释了投资者的产权，削弱了他们对自己资产使用的控制，而且这些资产现在或多或少地委托给保管中介机构。

一般认为，"不穿透"方法可促进流动性，主要是因为它使在融券和回购交易中使用投资者（客户）的证券作为抵押品具有法律上的可行性。这两种交易都能支持市场上的卖空活动，从而避免了违约，还可能使衍生品市场的保证金流动更加顺畅，或确保一些担保融资的流动性。虽然这些合同由保管人安排，它们也是资产所有者（终端投资者）的收入来源，这些人通常同意根据初始保管协议的条款和条件如此使用资产，但随着托管链越来越长，（所有者和）资产的距离越来越远，尽管有必要的法律和监管方约束，但是第三方利益的最终合法积累确实会影响投资者的投资价值。

（三）抵押品重复利用：成本和收益

根据 FSB 的定义，"如果市场参与者（银行）在一次交易中收到证券作为抵押品，随后在第二次交易中出售、质押或转让该抵押品，则非现金抵押品会被'重复利用'"。市场参与者可能通过各种交易收到抵押品，例如逆回购、融券、融资和 OTC 衍生品交易。如果该抵押品符合重复利用的要件，抵押权人可将其作为其他交易的抵押品。收到的抵押品也可以被出售，形成空头头寸。这些通常涉及抵押品的"重复抵押"（再抵押），因此，抵押权人有权以自己的名义再次使用抵押品。从经济的角度看，再抵押的实际效果相当于所有权转让（即所有权的变更），使抵押品成为一种类似且相当于现金的工具。在质押、抵押品市场，任何回购、融券、场外衍生品（通过信用支持附件）合同和客户保证金贷款都可能涉及所有权转让，即抵押人将抵押品的所有权转让给抵押权人。作为回应，双方同意，一旦抵押人对抵押权人履行了金融（financial）义务，抵押权人将向抵押人返还等价抵押品。等价抵押品是指类型和价值相同但并非原有证券的证券。

这种形式的抵押品供应可用于扩大信用（贷款），在货币政策传递中起着关键作用。同时，有一种普遍观点得到了 FSB 的支持，其认为正如 2007—2008 年所证明的，"再抵押"可以创造一种流动性错觉，这种错觉在压力较大时可能转瞬即逝，且抵押品重复利用造成的复杂、交叉所有权关系，可能会阻碍金融机构的破产。广泛的再抵押也可能是系统性风险的来源。具体来讲，它将导致以下情形：① 单独实体和系统层面都积累过度杠杆；② 由于涉及重复使用的抵押品的连锁交易，金融部门的相互联系增加，传染的风险也随之加强，因为交易一方的违约（未能提供重复利用的抵押品）可能导致一连串的破产；③ 提高市场参与者对交易对手（信用）风险的敏感性，特别是在压力条件下；④ 作为一种顺周期风险传递机制，尤其是流动性和偿付能力冲击；⑤ 放大市场压力，因为被广泛持有的证券（这些证券被用作抵押品）的价值突然下降，这导致大量追加保证金和更高的保证金扣减，甚至将这些证券排除在合格的抵押品池之外，进而加剧了市场参与者面临的流动性和偿付能力压力。

（四）DLT 的优势

在证券交易和结算领域引入 DLT 平台将在一些领域产生巨大影响。根据英格兰银行的一项研究（本文同意其主要观点），交易和交易后技术的转变可以带来以下好处：减少对账和数据管理成本，基于流程的简化和自动化；灵活的结算时间；即使不能消除，结算风险也将大大降低；自动清算；直接所有权，而不是中介证券代为持有；追及性和透明度；增强的安全性和弹性。

如上所述，DLT 技术有助于将交易证券的控制权回归原主——最终投资者，这会明显降低合规和运营成本，并增加透明度，因为投资者可以直接获得他们持有的资产，而发行人可以跟踪受益的所有者。这种（控制权的）回归能节约成本并产生大量其他影响。

提高中介机构（资产管理人的行为）的透明度，进而完善配套的问责机制，甚至可以解决某些学者对英国资本市场的评论中提到的问题，这些问题是针对资本市场专业人士的行为讨论的。[①] 毫无疑问，因为能创造一定费用和收入，这种控制权的回归会持续发生，因此，上述回归也将使投资者（特别是机构投资者）对如何重复利用其证券享有直接的发言权。例如，在养老基金和道德、社会责任型基金中，基金受托人享有更多控制权来决定管理者允许的重复利用证券的方式，使他们有机会减少利用抵押品从事高杠杆（高投机）交易。

---

① The Kay Review of UK Equity Markets and Long-term Decision Making，http://www.law.harvard. edu/programs/corp_gov/long-term-value-creation-roundtable-2014-materials/kay-review_EX.pdf.

当然,代币化证券的所有活动都可以在 DLT 环境中进行跟踪。在使用特殊设计以及行业认可的软件(为了真实性)之后,投资者权利更有可能通过再抵押得到保护。值得怀疑的是,这种跟踪控制是否会干扰一些抵押品的转移,例如用于促进货币政策传递以及那些不会危及投资者抵押品的抵押品转移。最后,此类跟踪将增强测量抵押品速率(collateral velocity)的电子方法和工具(由 FSB 建议,包括测量抵押品的重复利用)的有效性,还将及时发现"重复利用抵押品产生的金融稳定性风险(例如相互关联、杠杆和顺周期性)",为应对这些风险的任何政策提供信息。

(五) 在证券市场引入 DLT 技术是否可行? 跟随贾斯珀项目的步伐

尽管如此,使用 DLT 进行证券交易清算和结算的几个方面仍然存在疑问。即使该技术能够达到理想的每秒交易速率,系统的真实性是否足以排除系统故障,并为证券交易、清算和结算提供终局性和确定性? 如果所有这些要求都得到了满足,那么 DLT 相较于遗留系统而言是否更具有成本有效性? 虽然只有当这项技术被广泛使用时才能知道上述问题的确定答案,但早期的信号是非常鼓舞人心的。针对证券交易和交易后环境的挑战,上述英格兰银行的研究总结如下:公证职能:保证已发行证券和所有权转让被正确记录;存托功能:通过共享分类账本对证券进行有效的交易和清算将要求分类账本与遗留资产的一体化;"券款对付"(Delivery v. Payment, D v.P);结算的终局性;合法的所有权;保密性;身份管理;具有快速处理大量交易的能力(所谓的可扩展性)。

迄今为止,(证明)DLT 技术可能实现上述所有(需求)最有力的证据是加拿大贾斯珀 III 项目的结论。[①] 该项目实验表明,"在分类账本中即时清算和结算证券是可行的"。特别是,概念证明允许即时的清算和 D v.P 结算,这说明可以在 DLT 平台上完成交易后结算。贾斯珀 II 证成了概念证明的解决方案,(方案)表明,可以通过前所未有的方式进行支付——直接在

---

① 贾斯珀项目是由加拿大支付协会、加拿大银行、TMX 集团和埃森哲进行的合作项目实验,该试验是基于 DLT 的综合性的证券与支付结算平台。贾斯珀 II 是早期研究工作的延续,贾斯珀 I 研究了争议技术在批发支付领域的可行性。这是埃森哲通过一个概念实验提供的证明,利用 R3 的 Corda DLT 平台探讨了 DLT 对更广泛的加拿大金融市场基础设施的影响和潜在的好处。

买家和卖家间通过现金进行交换，从而实现即时结算。

七、结论

也许是现代金融市场中根深蒂固的结构性缺陷（例如互联性）和包括商业模式缺陷（例如逆向选择，预筹积累资源不足和非对称风险）在内的市场失灵共同导致 CCPs 在储存系统风险方面的弱点，但 CCPs 仍然发挥了作用。然而，DLT 系统会增加风险和头寸的可见性（同时保持市场参与者的匿名性），并打造更多样化、更有能力处理风险的生态系统。此外，加强投资者对投资的控制和提高交易后的透明度，可以抑制杠杆推动的过度投机。因此，虽然一开始是在一个受控的环境中，但是正确的时机已经到来：监管机构和其他政策制定者应停止对抗上一场危机，开放监管实验的大门。他们应专注于促进 DLT 系统的真实性和可靠性，[①]确定（在行业的帮助下）在分类账本中建立有效的损失分配机制的最佳路径。

此外，通过实验和试点项目增加相关平台（系统）的真实性之后，在 FMI 中使用区块链技术，对结构和降低社会成本来说都具有强大的转型潜力，有利于全球金融稳定和投资者福利。它也可以证明超越 FMI 的真正变革性。首先，所讨论的技术范式的变革可以大幅降低行业租金，有利于终端投资者（金融的供应者）和终端用户，以牺牲寻租的金融中介机构为代价增加社会收益。其次，所讨论的技术范式变革可以为长期（承诺）融资创造适当的透明度、可交易性和流动性条件，以避免市场上现有的短期（投机）活动，这些活动大概率只是浪费。也就是说，为原有的非流动性投资创造流动性市场时（例如实物资产、长期基础设施贷款、社会企业融资和创新型初创企业的股权），基于 DLT 技术的低成本市场和 FMI，以及不断提升的透明度可能引发网络效应。有理由预期，鉴于机构投资者面临的巨大社会压力（特别是在可持续性方面），通过这些工具创造低成本的流动性市场将导致市场改变对责任（道德、长线投资模式）的态度。

---

① 2018 年 8 月 2 日，韩国资本市场监管机构，即金融监管局（Financial Supervisory Service，FSS）发布了一份重要报告，建议当地监管机构和公司致力于开发一个用于股票交易的综合区块链系统。See Wealth News Today，Finance. South Korea's Financial Watchdog Calls for Integrated Blockchain System for Stock Trading. http://www.wealthnewstoday.com/south-koreas-fnancial-watchdog-calls-for-integrated-blockchain-system-for-stock-trading/.

监管金融领域的人工智能：让人参与循环

罗斯·P.巴克利　　德克·A.泽切　　道格拉斯·W.阿纳

布莱恩·W.唐*

张美欣　译　黄诗轩　沈　伟　校

摘要：本文开发了一个框架以理解和应对人工智能在金融中日益增长的作用。它把人类责任作为解决人工智能"黑箱"问题的核心，即人工智能产生不良结果的风险，这些结果由于人们在理解人工智能的内部工作方面的困难或由于人工智能独立运作而在人类监督或参与之外产生未被认识或预料到的结果。在描绘了金融中人工智能的各种用例并阐释了其快速发展之后，我们强调了与金融服务人工智能有关的一系列潜在问题和监管挑战以及可用于解决这些问题的工具。我们认为，应对人工智能在金融中的作用的最有效的监管方法是通过个人责任制度将人类带入循环，从而消除为人工智能业务和决策的责任和法律责任辩护的黑箱论点。

关键词：金融风险；金融监管；人工智能"黑箱"；人工智能责任；个人责任

---

* 罗斯·P. 巴克利(Ross P. Buckley)，毕马威律师事务所和金杜律师事务所颠覆性创新主席，澳大利亚研究理事会奖获得者，Scientia 教授，澳大利亚悉尼新南威尔士大学法律、市场和监管核心成员，澳大利亚证券投资委员会数字金融顾问团主席，本文仅代表个人观点，邮箱：ross. buckley@unsw. edu. au；德克·A. 泽切(Dirk A. Zetzsche)，卢森堡法律、经济和金融学院金融法(普惠金融)教授，德国杜塞尔多夫大学商业与公司法中心主任，邮箱：dirk. zetzsche@uni. lu，ORCID iD：https://orcid. org/0000 - 0003 - 4051 - 7699；道格拉斯·W. 阿纳(Douglas W. Arner)，香港大学法学院亚洲国际金融法研究所法学教授兼所长，金融、技术和创业中心顾问委员会成员，邮箱：douglas. arner@hku. hk，ORCID iD：http://orcid. org/0000 - 0002 - 6910 - 7311；布莱恩·W. 唐(Brian W. Tang)，香港大学法学院法律、创新、技术和创业实验室(LITE Lab @HKU)创始执行主任，金融科技协会(fin tech Association of Hong Kong reg tech Committee)联席主席，亚洲资本市场研究所(ACMI)创始人，IEEE 自主智能系统全球倡议政策委员会成员，邮箱：brian. tang@asiacmi. com。感谢毕马威会计师事务所及金杜律师事务所、香港研究资助局研究影响力基金，卡塔尔国家研究基金国家优先项目计划提供的财政支持。

一、引言

人工智能是全球关注的焦点。[①] 虽然人工智能有着悠久的发展历史，但最近的技术进步和数字化支撑了前所未有的快速进化。用欧洲央行（European Central Bank，ECB）的话说，算法交易是人工智能的一个早期和领先的用例，自 2000 年一直在稳步增长，在一些市场已经被用于约 70％的订单。[②] 2019 年，英国金融服务业的一项主要官方调查显示，机器学习（人工智能的一种形式）被英国三分之二的受访者用于一系列前台和后台的运行，最常见的是反洗钱、欺诈检测、客户服务和营销。[③] 中国香港地区的一项类似调查显示，89％的银行已经采用或计划采用人工智能设施，最常见的是网络安全、面向客户的聊天机器人、远程入职和生物识别客户身份。[④] 其中的核心是数据化的兴起——通过包括人工智能在内的定量数据分析来操纵数字化数据。[⑤]

在大多数部门，人工智能被认为有助于问题的解决和发展。普华永道（Pricewaterhouse Coopers，PwC）乐观地预计，到 2030 年，人工智能将推动全球国内生产总值增长 14％。[⑥] 埃森哲估计，银行通常可以通过信息技术节省 20％—25％的成本。[⑦]

2018 年世界经济论坛（World Economic Forum，WEF）的一份报告强调，金融领域的人工智能系统可以提供"新的效率"和"新的价值"。[⑧] 然而，由于金融机构变得"更加专业化、精简化、网络化并依赖于各种技术参与者

[①] 参见 Bonnie G. Buchanan. Artificial Intelligence in Finance. The Alan Turing Institute，April，2019.

[②] European Central Bank. Algorithmic Trading：Trends and Existing Regulation. 下文第四（B）部分讨论了 Joint Committee of the European Supervisory Authorities（ESAs），Joint Committee Final Report on Big Data（JC/2018/04）. European Central Bank. Algorithmic Trading：Trends and Existing Regulation，13 February，2019.

[③] Bank of England and Financial Conduct Authority. Machine Learning in UK Financial Services，October 2019，p.8.

[④] Hong Kong Monetary Authority. Artificial Intelligence（AI）in Retail Banking，November，2019.

[⑤] UK Finance and Microsoft. Artificial Intelligence in Financial Services，June，2019，p.5.

[⑥] PwC. Sizing the Prize：What's the Real Value of AI for Your Business and How Can You Capitalise?

[⑦] Accenture. Redefine Banking with Artificial Intelligence，2018，p.9.

[⑧] World Economic Forum. The New Physics of Financial Services：Understanding How Artificial Intelligence is Transforming the Financial Ecosystem，15 August，2018，p.18.

的能力"，对这些新能力的密切关注可能会忽略一个根本的转变。① WEF 建议多方利益相关者合作对抗社会以及金融领域人工智能系统潜在的经济风险。②同样，2019 年，WEF 讨论了金融领域负责任的人工智能使用，重点关注治理要求和风险。具体而言，人工智能的可解释性、系统风险、人工智能偏差和算法共谋已被确定为金融领域的主要风险来源。

人工智能和自动化引发了更广泛的关注，从广泛的失业③到"奇点"——人工智能的能力超过人类。这些担忧引发了许多对人工智能的伦理④和法律⑤含义的分析，但很少有人从我们所选的角度分析人工智能对金融的影响。⑥

这些问题的核心是人类在人工智能进化中的作用：人们参与使用、监控和监督人工智能的必要性。本文开发了一个监管框架以理解和应对人工智能在金融中日益增长的作用。它专注于人类的责任，即"循环中的人类"，是解决人工智能"黑箱"问题的核心：人工智能导致人类未知和不受控制的过程和操作的风险，产生不良结果，可以说，只有人工智能可能对此负责。

第二部分描绘了人工智能在金融中的各种用例，并解释了它的快速发展的原因。第三部分强调了金融领域日益依赖人工智能所带来的风险。第四部分总结了有关金融服务人工智能的监管挑战和应对这些挑战的工具，强调了解决黑箱问题的必要性。

第五部分介绍了我们对黑箱问题的解决方案。我们认为，最有效的监管方法是将人带入循环，在金融监管作为外部治理不太可能有效的地方加

---

① World Economic Forum. The New Physics of Financial Services: Understanding How Artificial Intelligence is Transforming the Financial Ecosystem, 15 August, 2018, p.18.

② World Economic Forum, 51; UK Finance and Microsoft, 15.

③ Shelly Hagan. More Robots Mean 120 Million Workers Need to be Retrained. Bloomberg https://www.bloomberg.com/news/articles/2019 - 09 - 06/robots-displacing-jobsmeans-120-million-workers-need-retraining.

④ Dirk Helbing. Societal, Economic, Ethical and Legal Challenges of the Digital Revolution: From Big Data to Deep Learning, Artificial Intelligence, and Manipulative Technologies. *Towards Digital Enlightenment: Essays on the Dark and Light Sides of the Digital Revolution*. Springer, 2018, p.47.

⑤ Harry Surden. Machine Learning and the Law. *Washington Law Review*, Vol.89, No.1, 2014, p.87.

⑥ Tom CW Lin. Artificial Intelligence, Finance and the Law. *Fordham Law Review*, Vol.88, No.2, 2019, p.531.

强内部治理。因此,我们建议通过要求三种内部治理工具来解决人工智能相关的问题：① 人工智能尽职调查；② 人工智能的可解释性；③ 人工智能审查委员会。这些工具既可以直接运作,也可以通过嵌入在越来越多的金融监管体系中的个人责任机制运作,包括澳大利亚、欧盟和英国。

第六部分得出结论,认为该框架不仅为金融领域的人工智能,而且为任何受监管的行业提供了解决黑箱问题的可能性。

二、人工智能与金融

"人工智能"一词涵盖了一系列技术和方法,从基于"如果—那么"规则的专家系统[①]到自然语言处理,再到被称为机器学习的算法和统计的结合。机器学习涉及由数据而不是明确的人类指令训练的模式识别和推理。随着人工智能系统从监督学习扩展到无监督的深度学习神经网络,它逐渐减少了人类的作用。

(一)金融领域人工智能的技术前提

人工智能在 20 世纪 70 年代就存在了,然而,在过去十年中,五个关键因素推动了人工智能的快速发展：数据、存储、通信、计算能力和分析。

数字化改变了数据的角色。一旦数据可以数字化,数据化包括人工智能在内的分析应用就变得有效了。因此,支撑"第四次工业革命"理念的"万物数字化"是人工智能快速发展的核心。[②] 更多的数据和数据化改进了机器学习过程和人工智能系统的"训练"。

与此同时,根据克莱德定律(Kryder's law),数据存储质量和容量大幅提高,成本下降,导致数字捕获和存储的数据量不断增加。[③] 互联网、手机和物联网使得数据的获取、存储、操作和分析变得更加容易。此外,许多云连接设备有效提高了无限的数据收集和存储能力。

[①] 在规则基础的专家系统中,知识是一系列规则体现的。例如,如果交通灯是绿的,那么,行为是被允许的。Jiri Panyr. Information Retrieval Techniques in Rulebased Expert Systems. in Hans-Hermann Bock and Peter Ihm (eds). *Classification*, *Data Analysis and Knowledge Organization*. Springer, 1991, p.196.

[②] Klaus Schwab. The Fourth Industrial Revolution. World Economic Forum, https://www.weforum. org/agenda/2016/01/the-fourth-industrial-revolution-what-it-meansand-how-to-respond/.

[③] Chip Walter. Kryder's Law. *Scientific American*, Vol.293, No.2, 2005, p.32.

根据摩尔定律(Moore's Law)，计算能力也大幅提高：微芯片上的晶体管数量每两年翻一番。[①] 如果实现的话，量子计算的出现将会开启令人不可思议的新处理途径。数据化也将受益于算法和分析过程的快速创新。

不断下降的存储价格，包括无处不在的云连接和电信连接、不断增长的计算能力以及创新的算法和分析发展，是数据化过程爆炸性增长的基础。这反过来又推动了人工智能的发展，而且这种发展势必会持续下去，以致对奇点的讨论不再是科幻小说。

(二) 金融服务领域中的人工智能

虽然金融服务总是与技术创新相结合，[②]但这一趋势在最新一波金融技术(Fintech)创新中更加明显，尤其是金融服务是人工智能应用的沃土。

最近数字金融转型的一大支柱是数据的大规模使用。金融长期以来培养了多种数据形式的广泛结构化集合(例如股票价格)。自20世纪70年代以来，这些数据已经标准化和数字化，新的捕获和收集形式不断出现。

此外，人工智能往往在规则受限的环境中表现最佳，例如在像国际象棋或围棋这样的游戏中，实现特定目标的方式是有限的，在这种环境下，人工智能正以越来越快的速度超越人类。这通常是金融领域的环境，例如股市投资涉及特定目标(利润最大化)、固定的行动参数(交易规则和系统)和海量数据。为金融、人力资源和激励机制增加技术可能性，解释了为什么数字化和数据化已经让金融业发生了如此迅速的转变，并且这种转变可能会持续下去。

财政资源、人力资源和激励措施是显而易见的：金融中介为包括管理层、投资者和雇员在内的利益相关者创造了巨额收入。因此，它们吸引了一些最优秀的人力资源。这些人力和财力资源有充分的理由继续寻找有利可图的优势和机会，从而对研究、分析和技术进行大量投资，以致整个学术领域——金融与金融机构以及咨询公司的主要团队一起专注于该领域的研

---

① Gordon E. Moore. Cramming More Components onto Integrated Circuits. *Electronics*, Vol.38, No.8, 1965, p.114.

② Douglas W. Arner, Janos Barberis and Ross P. Buckley. The Evolution of FinTech: A New Post Crisis Paradigm? *Georgetown Journal of International Law*, Vol.47, No.4, 2016, p.1271.

究。从人工智能的角度来看，这使得金融独一无二。

由于数据收集、处理和分析的性能不断提高，人工智能越来越多地影响金融中介的所有运营和内部控制事务，从战略制定、[1]合规[2]到风险管理等。[3]

（三）人工智能

出于这个原因，算法和人工智能经常被用于金融中越来越多的流程和功能的前端或后端。[4] 人工智能涵盖从入职到即时响应信贷申请的一系列客户流程，还包括运营和风险管理、[5]交易和投资组合管理、[6]支付和基础设施、数据安全和货币化以及监管和货币监督与合规。[7]

合规和制裁成本的飙升促使金融机构以监管技术的形式关注后台人工智能解决方案（regtech）。监管技术解决方案包括用于合规性查询的类似亚马逊 Alexa 的语音机器人，[8]以及用于审查商业贷款合同的机器人。据报道，这些机器人相当于律师和信贷人员每年 360 000 小时的工作量。[9] 人工

① John Armour and Horst Eidenmuller. Self-driving Corporations? *Harvard Business Law Review*, Vol.10, No.1, 2020, p.87, 96 - 97.

② Kenneth A. Bamberger. Technologies of Compliance: Risk and Regulation in a Digital Age. *Texas Law Review*, Vol.88, No.4, 2010, p.669, 690 - 693, 701 - 702.

③ Saqib Aziz and Michael Dowling. Machine Learning and AI for Risk Management. in Theo Lynn, John G. Mooney, Pierangelo Rosati and Mark Cummins (eds). *Disrupting Finance: FinTech and Strategy in the 21 Century*. Palgrave, 2019, p.33.

④ Hong Kong Monetary Authority and PwC. Reshaping Banking with Artificial Intelligence, December, 2019, p.33; Bank of England and Financial Conduct Authority at 4.

⑤ Buchanan, at 2; Financial Stability Board. Artificial Intelligence and Machine Learning in Financial Services November, 2017, p.16; Oliver Wyman and China Securities Credit Investment Company. China Credit-tech Market Report: Technology-Driven Value Generation in Credit-Tech, 2019, pp. 11, 13; Dirk A. Zetzsche, William A. Birdthistle, Douglas W. Arner and Ross P. Buckley. Digital Finance Platforms: Towards A New Regulatory Paradigm. *University of Pennsylvania Journal of Business Law*, Vol.23, No.1, 2020, pp.273, 298.

⑥ Financial Stability Board, at 15; Tom Baker and Benedict Dellaert. Regulating Robo Advice across the Financial Services Industry. *Iowa Law Review*, Vol. 103, No. 2, 2018, p. 713; Andrei A. Kirilenko and Andrew W. Lo. Moore's Law versus Murphy's Law: Algorithmic Trading and its Discontents. *Journal of Economic Perspectives*, Vol.27, No.2, 2013, p.51.

⑦ Financial Stability Board, at 19 - 20; Okiriza Wibisono, Hidayah Dhini Ari, Anggraini Widjanarti, Alvin Andhika Zulen and Bruno Tissot. The Use of Big Data Analytics and Artificial Intelligence in Central Banking. *IFC Bulletin*, No.50, May 2019.

⑧ Olivia Oran. Credit Suisse has Deployed 20 Robots within Bank, Markets CEO Says. https://www. reuters.com/article/milken-conference-creditsuisse idCNL1N1I31PJ.

⑨ Hugh Son. JPMorgan Software Does in Seconds What Took Lawyers 360,000 Hours. https://www. bloomberg.com/news/articles/2017 - 02 - 28/jpmorganmarshals-an-army-of-developers-to-automate-high-finance.

智能正应用于股票交易执行，以最佳价格实现最大速度，①交易后分配请求，②并计算保单支出。③ 人工智能还推动了为投资和贷款决策寻求替代数据的趋势，④促使人们信奉"所有数据都是信用数据"的口号。⑤

　　人工智能处理数据的潜力没有人类偏见，这是其效用的核心。首先，人工智能对待过去的数据与对待更近的数据一样精确；相比之下，人类倾向于过分优先考虑更新的数据。其次，正确编程的人工智能客观地对待所有数据，而人类倾向于根据他们的经验、价值观和其他非理性判断来区分数据点。人工智能可以不带偏见地不遵循自己的议程或有认知偏见。⑥ 然而，人工智能的本质会产生其他风险。

三、风险：金融领域的人工智能

　　根据传统的金融监管目标进行分析，⑦人工智能相关风险主要出现在数据、金融稳定、网络安全、法律和道德领域。⑧ 我们依次处理每一个问题。

（一）数据风险

　　人工智能的关键功能包括数据收集、数据分析、决策以及这些决策的执行。⑨ 并非所有的人工智能技术都执行这些功能，它们的用途因行业和金

---

① Laura Noonan. JPMorgan Develops Robot to Execute Trades. https://www.ft.com/content/l6b8ffb6-7161-11e7-aca6-c6bd07dfla3c.

② Martin Arnold and Laura Noonan. Robots Enter Investment Banks Trading Floors. https://www.ft.com/conten/da7e3ec2-6246-11e7-8814 0ac7eb84e5fl.

③ Kevin Lui. This Japanese Company is Replacing its Staff with Artificial Intelligence. https://fortune.com/2017/01/06/japan-artificial-intelligence-insurance-company/.

④ Anthony Malakian. Al and Alternative Data: A Burgeoning Arms Race. https://www.waterstechnology.com/trading-tools/3389631/ai-and-alternative-dataa-burgeoning-arms-race; Zetzsche.

⑤ Mikella Hurley and Julius Adebayo. Credit Scoring in the Era of Big Data. *Yale Journal of Law and Technology*, Vol.18, No.1, 2016, pp.148, 151.

⑥ Sergio Gramitto Ricci. The Technology and Archeology of Corporate Law. https://doi.org/10.31228/osf.io/zcqn7.

⑦ Douglas W. Arner. Financial Stability. *Economic Growth and the Role of Law*. Cambridge University Press, 2007.

⑧ The French prudential regulatory authority. Autorite de Controle Prudentiel et de Resolution, 确立了四个类似的风险类别, in ACPR, Artificial Intelligence: Challenges for the Financial Sector, December 2018.

⑨ Dirk Nicolas Wagner. Economic Patterns in a World with Artificial Intelligence. *Evolutionary and Institutional Economics Review*, Vol.17, No.1, 2020, p.111.

融领域的不同而异。尽管如此，数据对任何有用的人工智能模型部署的中心作用都不会被夸大，[1]因此有必要分析依赖数据的功能所带来的风险。

1. 人工智能数据收集和分析

数据收集长期以来一直是机器学习的主要瓶颈，原因有二：[2]一是数据收集费用昂贵。二是数据收集和分析服务的大型提供商可能不愿意与其他提供商共享他们拥有的数据，这些提供商可能会出售数据或成为数据原始提供者的未来竞争对手——这是开放银行业务旨在解决的问题之一。[3]　因此，数据可用性与数据隐私和保护相互交织。

高度结构化的机器可读数据的可用性——人工智能在包括医疗保健在内的其他领域进步的一个主要障碍[4]增加了人工智能在金融服务许多领域的采用难度。[5]　然而，其他挑战依然存在。

首先，数据质量可能很差。一个经常重复的例子是安然公司（Enron）将训练数据用于合规人工智能。[6] 从法律的角度来看，如果人工智能基于因素、这些因素的代理或其他因素进行歧视，那么，受保护的因素就会受到威胁，这些因素只不过描述了社会中社会和金融关系的一部分。例如，根据电话使用的一致性（而不是完整的经济和金融数据）来确定信用度的算法可能会歧视那些倾向于每周一天不使用手机的宗教人士。[7] 质量是一个普遍的问题。[8] 随着高质量信息的价值和信息差距带来的威胁不断增长，监管机构

---

① Henri Arslanian and Fabrice Fischer. *The Future of Finance: The Impact of FinTech, AI and Crypto on Financial Services*. Springer, 2019, pp.167, 177; Accenture Federal Services. AI: All About the Data. https://www.accenture.com/us-en/insights/us-federal-government/ai-all-about-the-data.

② Yuji Roh, Geon Heo and Steven Euijong Whang. A Survey on Data Collection for Machine Learning: A Big Data AI Integration Perspective. IEEE Transactions on Knowledge and Data Engineering. https://doi.org/10.1109/TKDE.2019.2946162.

③ Treasury (Cth). Review into Open Banking: Giving Customers Choice, Convenience and Confidence. https://treasury.gov.au/sites/default/files/2019-03/Review-into-OpenBanking-_For-web-1.pdf.

④ Moritz Lehne, Julian Sass, Andrea Essenwanger, Josef Schepers and Sylvia Thun. Why Digital Medicine Depends on Interoperability. https://www.nature.com/articles/s41746-019-0158-1.

⑤ Tapestry Networks and EY. Data Governance: Securing the Future of Financial Services.

⑥ Luca Enriques and Dirk A. Zetzsche. Corporate Technologies and the Tech Nirvana Fallacy. *Hastings Law Journal*, Vol.72, No.1, 2020, pp.55, 76.

⑦ Dirk A. Zetzsche, Ross P. Buckley, Douglas W Arner and Janos Barberis. From FinTech to TechFin: The Regulatory Challenges of Data-Driven Finance. *New York University Journal of Law and Business*, Vol.14, No.2, 2018, pp.393, 417-418.

⑧ Tadhg Nagle, Thomas C. Redman and David Sammon. Only 3% of Companies' Data Meets Basic Quality Standards. *Harvard Business Review*. https://hbr.org/2017/09/only-3-of-companies-data-meets-basic-quality-standards.

应该专注于开发广泛使用和设计良好的数据标准。[①]

其次，数据可能有偏差，或来自数据选择问题（仪表板近视），或来自反映整个社会偏见的数据。有偏见的决策者可能会有意或无意地使用有偏见的数据来掩盖他们的偏见。[②] 有偏见的数据同样可以被选择，以提高高管的个人奖金或减少组织的监督。因此，了解数据的背景（数据是何时、何地以及如何生成的）对于了解其用途和潜在风险至关重要。当然，糟糕的数据会导致糟糕的人工智能分析，这是一句古老的谚语："垃圾进来，垃圾出去。"[③]同样，不恰当或次优选择的 AI 模型架构和参数会扭曲分析。[④] 例如，2019 年德意志银行的反金融犯罪系统（自 2010 年起生效）中的两个参数被披露定义不正确，可能导致可疑交易逃避检测。[⑤] 此类缺陷可能会使金融服务机构面临竞争伤害、法律责任或声誉损害。[⑥]

再次，清理数据的过程通常对人力资源的要求很高。[⑦]

2. 人工智能决策作出和决策执行

人工智能系统可以同时执行类似的计算，一个人工智能的决定可能会影响另一个人工智能执行的任务。当参与者利用相似的模型来解释来自市场的信号时，就会产生"羊群效应"。[⑧] 当出现意外情况时，在毫秒交易窗口中同时交易的算法会导致极端的波动事件，称为"闪电崩盘"，这使得全球加强了对于算法交易的监管投入。

机器人顾问也会出现类似的问题，一个人工智能可能会领先另一个人

① Richard Berner and Kathryn Judge. The Data Standardization Challenge. in Douglas W. Arner, Emilios Avgouleas, Danny Busch and Steven L. Schwarcz. *Systemic Risk in the Financial Sector: Ten Years after the Great Crash*. McGill-Queen's University Press, 2019, pp.135, 148-149.

② Solon Barocas and Andrew D. Selbst. Big Data's Disparate Impact. *California Law Review*, Vol. 104, No.3, 2016, pp.671, 692.

③ Alberto Artasanchez and Prateek Joshi. *Artificial Intelligence with Python*. Packt Publishing, 2020, p.46.

④ Deloitte. *AI and Risk Management: Innovating with Confidence*. 2018, p.8.

⑤ Olaf Storbeck. Deutsche Bank Glitch Blocked Reporting of Suspicious Transactions. *Financial Times*. https://www.ft.com/content/d537f416-7c71-11e9-81d2-f785092ab560.

⑥ Fernanda Torre, Robin Teigland and Liselotte Engstam. AI Leadership and the Future of Corporate Governance: Changing Demands for Board Competence. *The Digital Transformation of Labor: Automation, the Gig Economy and Welfare*. Routledge, 2020, pp.116, 127.

⑦ Thomas C. Redman. If Your Data is Bad, Your Machine Learning Tools Are Useless. *Harvard Business Review*. https://hbr.org/2018/04/if-your-data-is-bad-your-machinelearning-tools-are-useless.

⑧ World Economic Forum. *Navigating Uncharted Waters: A Roadmap to Responsible Innovation with AI in Financial Services*. 23 October, 2019, p.62.

工智能的建议。虽然价格限制和止损命令(本身是算法)等风险管理工具可以减轻一些风险,但这些工具成本高昂,并且不能解决多个人工智能执行类似任务所产生的所有风险。

不协调行为的替代方式更可怕：心照不宣的勾结。如果几个自我学习算法发现资本市场中的合作比竞争更有利可图,它们就可以合作并操纵信息和价格,使之对自己有利。有证据表明,自我学习的人工智能在价格设定中相互勾结。[1] 金融市场定价中的多个人工智能相互勾结是可能的。

（二）金融稳定风险

2017 年,金融稳定委员会分析并总结了人工智能和机器学习对金融稳定的广泛影响。[2] 委员会注意到,如果有适当的风险管理,它们有很大的前景。其报告强调,由于"网络效应和新技术的可扩展性"导致的额外第三方依赖性,寡头或垄断参与者可能会浮出水面。这些新市场中的一些参与者目前不受监管。[3] 这些第三方依赖性和相互联系可能会产生系统性影响。此外,人工智能和机器学习方法缺乏可解释性或"可审计性",有可能导致宏观经济风险,除非监管机构找到监督人工智能的方法。这具有挑战性,因为人工智能或机器学习生成的模型不透明,并且除了开发人工智能的人员外,在私营部门和监管机构中,人工智能相关的专业知识比较有限。

（三）网络安全

人工智能可用于攻击、操纵或以其他方式损害经济,并直接通过其金融系统或影响更广泛的经济来威胁国家安全。算法可被操纵来破坏经济以制造动荡,或向交易部门发送错误信号以试图引发系统性危机。[4] 网络安全方面更为严重,因为许多金融服务公司依赖于一小批技术提供商,这产生了

---

① Ariel Ezrachi and Maurice E. Stucke. Artificial Intelligence and Collusion: When Computers Inhibit Competition. *University of Illinois Law Review*, No.5, 2017, p.1775.

② FSB 是监督国际金融的系统,并且是可以发出建议的国际机构,参见 FSB, Financial Stability Board (FSB). https://www.fsb.org/about/.

③ European Banking Federation (EBF). EBF Position Paper on AI in the Banking Industry.

④ Ross P. Buckley, Douglas W. Arner, Dirk A. Zetzsche and Eriks Selga. Tech Risk. *Singapore Journal of Legal Studies*, No.1, 2020, pp.35, 43 - 44.

一种新形式的风险，我们称之为"技术风险"。① 许多人工智能支持的系统尚未在金融危机场景中进行测试，这进一步放大了这种风险。

解决网络安全问题的重要方法包括：① 投资网络安全资源，包括内部专业知识和员工培训；② 制定协议，迅速与其他金融中介机构合作，确保在监管机构参与或不参与的情况下，快速发现和应对这些攻击；③ 建立国家和国际信息共享系统以及应急和防御规划。

（四）法律风险

一个经常用来描述人工智能和机器学习治理考虑因素的首字母缩写词是"FAT"，意思是"公平（fairness）、问责（accountability）和透明（transparency）"。②

关于使用人工智能的问责制，许多学者和实践者首先分析了现有的责任制度，例如产品责任、侵权和替代责任，如何用于解决法律风险和责任。③ 这些制度的基本概念，例如因果关系和损害赔偿，不容易应用于人工智能及其公司和个人创造者。④

自 2008 年全球金融危机以来，世界各地许多金融机构的法律和监管合规性有所欠缺。波士顿咨询集团报告称，截至 2019 年，包括 50 家最大的欧

---

① Douglas W. Arner, Ross P. Buckley and Dirk A. Zetzsche. Fintech, Regtech and Systemic Risk: The Rise of Global Technology Risk. *Systemic Risk in the Financial Sector: Ten Years after the Great Crash*. McGillQueen's University Press, 2019, p.69.

② FAT-ML conferences have been held by Princeton University since 2014: FAT/ML, Fairness, Accountability and Transparency in Machine Learning. https://www.fatml.org/. 但是也出现了一些其他缩写词，例如新加坡金融管理局的 FEAT 原则（MAS）；https://www.mas.gov.sg/news/media-releases/2018/mas-introduces-newfeat-principles-to-promote-responsible-use-of-ai-and-data-analytics.

③ Greg Swanson. Non-Autonomous Artificial Intelligence Programs and Products Liability: How New AI Products Challenge Existing Liability Models and Pose New Financial Burdens. *Seattle University Law Review*, Vol.42, No.3, 2019, p.1201; Iria Giuffrida. Liability for AI Decision-Making: Some Legal and Ethical Considerations. *Fordham Law Review*, Vol.88, No.2, 2019, p.439; Andrea Bertolini. Artificial Intelligence and Civil Liability (European Parliament, Policy Department for Citizens' Rights and Constitutional Affairs, Directorate-General for Internal Policies), https://www.europarl.europa.eu/RegData/etudes/STUD/2020/621926/IPOLSTU（2020）621926_EN.pdf; Brian W. Tang. Forging a Responsibility and Liability Framework in the AI Era for RegTech. *The REGTECH Book: The Financial Technology Handbook for Investors, Entrepreneurs and Visionaries in Regulation*. Wiley, 2019, p.235.

④ European Commission Report from the Expert Group on Liability and New Technologies New Technologies Formation. Liability for Artificial Intelligence and Other Emerging Digital Technologies. https://ec.europa.eu/transparency/regexpert/index.cfm? do = groupDetail.group MeetingDoc & docid=36608.

洲和北美银行在内的金融机构自全球金融危机以来累计支付了 3 810 亿美元的罚款。①

　　监管技术越来越被视为解决法律和监管要求的一种方式，许多解决方案提供商正在将人工智能和机器学习用于入职、反洗钱和欺诈检测等领域。然而，最近部分银行的罚款源于与技术使用相关的法律风险。例如，2020年澳大利亚联邦法院确认了澳大利亚历史上最大的民事处罚，即西太平洋银行被澳大利亚交易报告和分析中心罚款 13 亿澳元。罚款主要归因于系统性风险管理失败，包括与几个编程"故障"相关的失败，这些故障导致五年内有 2 300 万起违反金融犯罪法的行为，原因是没有报告可疑的银行转账（例如客户为海外剥削儿童行为付款），以及未能保留备份文件。② 如此大规模的监管技术故障导致监管机构越来越关注金融机构技术系统的充足性，一个主要的例子是 2020 年针对花旗集团的诉讼，该诉讼导致美国货币监理署对其罚款 4 亿美元，并指示花旗集团改善其内部技术系统。③

　　随着越来越多的金融机构、金融科技公司和加密资产服务提供商将人工智能纳入其系统，包括其监管科技基础设施，这些受监管实体的法律风险可能会增加。

（五）道德与金融服务

　　金融领域的道德至关重要。道德问题在 2008 年全球金融危机后变得

---

① Boston Consulting Group. Global Risk 2020: It's Time for Banks to Self-Disrupt. https://image-src. bcg.com/Images/BCG-Global-Risk-2020-It％E2％80％99s-Time-for-Banks-toSelf-Disrupt-Apr-2020_ tcm9-243862.pdf.

② Chief Executive Officer of the Australian Transaction Reports and Analysis Centre v. Westpac Banking Corporation [2020] FCA 1538. 参见 Brian Monroe. After Months of Court Battles, Westpac Settles with Austrac, Agrees to pay $1.3 billion for Millions of AML Failings, Ties to Child Exploitation Network. *Association of Financial Crime Specialists*. https://www.acfcs.org/after-months-of-court-battles-westpac-settles-with-austrac-agrees-to-pay-1-3-billion-for-millions-of-aml-failings-ties-to-child-exploitation-network/; Charlotte Grieve. The Westpac Scandal: How Did It Happen? *The Sydney Morning Herald*. https://www.smh.com.au/business/banking-and-finance/the-westpac-scandal-how-did-it-happen20191206-p53ho2.html; James Eyers. How a Software Bug Triggered Westpac's Woes. *Australian Financial Review*. https://www.afr.com/companies/financial-services/how-a-software-bug-triggered-westpac-s-woes-20191121-p53csx.

③ Jesse Hamilton and Jennifer Surnane. Citigroup Pays $400 Million Penalty, Must Get U.S. Approval on Deals. https://www.bloomberg.com/news/articles/2020-10-07/citigroup-pays-400-million-must-get-u-s-approval-on-deals?sref＝lP8hg7Cm.

突出,并因随后的丑闻而受到持续关注,包括与伦敦银行同业拆借利率 (London InterBank Offered Rate, LIBOR)、[1]外汇[2]以及最近整个澳大利亚金融系统有关的丑闻。[3] 一些金融服务伦理问题可能会通过未来的监管或自律努力来解决,这些努力分为三个领域:① 人工智能作为非道德行为者; ② 人工智能对人类的影响;③ 人为的愚蠢和恶意。

1. 人工智能作为非道德行为者

算法本身既没有"感觉",也没有"价值"。用价值观训练机器是困难的,因为人类往往缺乏对人类心理的洞察,也就是说,人们往往无法说出他们为什么会这样做。虽然一些伦理问题,例如伊斯兰教法下的禁止利息可以用适合算法的方式进行编纂,但大多数人类行为的驱动因素更微妙,它们具有一定的背景关联,而且会随着环境的变化而变化。

人工智能缺乏道德基础,如果人工智能对声誉风险定价失误(这种情况很有可能发生),可能会严重损害金融资产的投资组合价值。例如,微软的人工智能机器人 Tay 被设计和用于与用户进行非正式的在线对话,从互动中学习,却在 16 小时内因用户恶作剧而表现出严重的反犹太主义和厌恶女性的行为。[4] 更大范围的部署会造成更大程度的破坏。可以预见的是,在测试情况下控制发动机性能的软件可以在未来由人工智能编程,[5]包括以一种优化成本节约而非监管合规的方式。

这种风险因获取个人用户的大量数据而加剧。人工智能拥有的关于某个人的数据越多,人工智能推动该人购买不合适的金融产品的可能性或对该人进行信用评估的风险就越大。无监督学习、生成自己的数据生成式对抗网络和强大的自回归语言模型(例如生成式预训练变压器)的出现和兴起

---

① HM Treasury. The Wheatley Review of LIBOR. https://assets. publishing. service. gov. uk/government/uploads/system/uploads/attachment_data/file/191762/wheatleyreview_liborfinalreport_280912.pdf.

② Byron Kaye. FX Collusion Scandal Reaches Australia, Class Action Launched. https://www.reuters.com/article/us-australia-banks-idUSKCN1SX06V.

③ Royal Commission into Misconduct in the Banking. Superannuation and Financial Services Industry, February 2019.

④ Elle Hunt. Tay, Microsoft's AI Chatbot, Gets a Crash Course in Racism from Twitter. *The Guardian*. https://www.theguardian.com/technology/2016/mar/24/taymicrosofts-ai-chatbot-gets-a-crash-course-in-racism-from-twitter.

⑤ Capgemini Research Institute. Accelerating Automotive's AI Transformation: How Driving AI Enterprise-wide Can Turbo-charge Organizational Value, March 2019, pp.17 - 18.

增加了在有限人工干预下运行的人工智能的潜在影响。虽然不道德的行为可以通过更多样化和更广泛培训的人工智能编程技术团队来遏制，但核心问题仍然是代码本身是一个不具有道德感知的行为者，未必会像人类那样不断审查、修改和反思其表现。人工智能需要人类的监控和指导来进行道德决策：人类在循环中是必不可少的，个人或集体要对人工智能的行为负责。

2. 人工智能对于人类的影响

一方面，人工智能可以增强或削弱人类的能力。通过推荐，人工智能作为增强智能可以将一个投资不熟练的人变成一个熟练的投资者，这同样适用于行为金融学揭示的人类决策失误。例如，在做出投资决策时，可以对人工智能进行编程以减少某些人为偏见（例如确认偏见，包括乐观偏见和消极偏见）。[①]

另一方面，人工智能也可能降低人类的能力。由于开发高等数学和其他复杂数据分析能力的需求随着适当程序的广泛应用而减少，人类的数据分析能力可能会萎缩。这一点得到了 WEF 的支持，他认为未来对人工智能的日益依赖可能会导致"人类金融人才"受侵蚀，因为人类会失去挑战人工智能支持的系统或对危机做出良好反应所需的技能。[②] 因此，虽然人工智能可以用来提高员工和投资者的金融和技术素养，从而实现更好的资源分配，但剥削性的人工智能可能会要求或推动客户投资仅惠及产品创始人的高价金融产品。

正在进行的关于人类如何应对计算机生成的激励的研究暗示了严重的风险。[③] 人类对某些通信的反应是增强信任度。随着人工智能在与用户的互动中变得越来越普遍，无论是公开与否，它都可能隐秘地获得越来越高的

---

① Chau Duong, Gioia Pescetto and Daniel Santamaria. How Value-Glamour Investors Use Financial Information: UK Evidence of Investors' Confirmation Bias. *The European Journal of Finance*, Vol. 20, No.6, 2014, p.524.

② World Economic Forum at 69 - 71.

③ Andrea Ferrario, Michele Loi and Eleonora Vigano. In AI We Trust Incrementally: A Multilayer Model of Trust to Analyze Human-Artificial Intelligence Interactions. *Philosophy & Technology*, Vol.33, No.3, 2020, p.523; Omri Gillath, Ting Ai, Michael S. Branicky, Shawn Keshmiri, Robert B. Davison and Ryan Spaulding. Attachment and Trust in Artificial Intelligence. *Computers in Human Behavior*. https://doi.org/10.1016/j.chb.2020.106607.

信任。因此，人工智能开发者应对其负有高度的责任，并且非常需要通过金融机构及其管理层的规则和内部控制来对其进行道德限制。

3. 人为的愚蠢与恶意

防止人工智能的错误和不道德行为是一个主要问题。错误和不道德行为可能源于拙劣的或出于犯罪动机的编程，或源于不充分的数据集，或源于与导致不可预见的有害后果的其他事件的相关性。另一个重要的例子是，某些行为导致消费者起诉的责任远远超过机构客户，因为一种算法可以决定避免消费者关系，从而在财务上将他们排除在外。

（六）风险类型学：分析框架

人工智能在金融领域的风险分为三大类：① 信息不对称；② 数据依赖；③ 相互依赖。

第一，人工智能增强了某些算法的相关功能和限制的信息不对称。第三方供应商通常比购买和使用算法的金融机构及其主管更了解算法。然而，由于专利和竞争的原因，技术供应商通常无法完全解释他们的发明是如何工作的。用户、金融机构和监管者都需要通过增强可解释性来提高透明度。

第二，人工智能增强了数据依赖性，因为数据源对其运行至关重要。人工智能及其潜在的歧视性影响可能会随着不同的数据池而变化。

第三，人工智能增强了相互依赖性。人工智能可以与其他人工智能互动，产生意想不到的后果，增强或削弱其在金融领域的运作。

法律需要通过预防性监管和纠正性责任分配来解决人工智能的风险。鉴于人工智能的快速发展，起草和执行这些规则是一个严峻的挑战。我们在下文中将重点放在监管工具上，而不是聚焦于私法层面和责任分配。[1]

四、监管金融领域的人工智能：对外部治理的挑战

正如我们在上文（第一部分）指出的那样，人工智能在金融领域的应用已经成为监管机构关注的焦点。我们总结了监管机构提出的一般框架（包

---

[1] Mark A. Lemley and Bryan Casey. Remedies for Robots. *University of Chicago Law Review*，Vol. 86，No.5，2019，pp.1311，1313.

括数据保护和隐私），然后转向金融监管机构对人工智能的监管方法。我们认为，传统的金融监管方法，例如外部治理框架，在这种情况下不太可能有效。相反，外部治理必须要求内部治理，特别是个人责任。

（一）通用人工智能框架

在开发和处理人工智能的过程中，明确人类责任程度的一般框架正在全球范围内演变。

1. 人工智能原则

2017 年下半年，英国上议院人工智能特别委员会首次确定了人工智能开发和对待的五个一般原则，这是该领域一系列引人注目的活动的第一个进展。①

所有后续举措中最具影响力的是在 2019 年 5 月通过了经济合作与发展组织（Organization for Economic Co-operation and Development，OECD）的人工智能建议及其五项原则：① 人工智能必须对人类和地球有益；② 人工智能系统设计必须符合法治等一般法律原则；③ 人工智能系统必须是透明和可解释的；④ 人工智能系统应该是稳健、可靠和安全的；⑤ 所有人工智能参与者（包括系统开发人员）必须遵守这些原则。②

借鉴 OECD 的人工智能建议，20 国集团于 2019 年 6 月批准了 20 国集团人工智能原则。③ 2019 年 9 月，美国商会批准了经合组织的人工智能建议，发布了《人工智能原则》，呼吁美国企业遵守这些标准。④

2019 年 11 月，澳大利亚政府工业、创新和科学部宣布了人工智能伦理框架，该框架基于八项关键原则：人类、社会和环境福祉；以人为中心的价值观；公平；隐私保护；可靠性和安全性；透明度和可解释性；可争议性；问责制。⑤

---

① Select Committee on Artificial Intelligence. AI in the UK：Ready，Willing and Able?（House of Lords Paper No. 100，Session 2017 - 2019）125 [417].

② Organisation for Economic Co-operation and Development（OECD）. Recommendation of the Council on Artificial Intelligence. https://legalinstruments.oecd.org/en/instruments/OECD-LEGAL-0449.

③ G20. G20 AI Principles. in annex to G20 Ministerial Statement on Trade and Digital Economy. https://www.g20-insights.org/wp-content/uploads/2019/07/G20-Japan-AI-Principles.pdf.

④ US Chamber of Commerce. US Chamber of Commerce Principles on Artificial Intelligence.

⑤ Department of Industry，Science，Energy and Resources（Cth）. AI Ethics Principles. https://www.industry.gov.au/data-and-publications/building-australias-artificialintelligencecapability/ai-ethics-framework/ai-ethics-principles.

在中国，北京人工智能研究院于 2019 年 5 月发布了《人工智能原则》，①
科技部国家新一代人工智能治理专家委员会于 2019 年 6 月发布了《新一代
人工智能治理原则》。②

私营部门和许多研究人员也提出了许多平行的人工智能伦理倡议。③

2. 数据保护和隐私

数据保护和隐私专员越来越多地将人工智能的治理视为他们职权中的
一部分。例如，2018 年第 40 届数据保护和隐私专员国际会议认可了六项
指导原则，作为在人工智能发展中保护人权的核心价值观：公平；持续关
注、警惕和问责；人工智能系统的透明度和可理解性；人工智能系统负责开
发和设计，通过应用人工智能默认隐私原则和设计隐私原则；赋予个人权
力；减少和减轻因使用人工智能数据而产生的非法偏见（歧视）。④

会议呼吁确立人工智能共同治理原则，建立人工智能道德和数据保护
常设工作组。

《欧洲通用数据保护条例》(General Data Protection Regulation，GDPR)
第 22 条⑤也要求符合道德的人工智能表现。⑥ 题为"包括特征分析在内的自
动个人决策"的第 22(1)条规定，数据主体有权不受制于仅基于自动处理的
决定，包括产生法律效力的特征分析。根据第 22(2)条，如果该决定对数据
主体和数据控制者之间订立或履行合同或在其他具体情况下是必要的，则

---

① Beijing Academy of Artificial Intelligence. Beijing AI Principles. https://www. baai. ac. cn/news/
beijing-ai-principles-en. html.

② Ministry of Science and Technology National New Generation Artificial Intelligence. Governance
Expert Committee, Governance Principles for a New Generation of Artificial Intelligence: Develop
Responsible Artificial Intelligence.

③ IEEE. Ethically Aligned Design: A Vision for Prioritizing Human Well-being with Autonomous and
Intelligent Systems, Version II; Future of Life Institute. Asilomar AI Principles. https://
futureoflife. org/ai-principles/? cn-reloaded=1.

④ 40th International Conference of Data Protection and Privacy Commissioners. Declaration on Ethics
and Data Protection in Artificial Intelligence. http://globalprivacyassembly. org/wpcontent/uploads/
2019/04/20180922_ICDPPC-40th_AI-Declaration_ADOPTED. pdf.

⑤ Regulation (EU) 2016/679 of the European Parliament and of the Council of 27 April 2016 on the
Protection of Natural Persons with Regard to the Processing of Personal Data and on the Free
Movement of such Data and Repealing Directive 95/46/EC (General Data Protection Regulation)
[2016] OJ L. 119/1 (GDPR).

⑥ Jimmie Franklin. GDPR Has Kept AI Ethical, Despite Concerns. *International Financial Law
Review*, https://www. iflr. com/Article/3896942/GDPR-has-kept-AIethical-despite-concerns. html.

适用告诫。有人认为，数据主体有权坚持在纯粹由人工智能驱动的决策中进行人类干预，并对该决定提出质疑，①尽管根据 GDPR 解释权被认为是不够的。② 与此同时，英国信息专员办公室发布了关于人工智能和数据保护的指南，并就人工智能的审计框架进行了公众咨询。③

（二）金融监管与人工智能

在全球范围内，监管机构已经开始考虑人工智能如何影响金融服务，并发布监管指南。

2016 年，欧洲监管机构（European Supervisory Authorities，ESAs）（欧洲银行管理局、欧洲证券和市场管理局以及欧洲保险和职业养老金管理局）发布了一份关于金融部门大数据风险的讨论文件，其中包括对人工智能的讨论。④

2018 年欧洲监管机构联合委员会一份关于大数据的最终报告指出，大数据风险最好由现有的数据保护、网络安全和消费者保护立法来解决，即使这些立法可能不是专门为解决大数据风险而制定的。⑤ 这项立法包括：GDPR；⑥第二支付服务指令（the second Payment Services Directive，PSD2）；⑦第二金融工具市场指令（the second Markets in Financial Instruments Directive，MiFID II）；⑧保险分销指令（Insurance Distribution Directive，IDD）。⑨

---

① Paul Voigt and Axel von dem Bussche. *The EU General Data Protection Regulation* (*GDPR*)：*A Practical Guide*. Springer，2017，pp.180－182.

② Sandra Wachter，Brent Mittelstadt and Luciano Floridi. Why a Right to Explanation of Automated Decision-Making Does not Exist in the General Data Protection Regulation. *International Data Privacy Law*，Vol.7，No.2，2017，p.76.

③ Information Commissioner's Office（UK）. Guidance on AI and Data Protection；Information Commissioner's Office（UK）. Guidance on the AI Auditing Framework：Draft Guidance for Consultation，14 February，2020.

④ Joint Committee of the European Supervisory Authorities. Discussion Paper on the Use of Big Data by Financial Institutions（Discussion Paper No. JC/2016/86）.

⑤ ESAs Joint Committee Final Report on Big Data，at 23.

⑥ GDPR.

⑦ Directive（EU）2015/2366 of the European Parliament and of the Council of 25 November 2015 on Payment Services in the Internal Market［2015］OJ L. 337/35（PSD2）.

⑧ Directive 2014/65/EU of the European Parliament and of the Council of 15 May 2014 on Markets in Financial Instruments［2020］OJ L. 173/349（MiFID II）.

⑨ Directive（EU）2016/97 of the European Parliament and of the Council of 20 January 2016 on Insurance Distribution［2020］OJ L 26/19（IDD）.

ESAs 的组织和审慎要求包括健全的内部控制机制、市场活动监控、记录保存和利益冲突管理。① 这些要求强调商业原则，例如诚实、公平、专业地行事；避免误导行为；确保产品符合客户的需求；建立公平的索赔（投诉）处理流程。② 此外，为了确保公平透明的消费者待遇，ESAs 鼓励大数据良好实践，例如定期监控的稳健流程、透明的消费者补偿机制以及遵守 GDPR。③

其他金融监管机构也同样越来越多地与人工智能打交道，包括（按时间顺序排列）：

第一，新加坡金融管理局于 2018 年 11 月推出了新的公平（fairness）、道德（ethics）、问责（accountability）和透明度（transparency）原则（FEAT 原则），以促进相关人员负责任地使用人工智能和数据分析。④

第二，荷兰央行于 2019 年 7 月发布了一份关于负责任地使用人工智能原则的讨论文件，即健全性（soundness）、问责制（accountability）、公平性（fairness）、道德（ethics）、技能（skills）和透明度（transparency），或称SAFEST。⑤

第三，英格兰银行和金融行为监管局于 2019 年 10 月公布了一项题为"英国金融服务中的机器学习"的调查。⑥

---

① MiFID II arts 17，23；Directive 2013/36/EU of the European Parliament and of the Council of 26 June 2013 on Access to the Activity of Credit Institutions and the Prudential Supervision of Credit Institutions and Investment Firms [2018] OJ L. 176/338, art 79 (CRD IV)；IDD (at 115) arts17, 27 - 28；Directive 2014/17/EU of the European Parliament and of the Council of 4 February 2014 on Credit Agreements for Consumers relating to Residential Immovable Property [2018] OJ L. 60/34 art 7 (MCD).

② MiFID II arts 16，24；IDD (at 115) arts 14, 17(1)，25；MCD (at 116) art 7(1)；AIFMD art 12；Directive 2009/65/EC of the European Parliament and of the Council of 13 July 2009 on the Coordination of Laws, Regulations and Administrative Provisions relating to Undertakings for Collective Investment in Transferable Securities [2020] OJ L. 302/32, arts 13 - 14；PSD2 arts 19 (6)，101；Delegated Regulation (EU) 2017/565 of 25 April 2016 Supplementing Directive 2014/65/EU of the European Parliament and of the Council as regards Organisational Requirements and Operating Conditions for Investment Firms and Defined Terms for the Purposes of that Directive [2019] OJ L. 87/1, art 26.

③ ESAs Joint Committee Final Report on Big Data at 24.

④ Monetary Authority of Singapore. Principles to Promote Fairness, Ethics, Accountability and Transparency (FEAT) in the Use of Artificial Intelligence and Data Analytics in Singapore's Financial Sector, November 2018.

⑤ De Nederlandsche Bank. General Principles for Use of Artificial Intelligence in Finance (Discussion Paper, 25 July 2019).

⑥ Bank of England and Financial Conduct Authority.

第四，中国香港金融管理局于 2019 年 11 月发布了 12 项"人工智能高级原则"。①

新加坡的 FEAT 原则于 2019 年 2 月更新，并于 2020 年 1 月再次更新，以反映新加坡个人数据保护委员会提出的人工智能治理框架。该框架有两个指导原则：组织必须确保使用人工智能的决策是可解释的、透明的和公平的；人工智能解决方案应该以人为中心。②

该框架在以下领域提供指导：第一，内部治理结构和措施；第二，适当的人工智能决策模型，包括确定人在循环中、人跨过循环和人跳出循环方法的可接受风险偏好和环境；第三，运营管理，包括良好的数据问责实践和最小化固有偏见；第四，客户关系管理，包括披露、透明度和可解释性。③

2019 年 11 月，新加坡金融管理局宣布创建 Veritas 框架，以促进金融机构使用开源工具负责任地采用人工智能和数据分析，作为金融机构纳入 FEAT 原则的可验证方式。④ Veritas 计划的第一阶段涉及 25 个扩大的联盟成员，重点关注客户营销和信用风险评分中公平指标的开发。⑤

该计划现已进入第二阶段，将为第一阶段的两个用例以及保险业用例开发道德、问责制和透明度评估方法。⑥

同样，中国香港金融管理局在 2019 年 5 月鼓励授权机构⑦采用和实施香港隐私专员道德问责框架，⑧以及 2018 年数据管理问责、数据影响评估和

---

① Hong Kong Monetary Authority. High-Level Principles on Artificial Intelligence (Media Release, 1 November, 2019).

② Singapore Personal Data Protection Commission. A Proposed Artificial Intelligence Governance Model; Singapore Info-Communications Media Development Authority and Personal Data Protection Commission. Model Artificial Intelligence Governance Framework: Second Edition (January 2020).

③ Singapore Info-Communications Media Development Authority and Personal Data Protection Commission (at 123) 20 – 63.

④ Monetary Authority of Singapore. MAS Partners Financial Industry to Create Framework for Responsible Use of AI (13 November 2019).

⑤ Monetary Authority of Singapore. "Fairness Metrics" to Aid Responsible AI Adoption in Financial Services (May 2020).

⑥ Monetary Authority of Singapore. Veritas Initiative Addresses Implementation Challenges in the Responsible Use of Artificial Intelligence and Data Analytics (6 January 2021).

⑦ Hong Kong Monetary Authority. Use of Personal Data in Fintech Development (3 May 2019).

⑧ Information Accountability Foundation and Hong Kong Privacy Commissioner for Personal Data. Ethical Accountability Framework for Hong Kong China (Report, October 2018).

监督模型。① 随后,香港金融管理局于 2019 年 11 月发布了人工智能高级原则。② 具体来说,这些原则强调,银行应该拥有足够的专业知识;确保人工智能应用的可解释性;使用高质量的数据;进行严格的模型验证;确保人工智能应用的可审计性;对第三方供应商实施有效的管理监督;合乎道德、公平和透明;进行定期审查和持续监测;遵守数据保护要求;实施有效的网络安全措施;实施风险缓解和应急计划。

中国香港金融管理局银行操守部门也发布了关于授权机构使用大数据分析和人工智能的消费者保护指导原则。③ 这些原则强化了基于风险的大数据分析和人工智能方法,重点关注治理(问责)、公平、透明(披露)以及数据隐私和保护。

（三）外部治理的不足

金融监管当局发现,通过传统的金融监管手段,即外部治理解决人工智能相关风险越来越困难。

我们引用了五个例子来支持关于外部治理机制在解决人工智能在金融中的风险方面的不足的论点:① 人工智能的授权;② 规则外包和电子化人格;③ 人工智能在关键功能方面的作用;④ 核心人员的资质;⑤ 制裁规则。

1. 人工智能授权

人工智能使用的增多影响授权的条件。如果寻求授权的业务模式依赖人工智能,则业务和运营计划必须详细说明人工智能的功能、客户保护功能、分配给人工智能执行的服务的财务和运营风险的监管资本,以及万一人工智能失败的后备结构。全球的监管框架已经要求 IT 应急计划、多种数据存储和网络安全策略。这些监管方法不太可能从根本上改变,但在实践中会变得更加重要。

对人工智能威胁的一个潜在回应是对金融机构使用人工智能的许

---

① Information Accountability Foundation and Hong Kong Privacy Commissioner for Personal Data. Data Stewardship Accountability, Data Impact Assessments and Oversight Models: Detailed Support for an Ethical Accountability Framework (Report, October 2018).

② Hong Kong Monetary Authority.

③ Hong Kong Monetary Authority. Consumer Protection in Respect of Use of Big Data Analytics and Artificial Intelligence by Authorized Institutions (5 November 2019).

可要求。① 强制性人工智能保险计划是另一个例子。

世界各地的金融服务机构正越来越多地寻求提升和引入技术，以对人工智能进行有意义的审查。② 据我们所知，监控一个自我学习的人工智能行为的软件还不存在。此外，基于结果的测试依赖于可用于测试的数据池；如果测试池不同于真实用例数据池，测试的结果可能没有什么价值。

人工智能授权也可能有一些不良的副作用。最重要的是，授权既昂贵又缓慢，它可能会限制创新，规则也将难以应对人工智能程序（经常，几乎每天）的微小修改和改进。代码的重新授权是昂贵的，这意味着现有人工智能的微小改进或一系列微小改进一起代表一个重大步骤，这可能是不经济的。最后，对于无监督的自学习人工智能，授权代码将不会在实践中执行，因为根据定义，这种自学习人工智能是在执行其服务时开发的。因此，授权总是会过时的。监管沙盒提供了一个风险可控的环境，在这个环境中，监管限制得以放松，促进创新。虽然在某些情况下，沙盒可能支持创新和有效监管，沙盒条件下的性能评估仍然是现实世界条件下性能相对较差的替代品。

2. 规则和电子人格的监管外包

在全球监管规则手册中，关键供应商框架适用于由独立服务提供商拥有和运营或外包给独立服务提供商的人工智能。关键供应商受到外包金融机构的额外监控。然而，金融服务人工智能可能越来越多地由金融中介自己的员工拥有和运营，这就提出了人工智能法律框架是否充分的问题。

监管内部人工智能的一个选择是，授予算法本身有限的法律人格，类似于部分许可，同时配备一个自动执行的"切断开关"，与潜在责任索赔可用资本的最低要求挂钩。如果资本耗尽，例如由于负债或监管制裁，算法将停止运行。反对这种有限的电子人的论点类似于反对授权人工智能的论点：资本的计算需要清楚地描述人工智能造成的风险。如果人工智能功能的限制模糊不清，就像自学习算法一样，监管资本很可能会被设定得过低或过高。

---

① Andrew Tutt. An FDA for Algorithms. *Administrative Law Review*，Vol. 69，No. 1，2017，pp. 83，111.

② Dirk Broeders and Jermy Prenio. Financial Stability Institute（FSI）. Innovative Technology in Financial Supervision（Suptech）：The Experience of Early Users（FSI Insights on Policy Implementation No. 9，July 2018）；Toronto Centre. FinTech，Reg Tech and SupTech：What they Mean for Financial Supervision（August 2017）.

此外，在没有金融机构人工智能自身监管资本的情况下，当局有更廉价的方式来限制人工智能的使用。这些措施包括报告部署人工智能的要求以及部署人工智能造成的损失和损害，并对此类报告做出回应，酌情发布限制或禁止此类人工智能应用的命令。

3. 人工智能作为关键功能持有者

人工智能能否担任金融机构的行政人员或董事会成员？① 在这里，合法性和实用性是不同的。

在一些司法管辖区，执行职能可以分配给法律实体，或者法律对执行人员的实体地位保持沉默。在这些司法管辖区内，如果有需要，可委任一名人力资源管理人员为董事会成员，方法是将该人员纳入一个特殊目的载体（即业务目标非常有限的母公司子公司）作为其唯一活动。在其他司法管辖区，这些职能必须由人类来履行。

关于实用性，人工智能可以作为董事会成员执行某些日常任务（例如企业集团中的证券化工具），并进行程序监控，但当挑战超过人工智能的编程限制时，可能需要人类董事会的大多数成员来确保持续运营。

尽管如此，允许人工智能在金融机构内承担职能的规则必须尊重人工智能的现有限制，特别是在合规监控方面。人工智能本身不适合处理合规问题，因为它缺乏道德筛选能力，也因为规则是故意不完整的。这部法律充满了诸如"公平""适当""公正"和"合理"等模糊术语。这些术语允许对不断变化的世界进行调整。金融服务受到各种规则的严格监管，这些规则并不总是以是（否）的方式运作，因为它们的含义取决于具体情况。出于这个原因，人工智能很可能导致不准确的监控、广泛的误报和风险的错误定价。

4. 核心人员的适当测试

人工智能可能会以两种方式影响关键职能负责人（即高级管理层或高管）和董事会的适当性测试的监管实践。

第一，当使用人工智能时，一些现有的需求可能是多余的或需要修改

---

① Deep Knowledge Ventures. Deep Knowledge Venture's［sic］Appoints Intelligent Investment Analysis Software VITAL as Board Member Hong Kong Venture Capital Fund Appoints Machine Intelligence as Board Member. GlobeNewswire. https://www.globenewswire.com/news-release/2014/05/13/635881/10081467/en/DeepKnowledge-Venture-s-Appoints-IntelligentInvestment-Analysis-Software-VITAL-as-Board-Member.html.

的。例如，如果人工智能正在做决策，人类高管的资格可能不需要审查。

第二，新的要求将反映对人工智能的更大依赖，一些办公室负责人可能有新的资格。欧盟当局要求金融中介机构的高管在被任命前至少有三年的管理经验，这种经历应证明其有良好的信誉，能勤奋处理客户事务并与金融监督机构合作。然而，人工智能专家可能已经在金融部门以外积累了人工智能经验，例如在一家大型电子商务或软件公司内。金融监管者将需要修改他们的一些经验要求，就像许多人对金融科技公司的许可要求一样。

5. 制裁人工智能

金融监管通常对一个机构的整体行为或个别工作人员的行为实施制裁。为此，监管者通常必须证明机构或工作人员的疏忽或恶意。当伤害发生时，风险管理系统的缺陷可能会招致制裁。有了人工智能，这些案件将越来越难处理。如果人工智能失败，主管无法确定地建立人工智能的流程和限制，那么在保留创新激励的同时，确定适用的有罪标准和举证责任将非常具有挑战性。即使在广泛的"风险管理失败"的理由下制裁是可能的，潜在的制裁也不会产生什么导向作用。

这就把我们带到了制裁人工智能的问题上。扣发薪酬、点名羞辱、经济处罚对人工智能来说意义不大。同样，取消董事资格（相当于公司管理领域的死刑）以及民事和刑事责任对当前形式的人工智能的指导作用有限，除了可能施加于当前不受监管的外包科技公司或其受监管的客户金融机构。

因此，任何制裁系统都需要重新考虑人工智能创造和部署的激励机制。人工智能适应的监管包括：① 要求无过失补救，使组织能够从失败中学习并做出改进；② 鼓励合作，以促进早期检测和避免意外的人工智能故障；③ 使用适合目的的可解释性和框架来决定"是否"可解释性是任何特定情况下基于风险和影响的评估的要求（从而帮助组织优先考虑他们的人工智能目标），以及"如何"实现可解释性。①

五、让人参与金融循环

虽然监管机构希望金融机构负责任地部署人工智能，并开发和使用新

---

① Accenture，at 18；UK Finance and Microsoft at 10 - 13；World Economic Forum at 21.

工具来保护金融系统，但我们已经表明，鉴于人工智能带来的严重信息不对称、数据依赖性和相互依赖性，外部治理并不适合确保人工智能在金融领域的负责任使用。

鉴于监管机构在人工智能方面面临的这些黑箱挑战，专注于将人置于循环中的个人责任要求的措施，应该是监管金融领域人工智能系统的核心。

两种方法越来越流行。第一种是利用技术（包括人工智能）来监控员工的行为，并在问题出现之前发现它们（一种监管技术）。正如我们在其他地方讨论过的，监管技术是金融科技的逻辑性结果，如果没有正确设计和落实监管技术，金融科技就不能很好地工作。①

第二种方法是将人放在循环中的核心，因此将在这里进一步展开。越来越多的监管制度加强了指定高级管理人员的个人责任，即所谓的"高级管理人员""主管经理""关键职能负责人"或"个人责任"制度。这些框架旨在通过董事、管理层以及越来越多的经理的个人责任，在金融机构中产生文化变革，优化道德环境。

在本节中，我们认为监管机构应该利用和加强这些外部治理要求，以便要求内部人工智能治理的人工循环系统。人工智能风险和挑战的外部治理应主要通过规定金融机构内部治理的质量和强度来实现。人工智能调整的个人责任框架至关重要。在本节中，为了提供背景，我们首先阐述了金融监管中个人责任框架的基本原则。然后我们分析如何利用这些框架来解决人工智能相关的黑箱问题。

这种个人责任框架应得到补充，以包括明确的人工智能责任，包括不可放弃的人工智能尽职调查和可解释性标准。

（一）金融中的个人信息担保（框架）

在过去的 10 年中，大多数主要的金融管辖区已经实施或正在实施董事和经理的金融监管责任框架。澳大利亚、英国已经实施了经理负责制。欧盟已经制定了一个内部治理框架，并且为了从总体上解决信息、通信和电信风险，将通过一项《数字运营弹性法案》（*Digital Operational Resilience*

① Douglas W. Arner. Janos Barberis and Ross P. Buckley. FinTech，RegTech and the Reconceptualisation of Financial Regulation. *Northwestern Journal of Law and Business*，Vol.37，No.3，2017，p. 371.

Act，DORA）。① 美国美联储已经为"系统重要性金融机构"提出了类似的管理者责任方法，但尚未被采纳。②

1. 澳大利亚：银行业高管问责制度

澳大利亚审慎监管局（Australian Prudential Regulation Authority，APRA）负责管理银行高管问责制度（Banking Executive Accountability Regime，BEAR），③该制度于 2018 年 7 月 1 日对大型银行生效，2019 年 7 月 1 日对小型银行生效（统称为授权存款机构）。④ 授权存款机构必须向 APRA 提供个人责任声明，明确概述个人责任，并提供显示整个机构责任分配的责任图（基于规模、风险状况和复杂性）。个人责任人对其管理或控制认可接受存款机构或认可接受存款机构集团的重要或实质部分或方面的实际或有效责任负责。具体来说，个人负责人有义务以诚实和正直的态度，以应有的技能、谨慎和勤勉行事；以开放、建设性和合作的方式处理 APRA；采取合理步骤履行其职责，防止出现对认可接受存款机构的审慎地位或声誉有不利影响的事情。

为了回应皇家委员会对银行、退休金和金融服务行业不当行为的建议，⑤澳大利亚政府已提议将 BEAR 扩展到财务问责制度（Financial Accountability Regime，FAR）中，⑥并提议在公开咨询后，于 2020 年年末立法涵盖证券公司。FAR 的底层结构类似于 BEAR，但有几个关键性区别：

---

① Proposal for a Regulation of the European Parliament and of the Council on Digital Operational Resilience for the Financial Sector and Amending Regulations (EC) No. 1060/2009，(EU) No. 648/2012，(EU) No. 600/2014 and (EU) No. 909/2014，COM/2020/595 final，24 September 2020 (DORA Proposal).

② Federal Reserve System. Proposed Supervisory Guidance，83(8) *Federal Register* 1351 (11 January 2018，Docket No OP‑1594). 美联储的建议是包括大型银行、类似银行机构、非银行系统重要性金融机构。

③ Australian Prudential Regulation Authority (APRA)，Information Paper：Implementation of the Banking Executive Accountability Regime (BEAR) (11 December 2020).

④ Banking Act 1959 (Cth) pt IIAA.

⑤ Banking Royal Commission Final Report.

⑥ Treasury (Cth)，Implementing Royal Commission Recommendations 3.9，4.12，6.6，6.7 and 6.8：Financial Accountability Regime，*Proposal Paper*，Treasurer (Cth). Update on the Implementation of the Banking，Superannuation and Financial Services Royal Commission. https://ministers.treasury. gov. au/ministers/josh-frydenberg-2018/media-releases/updateimplementation-banking-superannuation and #：∼：text = The％2（）Morrison％20Government％20has％20today，significant％20impacts％20of％20the％20coronavirus.

① 澳大利亚证券和投资委员会将加入 APRA 共同监管 FAR 义务；② FAR 将监管范围扩大到所有 APRA 监管的实体，而不只是授权的存款机构；③ 监管者将有权定义"负责人"（根据 BEAR，这是在立法中定义的），并免除实体的 FAR 义务（根据 BEAR，这一权力属于部长）。①

此外，财务问责制度对负有责任的人规定了新的义务，并引入了对违反者的民事处罚，从而加强了对个人责任的关注。

2. 英国：高级经理和认证制度

英国的"高级管理人员和认证制度"（Senior Managers and Certification Regime，SMCR）是从欧盟框架演变而来的，②在国际上具有影响力。制度合规性取决于英国审慎监管局（Prudential Regulation Authority，PRA）和英国金融行为监管局（Financial Conduct Authority，FCA）授权的公司和个人。授权公司必须确保履行 PRA 指定的高级管理职能的个人得到批准。③除非 PRA 和 FCA 确信该人符合《2000 年金融服务和市场法案（英国）》的要求，否则不会给予授权。④

2016 年制定的 SMCR 适用于在银行、建筑协会、信用合作社和 PRA 指定的投资公司履行高级管理职能的所有个人。该制度在 2018 年扩大到涵盖保险公司，并从 2019 年 12 月开始，针对 FCA 监管的金融机构，适用于资产管理公司和投资公司的指定活动。⑤

SMCR 围绕以下内容构建：① 针对需要监管机构批准的个人的高级经理制度；② 为受管制的公司建立一个认证制度，以评估执行"重大损害"职能的雇员的适合性和适当性；⑥③ 适用于大多数银行员工的行

---

① Treasury (Cth)，Proposal Paper 14.

② See below Part V(A)(5).

③ Financial Services and Markets Act 2000 (UK) s 59.

④ Senior Managers Regime：Approvals. Bank of England. https://www. bankofengland. co. uk/ prudential-regulation/authorisations/senior-managers-regime-approvals.

⑤ Barnabas Reynolds, Thomas Donegan, Simon Dodd and John Adams, Shearman & Sterling. The UK's Expanded Senior Managers and Certification Regime：Key Issues and Action Plan for Brokers, Advisors and Asset Managers. *Perspectives*. https://www. shearman. com/perspectives/2019/07/ the-uks-expanded-senior-managers-and-certification-regime-key-issues-andaction-plan.

⑥ Financial Conduct Authority. The Senior Managers and Certification Regime：Guide for FCA Solo Regulated Firms Senior Managers and Certification Regime Guide. https：www. fca. org. uk/ publication/policy/guide-for-fca-solo-regulated-firms. pdf. Senior Managers and Certification Regime Guide.

为准则。①

　　高级经理需要有一份清晰简洁的职责说明，这些包括监管者规定的责任。高级管理人员的行为准则规定了"责任义务"，确保公司的业务得到有效控制并遵守监管框架。② 高级管理人员必须采取合理措施，确保将责任委托给适当的人，并有效履行委托的责任。③ 高级管理人员必须披露 PRA或 FCA 合理预期会注意到的任何信息。④ FCA 声明 SMCR 无意颠覆集体责任或集体决策。⑤

　　行为准则鼓励健康的文化，在这种文化下，所有员工都必须正直、尽职、谨慎、勤奋地行事，公开与 PRA 和 FCA 合作，充分考虑客户的利益并公平对待他们，遵守市场行为标准。公司对员工的行为负责，并被要求向监管机构报告任何违反行为准则的行为。⑥

　　当前 SMCR 的范围比最初的 2016 年制度略宽。高级经理负责应对金融犯罪风险的政策和程序：洗钱、制裁、欺诈、逃税和网络犯罪；符合公司有权持有客户资金或资产的客户资产原始资料手册；对资产管理公司来说，还有资金价值评估、独立董事代表权以及以投资者的最大利益为重。⑦ 此外，此类职责也适用于经常需要技能提升的委员会⑧（或特设技术委员会）。⑨

---

① Linklaters. SMCR for Deposit Takers and PRA-Designated Investment Firms. https://www.linklaters.com/en/insights/publications/smcr/smcr/smcr-for-deposit-takers-and-pra-designated-investment-firms.

② Senior Managers and Certification Regime Guide，14.

③ Senior Managers and Certification Regime Guide，14.

④ KPMG. Individual Accountability: Global Regulatory Developments in Financial Services.

⑤ Allen & Overy. The UK Senior Managers and Certification Regime: Themes，Trends and Challenges from the First Three Years.

⑥ Patricia Volhard，Debevoise & Plimpton. The UK's Senior Managers and Certification Regime（18 February 2019）.

⑦ Patricia Volhard，Debevoise & Plimpton. The UK's Senior Managers and Certification Regime（18 February 2019）.

⑧ Magnus Falk. Financial Conduct Authority. Artificial Intelligence in the Boardroom. https://www.fca.org.uk/insight/artificial-intelligence-boardroom.

⑨ 尽管这是讨论这个问题的合适场所，但似乎这样的委员会［所谓的科技五巨头（GAFAM）：谷歌（Google）、苹果（Apple）、脸书（Facebook）、亚马逊（Amazon）和微软（Microsoft）都没有使用这些委员会］在董事会内部确实履行了更具战略性的职能，而且没有特别处理与人工智能相关的风险。Maria LillA Montagnani and Maria Lucia Passador. AI Governance and Tech Committees: An Empirical Analysis in Europe and North America. *Bocconi Legal Studies Research Paper*. https://ssrn.com/abstract=3728946.

3. 我国香港地区：证券公司经理负责制

对于我国香港地区的证券公司，自 2016 年以来，高级管理人员被定义为董事、公司的负责人和主管经理。[①] 持牌法团必须指定一名主管经理，主要负责：每项核心职能；全面管理监督；关键业务线；运营控制和审查；风险管理；财务和会计；信息技术；合规性；反洗钱和打击资助恐怖主义。尽管一个人可以管理几个核心职能（取决于公司业务的大小和规模），但每个核心职能至少应有一个主管经理负责。

《证券及期货事务监察委员会持牌人或注册人操守准则》的"一般原则 9"指出，高级管理人员须承担首要责任，确保维持适当的操守标准及遵守适当的程序。应考虑一个人的实际和表面权力来确定责任及其程度。董事会必须批准并通过一份正式文件，明确规定高级管理人员的角色、职责、责任和报告关系管理。

《行为守则》14.1 规定，高级管理层应妥善管理与公司业务相关的风险，包括定期评估其风险流程、内部控制程序和风险政策，并了解他们自己的权力和责任的范围。高级管理层对公司内部控制系统的充分性和有效性负有最终责任。主管经理应知悉根据《证券及期货条例》（香港法例第 571 章）施加责任的其他守则及指引。

4. 新加坡：高级经理准则

2020 年 9 月，新加坡金融管理局发布了个人问责和行为准则，该准则将于 2021 年 9 月 10 日生效。[②] 高级经理将负责新加坡金融机构的日常运营。准则使高级管理人员负责核心管理职能的管理和执行，负责其员工的行为和业务的开展。金融机构应采用反映特定高级管理人员实际职责的核心管理职能定义。责任被描述为"基于原则的"，因此没有强制性责任清单。新加坡金融管理局指出，责任的级别应反映高级经理在金融机构新加坡业务中的角色。不管职位高低，也不管是否在海外工作，高级经理都有责任。

---

① Securities and Futures Commission. Circular to Licensed Corporations Regarding Measures for Augmenting the Accountability of Senior Management. https://www.sfc.hk/edistributionWeb/gateway/EN/circular/doc? refNo＝16EC68.

② Monetary Authority of Singapore. Guidelines on Individual Accountability and Conduct（10 September 2020）.

5. 欧盟

欧洲银行管理局与欧洲证券和市场管理局于 2017 年发布了欧盟联合内部治理准则，其建立在委员会授权法规（欧盟）第 604/2014 号标准的基础上，该标准确定了其专业活动对金融机构的风险状况有重大影响的工作人员类别。① 联合内部治理准则旨在满足 CRD 协议第 4 条和 MiFID 第 2 条的要求，并根据指令 2013/36/EU 和指令 2014/65/EU 制定。②

欧洲银行管理局与欧洲证券和市场管理局的内部治理指南，以及欧洲保险和职业养老金管理局的治理系统指南③适用于欧盟法律下的各种金融机构。这些准则约束管理机构和关键职能人员的行为。"关键职能负责人"是指对机构方向有重大影响但不属于管理机构的人员。管理机构和关键职能人员必须拥有良好的声誉、独立性、诚实、正直、知识、技能和经验。管理机构的成员必须有足够的时间履行其职责。其职能包括了解机构的业务、主要风险以及业务和风险战略的含义。④

管理机构（特别是首席执行官和其他主要高管）的职责包括制定、批准和监督整体业务战略和主要法律法规政策、整体风险战略、内部治理和控制、风险资本、流动性目标、薪酬政策、主要职能负责人的评估政策、内部委员会职能、风险文化、企业文化、利益冲突政策以及会计和财务报告系统的完整性。⑤ 管理机构还负责实施治理安排，以确保机构的有效和审慎管理，

---

① European Banking Authority（EBA）. Final Report：Guidelines on Internal Governance under Directive 2013/36/EU（Report No. EBA/GL/2017/11, 26 September 2017）（EBA Guidelines EBA/G1J2017/11）；European Banking Authority and European Securities and Markets Authority（ESMA），Guidelines on the Assessment of the Suitability of Members of the Management Body and Key Function Holders（Report No. ESMA71 - 99 - 598 EBA/GL/2017/12, 21 March 2018）（EBA and ESMA Guidelines ESMA71 - 99 - 598 EBA/GUJ2017/12）；European Banking Authority and European Securities and Markets Authority，Final Report：Joint ESMA and EBA Guidelines on the Assessment of the Suitability of Members of the Management Body and Key Function Holders under Directive 2013/36/EU and Directive 2014/65/EU（Report No. EBA/GL/2017/12, 26 September 2017）（ESMA and EBA Joint Guidelines EBA/GUJ2017/12）.

② EBA Guidelines EBA/G1J2017/11, 5 - 7.

③ European Insurance and Occupational Pensions Authority. Guidelines on System of Governance（EIOPA-BoS-14/253 EN, January 2014）. https://www. eiopa. europa. eu/content/guidelines-systemgovernance_en.

④ EBA and ESMA Guidelines ESMA71 - 99 - 598 EBA/GUJ2017/12 3 [6], 5 - 6 [15], 11 [26], 13 [37], 14 [39], 14 [41].

⑤ ESMA and EBA Joint Guidelines EBA/GL2017/12 28 - 42 [41]-[93]（Title III）.

并促进市场诚信和客户利益。①

包括风险管理、合规和审计职能部门在内的内部控制职能部门负责人等关键职能负责人在确保机构坚持其风险战略、遵守法律和监管要求以及拥有稳健的治理安排方面发挥着至关重要的作用。良好和一致的风险文化是风险管理的一个关键因素。关键职能负责人应了解并理解其角色的风险偏好程度和风险承受能力，并就机构的核心价值观和员工期望参与内部沟通。他们应该促进开放沟通的环境，欢迎决策中的挑战，鼓励广泛的观点和对当前实践的检验，激发建设性的批评态度，并在整个组织中促进开放、建设性参与的环境。② 比例原则适用于所有治理安排，与机构的风险状况和业务模式一致。③

欧盟委员会的 DORA 提案旨在解决所有受欧盟监管的金融实体的数字运营弹性需求问题，并针对总体信通技术风险(information and communications technology，ICT 风险)对上述原则进行微调。④ 虽然没有特别提到人工智能，但 DORA 提案对 ICT 风险的定义包罗万象，包括任何类型的人工智能相关故障。虽然提案的细节超出了本条的范围，但其在本条中最重要的原则规定，金融实体的管理机构应确定、批准、监督和负责实施与 ICT 风险管理框架相关的所有安排。

6. 国际证券委员会咨询组织

2020 年 6 月，国际证券委员会组织(International Organization of Securities Commissions，IOSCO)董事会发布了一份关于市场中介和资产管理公司使用人工智能和机器学习的指导意见的咨询报告。⑤ 国际证监会组织人工智能咨询报告的第一项措施是，监管机构应考虑要求公司指定高级管理层负责监督人工智能和机器学习的开发、测试、部署、监控和控制。如果在国家一级实施，该指南将有助于为全球证券监管机构灌输一个个人责任框架，该

---

① EBA and ESMA Guidelines ESMA71 - 99 - 598 EBA/G1J2017/12 6, 11 [26], 13 [37], 14 [41],31 [110].

② EBA Guidelines EBA/GUJ2017/11 34 [98].

③ EBA and ESMA Guidelines ESMA71 - 99 - 598 EBA/G1J2017/12 9 [20].

④ DORA Proposal Explanatory Memorandum.

⑤ Board of the International Organization of Securities Commissions (IOSCO). The Use of Artificial Intelligence and Machine Learning by Market Intermediaries and Asset Managers: Consultation Report. https://www.iosco.org/library/pubdocs/pdf/IOSCOPD658.pdf.

框架与我们在此为所有金融机构主张的框架完全一致。

（二）解决知识鸿沟问题

金融服务监管的趋势很明显：金融机构内负责监管活动的高级管理层和其他个人的个人责任越来越大。我们认为，这样的框架有助于解决人工智能相关的风险。

个人责任框架可以支持一个解决金融领域人工智能问题的系统，特别是人工智能的三大挑战（信息不对称、数据依赖和相互依赖）。管理者的责任框架应该扩展，以将人工智能的责任明确纳入受监管的活动中，从而要求人在循环之中，特别是在尽职调查、公平和可解释性要求等方面。在许多情况下，这种方法可以通过额外的人工智能审查委员会得到加强。这些可以非常有效地解决黑箱问题，并提供一个框架来解决与数据、网络安全、系统风险和道德相关的四个核心金融风险。

1. 人工智能尽职调查

强化和支持经理责任的第一个工具是强制性人工智能尽职调查。尽职调查应包括全面评估人工智能的所有特征，至少这必须包括进一步描述的人工智能的可解释性标准。人工智能尽职调查应该是人工智能采购、采用和部署之前的一项要求，而人工智能可解释性是在任何人工智能对内部和外部利益相关者的使用过程中都要满足的标准。

为了反映数据依赖性，人工智能尽职调查的一部分是绘制人工智能使用的数据集，包括对数据集偏差、数据缺口和数据的分析质量。[①]

人工智能尽职调查是个人责任制度的关键：个人需要在行使职责时进行充分的尽职调查，以避免对任何失败承担责任，无论其来自内部治理系统、雇员、第三方，还是信通技术系统。

2. 人工智能的可解释性

可解释性要求是人类在循环中的必要最低标准，也就是说，要求人工智能的功能、限制和风险可以向某人解释。关于所需的粒度级别和应向谁解

---

① Brian W. Tang. The Chiron Imperative A Framework of Six Human-in-the-Loop Paradigms to Create Wise and Just AI-Human Centaurs. *The LEGALTECH Book: The Legal Technology Handbook for Investors，Entrepreneurs and Fintech Visionaries*. Wiley，2020.

释[例如，程序员(统计师)、用户或监管者]存在争议，[1]术语"可解释性"有时用在更具技术性的解释的上下文中。

从监管的角度来看，这个"某人"可以是适当的高级经理和(或)负责 AI 的执行委员会成员(依靠经理的激励来避免制裁)或外部机构，特别是监管机构、监管机构和法院。从消费者权利的角度来看，这个"某人"可能是该技术的最终用户(正如在 GDPR 中提到的)。[2]

基于这一分析，首先，我们鼓励金融监管机构为负责任的管理者引入可解释性要求，包括文件和治理要求，并根据风险和影响评估对标准进行澄清，并应向谁进行解释。其次，监管当局应该审查对可解释性要求的遵守情况。因此，经理责任制度将得到可解释制度的支持，而可解释制度又来自个人责任和对监管者的问责。与他们的其他决定一样，单名高级管理人员必须能够解释自己关于技术的直接或间接决定、员工和承包商的行动，以及他们对于人工智能系统的决定，并为此承担责任，至少应当向他们的监管机构解释。

3. 人工智能审查委员会

除了尽职调查和可解释性要求，为了解决有关人工智能的功能和限制的信息不对称问题，金融监管机构应建立独立的人工智能审查委员会，以提供跨学科和公正的专业知识，这是一些非金融公司所采用的重要做法。[3] 其中一些委员会相当有影响力，例如 Axon 的管理层和董事会接受了其人工智能和警务道德委员会的建议，暂停在 Axon 的人体摄像机中使用面部识别。[4] 其他委员会的影响一直较小，[5]还有待观察。[6] 无论如

① Aleksandra Mojsilovic. Introducing AI Explainability 360. IBM Research Blog. https://www.ibm.com/blogs/reserach/2019/08/ai-explainability-360/.

② GDPR.

③ Brian W. Tang. Independent AI Ethics Committees and ESG Corporate Reporting on AI as Emerging Corporate and AI Governance Trends. *The AI Book: The Artificial Intelligence Handbook for Investors, Entrepreneurs and FinTech Visionaries*. Wiley, 2020, pp.180, 183.

④ Rick Smith. The Future of Face Matching at Axon and AI Ethics Board Report. Axon. https://www.axon.com/news/ai-ethics-board-report.

⑤ Parmy Olson. Google Quietly Disbanded Another AI Review Board Following Disagreements. Wall Street Journal. https://www.wsj.com/article/google-quietly-disbanded-another-ai-review-board-following-disagreements-11555250401.

⑥ Brent Harris. Establishing Structure and Governance for an Independent Oversight Board. Facebook Newsroom. https://about.fb.com/news/2019/09/oversight-board-structure.

何，这些委员会旨在加强决策制定，不应减损管理层和董事会在人工智能治理方面的最终责任。

（三）金融监管中的个人责任：构建人在循环系统中的挑战

金融监管需要考虑与个人责任模式有关的几个问题，包括：① 无法使用内部治理完全控制人工智能；② 不愿意削减高利润的人工智能；③ 人工智能系统之间的默契合谋；④ 创新的过度威慑；⑤ 金融服务业对人工智能和技术的不同态度。

1. 无法在内部完全控制人工智能

如果人工智能无法由外部监控者（例如财务监管者）控制，那么人们可能会认为，不直接参与人工智能数据收集、编码和操作的高级管理层无法有效监督和控制人工智能。

现有的内部控制方法包括：内部报告；根据风险预算定义风险限额；为代码开发和数据池获取分配预算；通过平衡的薪酬模式采取适当的激励措施。个人责任（义务）体系将规范行为领域的责任赋予特定的高级管理人员个人。因此，对其职责范围内出现的违规行为直接负责的高级经理将有强烈的动机来创新和加强现有的治理工具，以监控和更好地了解其职能领域、员工、第三方承包商和供应商以及 IT 系统。尽职调查和可解释的文化应该随之发展以解决黑箱问题，如果没有，个人和董事会仍将对造成的任何伤害所导致的损失负责。

经理责任模型要求那些参与人工智能开发、采购和部署的人包括在责任网中。正如与技术风险相关的讨论应该指定一个人负责信息基础和技术系统。

针对经理责任概念经常提出的一个问题是，自学习人工智能利用意外或恶意的数据输入，并产生意外的相关性或不可接受的结果。然而，就像微软的 Tay 一样，这可以通过众所周知的强制性人工智能关闭开关来应对，这取决于风险和影响评估以及适当的应急或业务连续性计划。国际证监会组织人工智能咨询报告的"措施 2"的解释性说明中明确提到了这样一个人工智能切断开关，尽管"措施 2"本身并未提及。[①] 这种情况的程度当然取决

---

① IOSCO AI Consultation Report，at 19 - 20.

于人工智能的应用，但人工智能可能给客户、金融机构和金融系统带来风险的事实，更是严格分析和审查人工智能在金融领域的使用的理由。

2. 不愿削减高利润的人工智能

金融机构治理中的一个常见问题是不愿意限制有利可图但复杂的行为。我们将此与2008年全球金融危机进行了类比：高级管理人员虽然发现难以理解分级和结构性融资的真实风险及其配置，但几乎没有动力停止复杂、不透明却利润丰厚的商业模式——尤其是当他们受益于通过提高薪酬和声誉获得的更高利润时。鉴于最近提供新金融服务和产品的监管较少的科技公司的增长，这一观点尤其重要。

这种代理风险的表现在公司和财务治理中是常年存在的。虽然我们的提案没有从盈利的角度改变管理层的激励措施，但个人责任的实施通过个人对失败的责任直接产生影响，从而激励个人和管理层尽职调查并努力确保可持续性。人工智能审核委员会增加了另一个层次的监督和输入，以及另一个可以寻求解释的途径（除了对人工智能活动负有个人责任的经理和总体董事会责任之外）。

3. 人工智能系统之间的默契勾结

人工智能系统之间默契勾结的盈利能力带来了特殊的挑战。因此，竞争主管机构越来越关注这个问题。[1]

WEF建议通过以下方式缓解这一问题：① 将人工智能系统与其环境的通信限制在"明确合理的商业目的"；[2]② 确保他们的人工智能系统的决策可以用"有效、合法的商业理由"来解释[3]；③ 要求人类监督由人工智能系统做出决定。[4]

这些都是很好建议，但可能并不总是足以完全减轻这种实质性风险，特别是当串通非常有利可图时。最后，这归结为上文第五部分讨论的不愿意方面：个人责任要求解决这些问题，特别是在审查委员会、尽职调查和可说

---

① Bundeskartellamt and Autorite de la Concurrence. Algorithms and Competition (November 2019)；UK Competition and Markets Authority. Pricing Algorithms：Economic Working Paper on the Use of Algorithms to Facilitate Collusion and Personalised Pricing (October 2018).

② World Economic Forum，at 118.

③ World Economic Forum，at 118.

④ World Economic Forum，at 118.

明性要求的补充下，这些要求都伴随着增强的文件记录和潜在的严重责任，以及因缺乏监督而导致的董事和管理人员资格取消。

4. 创新的过度威慑

与此同时，经理责任可能过犹不及。如果监管负担过度阻止优秀的经理参与基于人工智能的金融服务，我们可能会发现金融创新的减少，以及效率、诉诸司法和打击金融犯罪事务的必然减少和（或）金融服务公司高级经理的缺乏思考和反思的领导者减少。善意的全球监管也可能导致意想不到的后果，使寻求部署人工智能的新兴经济体的金融机构、金融科技公司和科技公司处于不利地位。① 监管者必须用相称的"胡萝卜"来回应这种担忧，对不负责任的行为既要用"大棒"，也要用"胡萝卜"来激励和表彰好的行为者。② 个人责任体系还应包括继续教育框架。

个人责任可能会导致对关键职能负责人的监控力度下降。相反，集体责任可以增加关键职能持有者之间的监督，但会导致过度威慑性。澳大利亚西太平洋银行（Westpac. Bank）丑闻突显了这一争论——这是技术风险潜在规模的一个有力例子。③ 该银行开发了自己的软件来实施和管理汇款，这个看起来相对无害的软件据称允许了 2 300 万次反洗钱违规，这些违规行为招致了巨额罚款，甚至给该行带来了更多声誉损害。④

为了避免或限制对创新的过度遏制，一个折中方案是在定义一些集体核心职责的同时也规定个人责任。这应该适用于董事会和公司的责任。

监管机构通常要求金融经验作为向金融实体发放许可证的先决条件。科技初创企业的创始人通常没有运营受监管公司的经验，如果监管机构要

---

① Fintech Association of Hong Kong and LITE Lab@ HKU. The Use of Artificial Intelligence and Machine Learning By Market Intermediaries and Asset Managers https: ftank.org/system/files/2020 - 10/FTAHK%20LITELabHKU%20IOSCO%20Consultation_October%2023.pdf.

② Brian W. Tang. Promoting Capital Markets Professionalism: An Emerging Asian Model. *Reconceptualising Global Finance and its Regulation.* Cambridge, 2016, pp.357, 389.

③ Buckley, at 40 - 41.

④ Paul Smith. Westpac's Tech Mess Could Happen to Anyone. *Australian Financial Review.* https://www.afr.com/technology/westpac-s-tech-mess-could-happen-to-anyone-20191204-p53gqq; Stephen Bartholomeusz. Mission Impossible? Westpac Panel Highlights Directors' Dilemma. *The Sydney Morning Herald.* https://www.smh.com.au/business/banking-and-finance/mission-impossible-westpac-panel-highlights-directors-dilemma-20200604-p54zfp.html; James Frost and James Eyers. Westpac's Risk Culture Deemed "Immature and Reactive". *Australian Financial Review.* https://www.afr.com/companies/financial-services/Westpac-scandal-sloppy-not-a-conspiracy-20200604-p54zbq.

求初创企业中所有关键职能负责人都具备这种专业知识，创新将受到严重损害。一个显而易见的回应是，监管机构要求金融科技初创企业的董事会和关键高管整体具备足够的专业知识和经验。因此，一些董事会成员和高管可以贡献信息技术或人工智能专业知识，[①]而其他人则贡献运营受监管金融服务公司的经验。渐渐地，所有董事会成员和高管都应该能够达到经验丰富的金融中介的标准。

对于给定领域的个人责任，需要特定领域的相关专业知识作为合适性测试的一个方面。尽管在一家金融科技初创企业中，对董事会和关键高管的整体要求采取平衡和相称的方法可能是有意义的，但在许可过程中，特别规定的个人责任要求、专业知识和经验要求仍将是必要的。

5. 金融服务业对人工智能和技术的不同态度

我们最后或许也是最重要的建议，是关于金融服务业中许多人对人工智能和总体技术的文化态度。在我们这个充斥着假新闻和机构低可信度的现代世界里，人们对信任危机议论纷纷。但我们不需要在金融服务（或医疗保健或刑事判决或其他应用）中更信任人工智能。我们需要人工智能来证明它的可信度。

托普（Topol）在对医学人工智能的权威评论中指出，人工智能炒作的状态已经远远超过了人工智能科学的状态，特别是当它涉及在病人护理中实施的验证和准备就绪时。[②]

斯比格尔特（Spiegelhalter）最近的文章简明扼要地阐明了这些问题，我们强烈推荐这篇文章。[③] 用他的话说：似乎有理由认为，当面对一个算法时，我们应该期待可信的声明：① 关于系统——开发者说它能做什么，它是如何被评估的；② 通过系统——它对一个特定的案例说了什么。

---

① Montagnani and Passador, at 9 (including n 35)，40 - 41. 这种技能可能会有效地为特定公司选择完美的"黑匣子"（更准确地说，是人工智能工具），并变得像董事们现在通常拥有的法律或经济背景一样重要。更具体地说，作为一个结果，董事会将纳入这些特征，并将能够独立地用最合适的组成来装备自己，以充分理解这些机制，特别是为他们的特定公司选择最合适的人工智能系统，从而确保用于预测目标的人工智能系统的最大责任。

② Eric J. Topol. High-Performance Medicine：The Convergence of Human and Artificial Intelligence. *Nature Medicine*，Vol.25，No.1，2019，pp.44，51.

③ David Spiegelhalter. Should We Trust Algorithms? *Harvard Data Science Review*，Vol.2，No.1，2020，https://hdsr.mitpress.mit.edu/pub/56lnenzj/release/1.

斯比格尔特建议，任何寻求购买或使用人工智能系统的人都应该提出以下问题：① 在现实世界的新地方尝试会有什么好处吗？② 更简单、更透明、更健壮的东西会一样好吗？③ 我能向感兴趣的人解释一下它是如何工作的吗？④ 我能向个人解释它是如何在他们的特殊情况下得出结论的吗？⑤ 它知道自己什么时候站不住脚吗？它能承认不确定性吗？⑥ 人们是否恰当地使用它，带着适当程度的怀疑？⑦ 它在实践中真的有帮助吗？

这些问题因直接和简单而极具吸引力。我们已经看到高级金融专业人士，（包括一些主要的澳大利亚银行）不愿意坚持真正需要什么样的人工智能，而是接受人工智能开发者的保证或解释，而他们不会接受其他服务供应商的保证或解释。原因似乎是许多资深人士普遍对人工智能和技术的担忧或缺乏理解。在监管最严格的行业之一——金融服务业，这些态度是不恰当的。斯比格尔特的七个问题在这方面提供了一个非常有用的清单。大型银行最高层及其内部法律部门需要的是文化转变。这些工具需要以自信、谦逊的态度对待，并理解它们可以而且必须按照要求的标准执行，同时，如果采购机构坚持的话，可以建造这样的工具。

六、结论

全球金融服务部门是人工智能使用和开发的领导者之一。然而，人工智能带来了许多技术、道德和法律挑战，这些挑战可能会破坏数据、网络安全、系统风险和道德方面的金融监管目标——特别是与黑箱问题有关的目标。

侧重于外部治理的传统金融监管不太可能充分解决人工智能带来的风险，原因是：① 信息不对称加剧；② 数据依赖；③ 相互依赖性。因此，即使监管者拥有特殊的资源和专业知识，通过传统方式监管人工智能在金融领域的使用也极具挑战性。

为了克服这一弱点，我们建议加强金融机构的内部治理，规定个人责任要求，把人放在循环中。这种方法的基础是 2008 年全球金融危机后形成的现有管理责任框架以及全球金融领域似乎持续不断的道德问题行为。这些框架应该认识并符合金融领域之外更广泛的数据隐私和方法。从财务监管者的角度来看，内部治理可以在很大程度上通过重新关注高级管理层（或关键职能负责人）对监管领域和活动的个人责任和问责来加强，这是出于监管目的而执行的。这些关键职能负责人规则——特别是如果通过特定的人工智能尽职调查和可解释性要求得到加强，将有助于金融服务公司的核心员工确保任何人工智能都以符合高级经理个人职责的方式执行。关键职能负责人或主管经理对他们自己、监管的领域、员工、第三方承包商和技术负责，包括人工智能。

这种直接的个人责任鼓励尽职调查新技术、它们的用途和影响，并要求公平和可解释性作为任何人工智能系统的一部分，伴随着失败的后果。对于一名负有直接责任的金融服务专业人士来说，展示适当的尽职调查和可解释性将是在监管行动中进行个人辩护的关键。这种方法还将有助于解决与人工智能在金融领域相关的其他数据、网络安全、系统风险和道德问题，特别是在与新的人工智能审查委员会结合使用时，这些委员会可以加强高级管理层和董事会的决策和集体责任。[①]

重要的是，这种方法——虽然是金融监管背景下的自然演变，但是在解决任何人工智能问题方面有巨大的潜力，可应对其他受监管行业面临人工智能带来的黑箱问题。虽然这不一定能够解决第四次工业革命带来的宏观问题，但它至少会确保人类是人工智能在已经受到监管的行业中发展的核心。由于人工智能似乎不可避免地将在我们的生活和世界中扮演越来越重要的角色，我们必须让人类参与这种人机关系。

---

① 同样在董事会内部，健全的人工智能治理也应得到促进和鼓励。在操作层面上，为增强董事会特征并在系统层面上避免忽视使用 AI 系统的伦理影响。建立一个特设委员会（技术委员会）并赋予其与技术相关的职能，或者专门为其他董事会委员会（主要是审计或风险管理委员会）提供此类任务，可能会在这方面有所帮助。

自律监管或回应性监管：加密金融的国际监管竞争

艾里斯·H.Y.邱*

赵　伊　译　傅子洛　沈　伟　校

摘要： 本文旨在通过探索不同司法辖区对加密资产 ICO 监管的多样性来探究各司法管辖区之间的监管竞争。本文第一部分简要概述了主要司法管辖区的金融监管框架；第二部分讨论三种正在发展中的主要监管方法，英国、瑞士和新加坡等热门 ICO 辖区采取的自律监管方法，以及马耳他、以色列和泰国等新兴金融监管机构设计的新授权机制。作者认为，监管多样性会持续存在，而监管竞争的初生迹象可以带来对加密资产市场供需两端的新发现，监管机构应广泛参与探索实践，建设性地利用监管竞争带来的可能性，并制定合适的监管政策。

关键词： 首次代币发行(ICO)；监管竞争；自律监管；回应性监管

一、前言

开始流行于 2017 年的首次代币发行(ICO)引入了一种叫作"代币"或"加密资产"的新型金融资产。加密资产的概念源于加密货币，例如比特币，[①]它激发了人们对由私人提供货币驱动的另一种经济秩序的想象。[②] 虽

---

* 艾里斯·H.Y.邱，伦敦大学学院公司法和金融监管教授。

① Satoshi Nakamoto. Bitcoin：A Peer-to-Peer Electronic Cash System. https://bitcoin.org/bitcoin.pdf.

② John Flood & Lachlan Robb. Trust, Anarcho-Capitalism, Blockchain and Initial Coin Offerings. http://ssrn.com/abstract=3074263.

然加密货币自 2009 年以来作为一项新事物进入人们的视野，①但它对主流商业和经济生活的渗透一直很有限。② 目前，加密资产已经吸引了主流金融家们的注意，③其市场资本化的爆炸性增长④也促使监管者开始考虑如何在其监管范围内处理加密资产相关问题。

　　不同司法管辖区的监管机构对加密资产采取了截然不同的监管方法。⑤ 在对这种监管多样性的批判性探索中，本文旨在探究这些差异是否反映了各司法管辖区之间的监管竞争。正如第一部分阐述的，加密资产的特点不同于目前处于监管下的确立的金融产品类别，这种差异促使监管机构思考是否应延伸监管范围或者进行改革，从而产生制定监管政策的机会，而这些政策可能会受到监管机构间竞争的影响。

　　有的观点认为监管方式多样性产生的原因并不一定是监管竞优或竞次形式的"竞争"，⑥这种观点假定监管机构是在计算的基础上设计监管制度，以扩大其市场份额，特别是在全球化时代。⑦ 监管机构面临着需求端

① Satoshi Nakamoto. Bitcoin：A Peer-to-Peer Electronic Cash System. https：//bitcoin.org/bitcoin.pdf.
② Revealing Reality. How and Why Consumers Buy Cryptoassets：A Report for the FCA. https：//www.fca.org.uk/publication/research/how-and-why-consumers-buy-cryptoassets.pdf.
③ Robin Wigglesworth. Fidelity Rolls Out Cryptocurrency Custody Business；PwC & Elwood. 2019 Crypto Hedge Fund Report. https：//www.pwc.com/gx/en/financial-services/fintech/assets/pwc-elwood-2019-annual-crypto-hedge-fund-report.pdf（讨论仅投资加密资产的专业对冲基金的兴起）；Lin Lin & Dominika Nestacorva. Venture Capital in the Rise of Crypto Economy：Problems and Prospects. *Nat'l Univ. of Sing. Law*，*Working Paper*，No.3，2019，pp.1，6. http：//www.law.nus.edu.sg/wps/pdfs/003_2019_- LinLinDominika.pdf（讨论了在为发展直接融资之外，投资加密资产的风险投资和私募股权基金的兴起）。
④ Coinmarketcap 统计数据显示，许多加密资产的市值至少有数千万美元，其中 Tether 代币的市值最高，超过 460 亿美元。Top 100 Tokens by Market Capitalization, Coin Market Cap. https：//www.coinmarketcap.com/tokens/.
⑤ Apolline Blandin et al. Global Cryptoasset Regulatory Landscape Study. *Univ. of Cambridge Paper*，https：//www.jbs.cam.ac.uk/fileadmin/user_upload/research/centres/alternative-finance/downloads/2019-04-ccaf-global-cryptoasset-regulatory-landscape-study.pdf.
⑥ Claudio Radaelli. The Puzzle of Regulatory Competition. *J. Pub. Pol'y.*，Vol.24，2004，pp.1，10.
⑦ 制度、政治和社会需求可能是监管和法律选择的基础。J. Samuel Barkin. Racing All Over the Place：A Dispersion Model of international Regulatory Competition. *Eur. J. Int'l Rel.*，Vol.21，2015，pp.171，181. 然而，监管差异创造了套利机会，而监管政策可能会进一步对此做出应对。Pierre Schammo. *EU Prospectus Law: New Perspectives on Regulatory Competition in Securities Markets*. Cambridge Univ. Press，2011；Amit M. Sachdeva. Regulatory Competition in European Company Law. *Eur. J. L. & Econ.*，Vol.30，2010，pp. 137，138.

的压力，[①]有制定监管政策的动机，[②]由此产生的监管政策或是主动的，[③]或是被动的，[④]但不一定会引领一场"竞赛"。此外，监管机构在政治环境下也面临着制度约束，并不总是以将其监管制度作为竞争产品的方式来应对全球监管发展。[⑤] 此外，即使在一个监管对象由于其流动性可以"用脚投票"[⑥]的激励性环境中，监管对象对监管机构的偏好范围也是广泛的，从书本上的法律到法律标准和框架再到法律的适用（指监管机构的执法政策），还有一些非正式的特性，例如监管者的可接触性和参与讨论及指导的意愿。[⑦] 因此，监管机构可以通过不同的方式来驱使监管对象表明立场并留下来，而不是威胁要退出。[⑧]

　　本文没有采用单一的蒂布特式[⑨]主动监管竞争模型来研究加密资产监管的国际发展。作者认为，目前观察到的加密资产监管方式的多样性反映了以激励为基础的监管政策方法的迹象。毕竟，监管者也注意到需要吸引流动资产，例如被认为对任何司法管辖区的金融和经济发展都有用的金融。[⑩] 虽然对加密资产领域的监管多样性的解释似乎与其他金融监管机构

① Alissa Amico. A Regulatory Race to the Bottom? *Project Syndicate* (Aug. 14, 2017). https://www.projectsyndicate. org/commentary/saudiaramco-london-stock-exchange-by-alissa-amico-2017-08; Douglas Cumming and Sofia Johan. Demand-driven Securities Regulation: Evidence from Crowdfunding. *Venture Capital* Vol.15, 2013, p.361;但任何市场都有两面性，可能会以不同的方式对监管机构施加压力。Andreas Haufler and Ulf Maier. Regulatory Competition in Capital Standards: A 'Race to the Top' Result. *J. Banking & Fin.*, Vol.106, 2019, p.180.

② Dale D. Murphy. *The Structure of Regulatory Competition: Corporations and Public Policies in a Global Economy* 4. Oxford Univ. Press, 2004.

③ Colin Provost. Competition and Coordination in Bank Regulation: The Financial Crisis of 2007–2009. *Int'l J. Pub. Pol'y Admin.*, Vol.39, 2016, pp.540, 543–545.(讨论监管政策对激励机制的反应，例如监管者的偏好和公共选择)。

④ Johanna Stark. *Law for Sale: A Philosophical Critique of Regulatory Competition.* Oxford Univ. Press, 2019.

⑤ 关于法律作为一种产品有两个方面的观点。Compare Horst Eidenmuller. The Transnational Law Market, Regulatory Competition and Transnational Corporations. *Ind. J. Global Legal Stud.*, Vol. 18, 2011, pp.707, 707–708.

⑥ Florian Buck and Eva Schliephake. The Regulator's Trade-Off Bank Supervision vs. Minimum Capital. *J. Banking & Fin.*, Vol.37, 2013, p.4584.

⑦ Robert Baldwin et al. Understanding Regulation: Theory, Strategy and Practice, 2011, pp.356–369.

⑧ Barbara Sennholz-Weinhardt. Regulatory Competition as a Social Fact: Constructing and Contesting the Threat of Hedge Fund Managers' Relocation from Britain. *Rev. Int'l Pol. Econ.*, Vol.21, 2014, p.1240.

⑨ Charles M. Tiebout. A Pure Theory of Local Expenditures. *J. Pol. Econ.*, Vol.64, 1956, p.416.(为监管竞争的讨论提供了一个起点，尽管它与全球情况的契合度是值得怀疑的)。

⑩ Joel F. Houston et al. Regulatory Arbitrage and International Bank Flows. *J. Fin.*, Vol.67, 2012, pp.1845, 1892.

（例如评论者所讨论的银行监管）并无二致。然而，加密资产监管多样性还体现了多项监管目标的融合，例如对现有机制和社会契约的保护。

作者认为，监管机构不应假定其他领域的金融监管竞争考虑因素必然适用于加密资产市场。在这个试验性的空间里，监管者需要解决加密资产带来的创新方面。监管竞争的范式不应该被视为"老一套"，也不应该假定熟悉的策略会产生预期的结果，即使监管者的"监管对象份额"增加。相反，有助于政策制定的监管竞争讨论可以激励监管机构更好地了解加密资产市场的供需两端，并发现新的和不同的需求。

在这一更广泛的概念下，本文分析了主要司法辖区在制定加密资产监管政策方面的三大运动。本文将讨论：① 美国的一些监管机构；② 英国、瑞士和新加坡等热门 ICO 辖区采取的自律监管方法；③ 马耳他、以色列和泰国等新兴金融监管机构设计的新授权机制。这些方法反映了监管竞争的一些特征，因为监管政策的试验性发展旨在以非协调的方式发现监管竞争的条件。然而，竞争的条件也不应被假定为是明确的。本文认为，监管竞争的初生迹象可以带来对加密资产市场供需两端的新发现，监管机构应广泛参与探索实践，以制定合适的监管政策。

尽管金融监管者参加了金融稳定委员会（Financial Stability Board，FSB，在 2007—2009 年全球金融危机后被明确授权监管全球系统性风险的国际机构）[1]等集体论坛，但从 FSB[2] 和国际证监会组织（International Organization for Securities Commissioners，IOSCO)[3]发布的文件中可以看出，国内的监管者还没有将寻求国际对话或趋同作为加密资产领域监管政策的最先考量。事实上，国际政策协调或监管趋同往往是在为公地难题和相互外部性问题所迫时所采取的一种激励性的方式。[4] 监管多样性的现状也反映了监管者的看法，即加密资产市场的挑战还不足以产生对上述国际

---

① Financial Stability Board. http://www.fsb.org.

② Financial Stability Board〔FTB〕. Crypto-assets: Work Underway, Regulator Approaches and Potential Gaps. https://www.fsb.org/wp-content/uploads/P310519.pdf.

③ 国际证监会组织没有试图就加密资产的定性发布说明，而是在其网站上列出了各司法管辖区的不同做法。Regulators' Statements on Initial Coin Offerings. INT'L ORG. SEC. Commissions. https://www.iosco.org/publications/?subsection=icostatements.

④ Stavros Gadinis. The Politics of Competition in International Financial Regulation. *Harv. Int'l L. J.*, Vol.49, 2008, pp.447, 503.

协作的需求。①

　　本文的立场是，加密资产的协调行动仍然不太可能，监管多样性可能会持续存在。

　　在第一部分中，本文将简要概述主要司法管辖区的金融监管框架，尽管主要产品类型之间一直存在行业差异，这些监管框架仍然长期存在，对美国则以不同的金融业务监管者为线索，这为解释加密资产方面存在监管空白问题提供了背景。第二部分将接着讨论三种正在发展中的不同监管方法。虽然在该部分讨论了监管方法如何反映竞争激励，但"竞争"的状态显示出目前对加密资产市场创新之处的学习和发现还有所欠缺。该部分呼吁建设性地利用监管竞争带来的各种可能性，了解和发现新的供给端和需求端的需求，并在适时制定监管政策时将其纳入。

　　加密资产的政策轨迹有可能在监管协调或趋同中汇集，例如巴塞尔委员会②就脸书推出的数字货币天秤(Libra)币③发表的联合声明。第三部分提出对天秤币的拟定监管方式与对加密资产的监管考量不同。传统的金融监管资本主义手段可以适用于前者，但是加密资产的情况有所不同。本文的立场是加密资产的协调行动仍然不太可能，监管多样性可能会持续存在。虽然多样性引起了监管政策中的竞争激励，④但作者认为，在监管竞争中采取建设性的学习方法，将有助于最大限度地降低监管竞争的危害性。⑤

二、加密资产的监管漏洞还是维尔京群岛

　　为什么加密资产会产生监管漏洞？从 20 世纪 30 年代⑥和 40 年代⑦起

① 马克-卡尼在作为金融稳定委员会主席写给 20 国集团财政部长和中央银行家的信中认为，加密资产不构成国际金融稳定风险。Letter from Mark Carney, former Chair, Fin. Stability Bd., to G20 Fin. Ministers & Cent. Bank Governors. http://www.fsb.org/wp-content/uploads/P180318.pdf.

② Nicholas Megaw. BIS Warns on Facebook Risk to Finance After Libra Plan Unveiled. Fin. *Times*. https://www.ft.com/content/db37a29e-95a8-11e9-8cfb-30c211dcd229.

③ Libra. https://www.libra.org.

④ Pierre Schammo. EU Prospectus Law: New Perspectives on Regulatory Competition in Securities Markets, 2011, pp.288 - 309; Amit M. Sachdeva, Regulatory Competition in European Company Law. *Eur. J. L. & Econ.*, Vol.30, 2010, pp.137, 161.

⑤ Daniel Schwarcz. Regulating Insurance Sales or Selling Insurance Regulation: Against Regulatory Competition in Insurance. *Minn. L. Rev.*, Vol.94, 2010, pp.1707,1731 - 33.(讨论应在多大程度上减少监管竞争的危险性）。

⑥ Securities Act of 1933, ch. 38, 48 Stat. 74 [（codified as amended at 15 U.S.C. §§ 77a - 77aa (2012)]; Securities Exchange Act of 1934, Pub. L. No. 73 - 291, 48 Stat. 881 [codified as amended at 15 U.S.C. §§ 78a - 78kk (2012)].

⑦ Investment Advisers Act of 1940, ch. 686, 54 Stat. 847 (codified asamended at 15 U.S.C. §§ 80b - 1 - 20).

美国新政建立的证券监管和投资顾问监管体系，到 20 世纪 70 年代以来欧盟在银行和证券方面统一金融监管的发展，[1]现有的金融监管机构数量近年来成倍增长。自 1999 年的金融服务行动计划[2]和 2009 年金融危机后德拉罗西埃报告[3]以来，金融监管最近也出现了指数式增长。尽管金融产品和服务已经越来越多地被纳入监管范围，[4]但监管制度下的组织仍会产生监管漏洞。这些漏洞产生于两个方面：首先，长期以来，监管制度是按照"部门"界限制定的，这些部门界限反映了主要金融产品的商业模式，加密资产在"融入"主要金融产品模型或"组合"时产生了特别的挑战；[5]其次，监管制度将某些主流金融机构确定为监管对象——在监管机构和公司化主体之间建立监管关系，无论后者是发行人、中介机构还是市场。加密资产范式为监管机构带来了挑战，因为监管者无法轻易地将新的参与者在功能上对等于他们熟悉的监管对象。

（一）金融监管的本体论初探

金融监管在很大程度上是按照分业路线发展的。银行部门的存款产品和通过贷款承销的私人货币扩张与投资业务产品受到不同的监管。一方面，银行对金融风险的完全中介作用使它们在风险的承担中获得最大化的私人利润，同时在资金保管和支付方面向客户提供有益于社会的服务。[6]

---

① 1977 年的《第一银行业指令》（*The First Banking Directive 1977*）走向欧盟银行市场自由化和监管协调规则，例如 20 世纪 80 年代的《偿付能力标准》（*1980s Solvency*）和 1999 年《自有资金指令》（*Own Funds Directives 1999*），以及 1989 年的《第二银行业指令》（*Second Banking Directive 1989*）；在证券监管方面，1979 年的《准入指令》（*Admission Directive 1979*）和 1980 年的《上市名单指令》（*Listing Particulars Directive 1980*）是引入上市发行人相互承认规则的早期努力成果，并协调了上市公告和向投资者强制披露的有关规则。

② Commission Communication, Financial Services：Implementing the Framework for Financial Markets：Action Plan. COM (1999) 232 final (May 11, 1999).

③ Jacques de Larosiere. The High-Level Group on Financial Supervision in the EU (Feb. 25, 2009), http://ec.europa.eu/internal_market/finances/docs/de_larosiere_report_en.pdf.

④ Iris H-Y. Chtu & Joanna Wilson. *Banking Law and Regulation*. Oxford：Oxford University Press, 2019.英国在银行和投资服务方面的自律监管历史尤其悠久，直到 1979 年第一部正式的《银行法》（*Banking Act of 1979*）和半正式的证券投资委员会《1986 年金融服务法》（*Financial Services Act 1986*）出台，开始对与其没有直接关系的自律监管行业协会进行监管；Julia Black. *Rules and Regulators*. Oxford：Clarendon Press, 1997, at chs. 2 and 3.

⑤ Commission Regulation 1286/2014, 2014 O.J. (L 352) 1, 6 (详细说明公认的"一揽子"或现有金融产品元素的混合物，包括银行、保险和基金投资产品)。

⑥ *Foley v. Hill*［1848］2 H.L.C. 28.

另一方面，证券产品是信用商品。投资者希望得到的未来回报在参与时无法得到保证。① 在金融机构作为完全中介的情况下，其产品受到法律和监管职责的约束，这与投资者承担资本风险的信用或投资商品不同。因此，"银行产品"承担了返还存款的法律责任：这促进了源于存款保管功能的支付服务、②与信贷有关的责任，③以及引入法律和经济学技术以缓和完全中介风险的微观审慎监管。④ 保险产品在承保风险方面也具有完全中介的特点，在承保⑤和微观审慎监管方面负有法律责任，以激励适当的风险承担。⑥ 例如，欧洲银行和保险业务之间的协同也产生了"银行保险"业务模式。⑦

　　证券产品本身不受产品监管的约束。证券产品本身不受产品监管的约束，这意味着对证券的法律和监管治理并不假定以某些方式管理其性能。相反，证券的销售点⑧需遵守持续性信息的强制披露制

---

① Clay Helton, Credence Good, Investopedia (Feb. 24, 2020), https://www.investopedia.com/terms/c/credence-good.asp.（信用商品是一种具有消费者购买后无法观察到的品质的商品，因此难以评估其效用）。

② *Sierra Leone Telecommunications Co. Ltd v. Barclays Bank Plc* [1998], 2 All ER 821 (Q.B. 1998).

③ Lending Standards Board. Standards of Lending Practice：Personal Customers. https://www.lendingstandardsboard. org. uk/wp-content/uploads/2016/07/Standards-of-Lending-Practice-July-16. pdf.（要求在透支方面的监管职责和银行标准）；Financial Conduct Authority (FCA). Consumer Credit Sourcebook (CONC), https://www.handbook.fca.org.uk/handbook/CONC. pdf；[《1974 年消费者信贷法》(*Consumer Credit Act 1974*)在消费者保护和贷款管理方面对消费者的规定]。

④ 例如巴塞尔协议 I 通过资本要求指令(Capital Requirements Directive)和 2013 年规章(Regulation 2013)转化为欧盟法律。Iris H-Y Chiu. Rethinking the Law and Economics of Post-Crisis Micro-prudential Regulation — The Need to Invert the Relationship of Law to Economics? *Rev. Banking & Fin. L.*，Vol.38, 2020.

⑤ R. A. Hasson. The Doctrine of Uberrima Fides in Insurance Law — A Critical Evaluation. *Mod. L. Rev.*，Vol.32，1969，pp.615，616–617.（讨论处理保险产品的诚信义务）。

⑥ Directive 2009/138/EC of the European Parliament and of the Council of 25 November 2009 on the taking-up and pursuit of the business of Insurance and Reinsurance (Solvency II) 2009 O.J. (L 335) 1, 3.

⑦ Global Bancassurance Market Trends，Share，Size，Growth，Opportunity and Forecasts，2011 – 2018 & 2019 – 2024，https://www.gIobenewswire.com/newsrelease/2019/04/19/1806973/0/en/Global-Bancassurance-Market-Trends-Share-Size-Growth-Opportunity-and-Forecasts-2011-2018-2019-2024.html.

⑧ Commission Regulation 2017/1129 of the European Parliament and of the Council of 14 June 2017 on the Prospectus to be Published when Securities are Offered to the Public or Admitted to Trading on a Regulated Market and Repealing Directive 2003/71/EC, 2017 O.J. (L 168) 12 (EU)（解释为什么销售点的强制性披露规定以公开发售证券前的招股说明书著称）[解释了为什么在出售时的强制批露规定被认为是在股票公开上市前的招股术]；Alan C. Page & R.B. Ferguson. *Investor Protection*. Cambridge：Cambridge University Press 1992, pp.59 – 77；John C. Coffee Jr. Market Failure and the Economic Case for a Mandatory Disclosure System. *Virginia L. Rev.*，Vol.70，1984，p.717.

度，①以充分告知投资者重要内容，②从而帮助投资者做出决策。同样，对从事证券和其他金融资产交易的基金的集体投资也被视为信用商品，但有一点不同，因为基金管理涉及在选择和管理投资组合时的酌情判断。因此，共同基金等集体投资产品受到类似的强制披露监管技术的约束，③但对基金管理方面的监管力度更大。④ 多年来，随着职业养老金储蓄基金在英国逐渐稳定⑤

---

① 持续性信息的强制披露制度有助于二级市场上的持续投资决策，使投资者能够根据有效资本市场假说，不断评估买入和卖出决策。有效资本市场假说认为信息将反馈到价格中，价格将对市场上的投资者具有信息效率。Jeffrey N. Gordon & Lewis A. Kornhauser. Efficient Markets, Costly Information and Securities Research. *N. Y. U. L. Rev.*, Vol. 60, 1985, pp. 761, 771 - 772; Merritt B. Fox. Rethinking Disclosure Liability in the Modern Era. *WAsH. U. L. Q.*, Vol. 75, 1997, pp. 903, 905. 在美国，《1934 年证券交易法》(*Securities Exchange Act 1934*)规范了二级市场的信息披露和根据该法制定的法规，例如《公平披露条例》。Commission Delegated Regulation 2015/761 of the European Parliament and of the Council of 17 Dec. 2014 supplementing Directive 2004/109/EC of the European Parliament and of the Council with regard to certain regulatory technical standards on major holdings, 2015 O.J. (L 120) 2 (EU).

② Regulation (EU) No. 596/2014 of the European Parliament and of the Council of 16 April 2014 on Market Abuse (*Market Abuse Regulation*) in Repealing Directive 2003/6/EC of the European Parliament and of the Council and Commission Directives 2003/124/EC, 2003/125/EC and 2004/72/EC, 2014 O.J. (L 173/1) 34, 36 [解释欧盟《2014 年市场滥用条例》(*EU Market Abuse Regulation 2014*)对发行人在获知重大信息时必须向证券市场披露的规定]。Case C-19/11 Markus Geltl v. Daimler AG, CELEX LEXIS 62011CJ0019.

③ A prospectus is required for retail collective investment schemes such as UCITs (Art. 68 - 74) and NURs (*Non-UCITs Regulated Schemes*) [FCA 手册 COLL 4 (FCA Handbook COLL 4)规定的所有授权和售后披露要求对可转让证券集合投资计划(UCITS) 和 非 UCITS 零售计划(NURS) 同样适用，吸收了 UCITS 对 NURS 的监管标准]. Directive 2009/65/EC of the European Parliament and of the Council of 13 July 2009 on the Coordination of Laws, Regulation and Administrative Provisions Relating to Undertakings for Collective Investment in Transferable Securities (UCITS), O. J. (L 302/32) 69 - 70；强制性披露的要求包括具有一份简明摘要的关键投资者信息。Commission Regulation (EU) No. 583/2010 of 1 July 2010 Implementing Directive 2009/65/EC of the European Parliament and of the Council as Regards Key Investor Information and Conditions to be Met When Providing Key Investor Information or the Prospectus in a Durable Medium Other than Paper or by Means of a Website, O.J. (L 176/1) 5 - 6；持续披露也是必需的，Art. 69(3) and Art. 68, UCITs Directive 2009 and FCA Handbook COLL 4.5 for NURs.

④ 这些职责涉及估值和赎回(Art 85, UCITs Directive, FCA Handbook COLL 6.3, 6.6A)，Governance (FCA Handbook COLL 6.10 - 12)，投资组合管理(for UCITs, Duties under Commission Directive 2010 Arts 21 - 26)，以及增加投资管理最佳实践，例如物有所值(FCA Handbook COLL 4.5.7, 6.6.20 - 22；8.3.5A, 8.5.16 - 19)，证券借出政策 (FCA Handbook COLL 8.8A, 8B) 以及"管理工作"。Directive (EU) 2017/828 of the European Parliament and of the Council of 17 May 2017 Amending Directive 2007/36/EC as Regards the Encouragement of Long-term Shareholder Engagement, O.J. (L 132/1) 12；FCA 手册 COBS 2.2B (FCA Handbook COBS 2.2B)提供了一个实施框架，2020 英国财务报告理事会尽职管理守则(*FRC Stewardship Code 2020*)为资产所有者和管理人提供了框架。

⑤ William E. Bassett, Michael J. Fleming & Anthony P. Rodrigues. How Workers Use 401(k) Plans: The Participation, Contribution and Withdrawal Decisions. *Nat'l Tax J.*, Vol. 51, 1998, p. 263.

和变得强制，①这种监管治理也在不断发展。银行的完全中介与证券和投资的部分中介的不同业务模式，构成了监督这些金融活动的不同监管机构的建立基础。例如，货币监理署（Office of Comptroller of Currency）在 2011 年并入了储蓄机构监督署（Office of Thrift Supervision），以监督美国的储蓄银行，美国证券交易委员会（the U.S. Securities Exchange Commission，SEC）负责监督证券发行人、中介机构和市场。在英国，1979—2000 年，英格兰银行（Bank of England）是银行监管机构，②而证券发行人则受伦敦证券交易所（London Stock Exchanges）的规则手册约束，该自律监管系统一直维持到 2000 年。③ 证券和投资中介机构在 1986 年之前在自律监管制度下单独监管，从 2000 年开始逐渐受到机构监管。④

20 世纪 90 年代以来，由于美国废除了强行将银行业务和证券业务分离的《格拉斯—斯蒂格尔法案》（Glass—Stegall Act），金融"超市"或企业集团⑤的兴起催生了拥有多条业务线的金融机构，这反过来又逐渐容许银行、保险、证券和投资服务的交叉融合（债务抵押债券——2007—2009 年全球金融危机的前兆，以及以"切片"和"份额"的方式打包成证券为特征的金融资产——一种产生于新的解放和部门界限模糊化的金融创新）。⑥ 产业和产品结构的变化，为重新处理随行业发展的产品监管以及监管结构的适当性铺平了道路。因此，包括英国⑦在内的世界上一些监管机构转而采用单一监管机构架构，以容纳整个金融行业的所有监管和监督职能。⑧ 然而由于之前存在的不同部门机构的遗留问题，英国继续将

---

① S3，Pensions Act 2008，c. 30，s. 3（Eng.）（这解释了雇员自动加入职业养老金计划的问题。雇主可以让雇员加入 NEST，即政府建立的并将投资管理外包给私营企业的缴费确定型计划）。

② Banking Act 1979 c. 37（Eng.）；Banking Act 1987 c. 22（Eng.）.

③ Ranald C. Michie. *The London Stock Exchange: A History*. Oxford：OUP，1999.

④ 在 1986 年前有自律监管。Financial Services Act 1986，c. 60（Eng.）［在 2000 年通过《金融服务和市场法》（*Financial Services and Markets Act* in 2000）以及重大监管改革之前，提供一个半自律监管系统］。

⑤ Arthur E. Wilmarth Jr. The Transformation of the Financial Services Industry：1975—2000，Competition，Consolidation and Increased Risks. *U. Ill. L. Rev.*，2002，p.215；Jerry W. Markham. Banking Regulation：Its History and Future. *N.C. Banking Inst.*，Vol.4，2000，p.22.

⑥ Richard E. Mendales. Collateralized Explosive Devices：Why Securities Regulation Failed to Prevent the CDO Meltdown and How to Fix it. *U. Ill. L. Rev.*，2009，p.1359.

⑦ Eilis Ferran. Examining the United Kingdom's Experience in Adopting a Single Financial Regulator Model. *Brook. J. Int'l L.*，Vol.28，2003，p.257；Clive Briault. Revisiting the Rationale for a Single Financial Services Regulator. *FSA Occasional Paper*. http://www.fsa.gov.uk/pubs/occpapers/op16.pdf.

⑧ Financial Services and Markets Act 2000，c.8, s19（Eng.）.

不同的业务进行部门化。[①] 一些监管机构选择了"目标型"监管或"双峰"监管，即审慎监管机构可以监督金融业务中具有审慎风险的完全中介方面，而行为监管机构则监督金融业务的产品、服务和市场方面。[②] 英国最终在 2013 年采取了这一做法，[③]此前十年单一监管制度未能有效应对银行业危机。[④] 然而，尽管 2010 年的《多德—弗兰克法案》(*Dodd-Frank Act of 2010*)规定将储蓄机构监理署(Office of the Comptroller of Currency)合并到货币监理署(Glass-Stegall Act in)，美国在危机发生后仍继续保持部门界限。[⑤] 金融产品监管本体对挑战业务边界的金融创新的回应非常缓慢。例如，货币市场基金的"表现"与存款产品类似，但其从未受到类似银行的客户责任或微观审慎监管的约束。[⑥] 它们被视为"基金"产品，受到适用于信用商品的投资监管制度的监管。货币市场基金给人的印象与存款产品一样稳定可靠，因为它们投资于高流动性的资产，可以在短时间内赎回。这种印象在全球金融危机期间受到了挑战，当时美国的一个大型货币市场基金 Reserve Primary 由于所持基础资产遭受损失而无法满足美元赎回。[⑦] 尽管美国[⑧]和欧盟[⑨]已对货币市场基金的监管进行了改革，但是金融监管机构已针对具有完全和部分中介角色混合要素的金融创新建立了定制制度。这个例子反

---

① Joanna Gray and Jenny Hamilton. *Implementing Financial Regulation: Theory and Practice*. Chicester: John Wiley & Sons, 2006, p.45.

② Giorgio Di Giorgio & Carmine Di Noia. Financial Market Regulation And Supervision: How Many Peaks For The Euro Area? *Brook. J. Int'l L.*, Vol.28, 2003, pp.463, 481.

③ Financial Services Act 2012, c. 21 (Eng.) ［修订 2000 年《金融服务和市场法》c.8 (*Financial Services and Markets Act 2000*)，并设立审慎监管局和金融行为监管局］。

④ Financial Services Authority. The Turner Review: A Regulatory Response to the Global Banking Crisis, http://www.actuaries.org/CTTEES_TFRISKCRISIS/Documents/turner_review.pdf (批判单一监管者)。

⑤ Dodd-Frank Wall Street Reform and Consumer Protection Act, 12 U.S.C 5412 § 312 (2018).

⑥ Iris H-Y. Chiu. Transcending Regulatory Fragmentation and the Construction of an Economy-Society Discourse: Implications for Regulatory Policy Derived from a Functional Approach to Understanding Shadow Banking. *J. Corp. L.*, Vol.42, 2016, pp.327, 335.

⑦ Reserve Primary Money Fund Falls Below $1 a Share Amid Lehman Fall. https://uk.reuters.com/article/us-reservefund-buck/reserve-primary-fund-drops-below-1-a-share-amid-lehman-fall-idUKN1669 401520080916.

⑧ 关键的改革是采用浮动的净资产价值，使 MMF 更像投资基金。SEC, Money Market Fund Reform Rules: Amendments to Form PE SEC Release Nos. 33-9616, 2014 WL 12563340 (July 23, 2014).

⑨ 《2017 年欧盟货币市场基金条例》(*EU Money Market Funds Regulation 2017*)规定了货币市场基金的类别，以授权发布浮动的净资产价值价格，以及旨在保持资产净值恒定的基金的规范性行动和义务，故此做法与美国不同，因为它持续并分别支持更接近投资基金和更接近存款的基金。Regulation (EU) 2017/1131 of the European Parliament and of the Council of 14 June 2017 on Money Market Funds, 2017 O.J. (L 169) 8.

映出监管机构并没有从根本上重新思考产品本体。相反，改革是以一种相当于拼凑的方式建立在"完全—部分"中介的二元结构上。如此，监管本体论已经成为行业主导，且并非技术中立。

　　另一个例子是交易所交易基金，这是一种以与指数挂钩为前提的投资结构，因此投资者能够投资于一系列的指数证券，同时密切按照指数的透明市场价格进行交易。[①] 然而，正如有学者所指出的，交易所交易基金运营者采用了隐蔽的套利策略，基金可能不会按照接近交易日不同时段的指数进行交易。[②] 这些表面上的"证券"或类似投资基金的产品被置于基金类别中，但它们在功能上等同于完全中介类型的产品，因为基金运营商努力保持价值的可靠性。然而，监管治理并没有体现这些特征。

　　监管机构对既有金融产品或业务本体的路径依赖导致了监管漏洞的产生，在市场似乎正常运作时，这些漏洞可能不会造成特别的问题。只有在出现重大问题或危机后，例如 2007—2009 年的全球金融危机，这些漏洞才会被审视。这种路径依赖也反映在监管机构的架构上，因为美国在证券、银行和由商品和期货交易委员会（Commodities and Futures Trading Commission）监督的期货之间保持着部门界限。[③] 欧盟已经按照部门界限建立了高于国家监管机构的泛欧监管机构架构，即欧洲金融监管系统（European System of Financial Supervision）。该系统包括欧洲银行管理局（European Banking Authority）、[④] 欧洲证券和市场管理局（European Securities and Markets Authority）、[⑤] 欧洲保险和职业养老金管理局

---

① David J. Abner. *The ETF Handbook: How to Value and Trade Exchange-Traded Funds*. John Wiley & Sons, 2d ed. 2010; Gary L. Gastineau. Mutual Funds Versus Exchange-Traded Funds, in *Mutual Funds: Portfolio Structures, Analysis, Management and Stewardship*. John D. Haslem ed., 2010.

② Henry T. C. Hu & John D. Morley. The SEC and Regulation of Exchange — Traded Funds: A Commendable Start and a Welcome Invitation. *S. Cal. L. Rev.*, Vol.92, 2019, pp.1155, 1184 - 1185.

③ Howell E. Jackson. Regulation in a Multisectored Financial Services Industry: An Exploratory Essay. *Wash. U. L. Rev.*, Vol.77, 199, p.319.

④ Regulation (EU) 1093/2010 of the European Parliament and of the Council of 24 November 2010 Establishing a European Supervisory Authority (European Banking Authority), Amending Decision No 716/2009/EC and Repealing Commission Decision 2009/78/EC, 2010 O.J. (L. 331) 12.

⑤ Regulation (EU) 1095/2010 of the European Parliament and of the Council of 24 November 2010 Establishing a European Supervisory Authority (European Securities and Markets Authority), Amending Decision No. 716/2009/EC and Repealing Commission Decision 2009/77/EC, 2010 O.J. (L. 331) 84.

(European Insurance and Occupational Pensions Authority)，[①]以及一个由这三方组成的负责研究跨部门问题的联合委员会。[②] 英国采用双峰监管方法，但英格兰银行下属的审慎监管局（Prudential Regulation Authority）实际上是"银行业"监管机构，尽管证据[③]表明其与金融行为监管局（Financial Conduct Authority）联合工作，后者是所有金融公司的商业行为监管机构。

监管机构对既定金融产品或部门本体的路径依赖导致了监管漏洞的产生，在市场正常运作时，这些漏洞可能不会造成特别的问题。

加密资产对金融产品的监管本体构成了独特的挑战，因为它们不同于许多基于混合现有金融产品特征的技术开发的金融创新。相反，加密资产是在一个功能性环境中开发的，伴随着一定的技术协议，并呈现出新的以及类似于完全或部分中介技术的特征。如此，加密资产引发了它们是否属于既定本体的问题，以及应由哪些监管机构进行监管的问题。

（二）什么是加密资产

加密资产已被视为金融资产，尽管它们更准确的名称是"实用型代币"。为了理解实用型代币的性质，首先需要理解加密货币的本质。比特币区块链于 2008 年由一个化名为中本聪（Satoshi Nakamoto）的日裔美国人推出，目的是允许个人之间安全有效地进行私人支付，而无需涉及银行和金融系统中存在的中介机构。2007—2009 年的全球银行业危机[④]在此背景下显得尤为突出，这一发展不仅可以被视为一种技术革新，而且可以被认为是对当时占主导地位的机构和金融中介的不信任声明。[⑤]

---

① Regulation (EU) 1094/2010 of the European Parliament and of the Council of 24 November 2010 Establishing a European Supervisory Authority (European Insurance and Occupational Pensions Authority), Amending Decision No. 716/2009/EC and Repealing Commission Decision 2009/79/EC, 2010 O.J. (L 331) 48.

② 该联合委员会重点关注跨部门问题，例如消费者保护、金融犯罪等。Report from the Commission to the European Parliament and the Council on the Operation of the European Supervisory Authorities (ESAs) and the European System of Financial supervisions (ESFS), COM (2014) 509 final (Aug. 8, 2014).

③ FCA、英格兰银行和英国财政部联合发布的文件。Crypotassets Taskforce: Final Report (2018), https://www.gov.uk/government/publications/cryptoassets-taskforce.

④ Howard Davies. The Financial Crisis: Who is to Blame? *Polity*, 2010.

⑤ Dan Bousfield. Crypto-coin Hierarchies: Social Contestation in Blockchain Networks. *Global Networks*., Vol.19, 2019, pp. 291, 292; Moritz Hutten and Matthias Thiemann. Moneys at the Margins: From Political Experiment to Cashless Societies, Malcolm Campbell Verduyn-Bitcoin and Beyond: Cryptocurrencies. Blockchains and Global Governance, at ch. 2 (2018).

比特币区块链是第一种私人加密货币，迄今已激发了超过数千种私人加密货币的发展。

比特币声称是一种私人货币，对其最有名的描述是在交换的背景中。爱丽丝可以向鲍勃发送比特币，以履行支付义务或向鲍勃转移价值。爱丽丝可以通过使用她被授权的、与公钥（该部分比特币特有的一串数字数据）有数学关系的私钥来转移她所拥有的比特币以实现这一目的。由于交易是私人性质的，只有在防止双重消费问题时才能保持系统的完整性，即防止爱丽丝将相同的比特币再次发送给其他人。交易只由系统内的社区验证，称为节点，节点上的计算机连接并加入了比特币网络。

从比特币的早期开始，任何人都可以成为一个节点，因此比特币区块链的成员资格被称作高度民主化的。节点负责并竞争验证比特币区块链上的交易，因为验证活动由新比特币的奖励所激励。验证在区块链上进行，区块链是一个网络兼数据库，记录了比特币的所有交易，每个节点都有一个相同的副本。因此，单一的分布式账本可以防止篡改和故障，因为节点单方面改变账本非常困难。账本不存在单点故障。当爱丽丝和鲍勃完成他们的比特币转移，并且这个交易被广播或"提议"到节点时，该交易将广播所转移比特币对应的公钥和一个数字签名。节点不知道爱丽丝的私钥，但必须验证数字签名是否与发送的比特币的公钥在数学上一致。那些为了赚取新的比特币而竞争验证交易的人叫作"矿工"。在解决了加密难题（cryptographic puzzle）并验证了所发送的比特币的公钥的历史后，成功的"矿工"能够提议将交易添加到分布式账本的一个区块中，该区块会有时间戳。经过验证的交易区块被依次添加，在账本上形成一个链。这些经过验证的交易在账本中既不可更改，也不可逆。

比特币区块链是第一个私人加密货币，它推动了迄今为止超过数千种私人加密货币的发展。[①] 加密货币由区块链和用于系统维护的挖矿协议所支持，已经成为点对点网络中私人价值转移的基础设施。然而，加密货币本身并没有产生一个新的市场经济体系，因为基本货币体系是为了支持现有的实体经济，并为实体经济中的中介支付系统提供一种替代方法。在主流

---

① Liquid, How Many Cryptocurrencies Are There? https://www.blog.liquid.coin/how-many-cryptocurrencies-are-there.

商业中,加密货币没有被大规模使用,因为维护其分布式架构的能源消耗巨大,①而且未必像维萨(Visa)和万事达卡(Mastercard)等大型供应商主导的现有支付系统那样快捷。②

然而,在加密货币基础设施的基础上,新的创新已经产生。2015年上线的以太坊区块链(ethereum blockchain)提供了一个底层基础设施,即区块链和协议代币——以太坊,它以基本功能性法则编码,并可以进一步编程以执行特定的"智能合约"。以太坊是以太坊区块链的原生代币,就如比特币是比特币区块链的原生代币。除了表现价值、转移价值和记录余额这些比特币的有限功能外,以太坊代币的脚本——其中最流行的是 ERC - 20 被编码为具有更加通用的功能品质,例如转移信息和价值。这些通用特性使得编码员在代码的基础上增加了更多的具体功能,这些功能可以在满足特定条件的情况下自动实现,例如智能合约。③ 因此,ERC - 20 代币可用于在以太坊区块链上构建与 ERC - 20 兼容的实用型代币。④ 这些应用可以为经济和商业活动提供新的机会,例如通过互联网购买和销售数字艺术品。⑤

迄今为止,加密经济中最重要的经济活动是为分布式账本开发项目筹集资金,即所谓的"首次代币发行"或 ICO。

自 2015 年以来,建立在此框架上的商业创新已经爆发,其他拥有自己原生币的应用平台也被开发出来与以太坊竞争,例如 Tezos、⑥EON⑦ 和 Tron。⑧ 换句话说,实用型代币在本质上是多功能的,实质上代表了：① 持有人的权利；② 价值；③ 信息或数据；④ 合同履行；⑤ 系统的一体化货币。

---

① Jean Bacon, Johan David Michels, Christopher Millard & Jatinder Singh. Blockchain Demystified: A Technical and Legal Introduction to Distributed and Centralised Ledgers. *Rich. J. L. Tech.*, Vol.25, 2018, p.1.(说明比特币区块链上验证每笔交易需要消耗大约 200 千瓦的能源)。

② Billy Bambrough. PayPal and Visa Warned Bitcoin Presents a Ludicrous Existential Challenge. https://www. forbes. com/sites/billybambrough/2019/03/04/paypal-and-visa-warned-bitcoin-presents-a-ludicrous-existential-challenge/.

③ Maxwell William. ERC - 20 Tokens Explained, Cointelegraph. https://www.cointelegraph.com/explained/erc-20-tokens-explained.

④ Jonathan Rohr & Aaron Wright. Blockchain-Based Token Sales, Initial Coin Offerings and the Democratization of Public Capital Markets. *Hastings L. J.*, Vol.70, 2019, pp.463, 472 - 473.(解释协议和实用型代币之间的区别)。

⑤ CryptoKitties, https://www.cryptokitties.co/.

⑥ Tezos, https://www.ezos.com.

⑦ Eon, https://www.eontechnology.org.

⑧ Iron, https://www.tron.network.

实用型代币是参与新技术架构商业活动的新入口。

代币化引入了一种简单且对用户友好的访问和使用分布式账本市场的方法。这一技术突破能够促进两大类新的商业创新：一是代币化的分布式账本市场可以成为虚拟商品和服务的新平台经济，例如加密猫；二是代币化促进了实体经济资产中新商品化的产生，并使其能够轻松地被变现和交易。① 由于代币在一个"数字化的表现"中可以代表经济权利和功能，商业开发者纷纷涌入这一领域，在新的代币化经济中进行创新。

迄今为止，加密经济中最重要的经济活动是为分布式账本开发项目筹集资金，即"首次代币发行"或ICO。为了给这些项目提供资金，开发商通常发行代币以换取项目支持者的加密货币。这些是正在开发的实用型代币，预计在项目上线后在分布式账本平台上使用。一些评论家已经开始剖析这些代币的性质，②其赋予了各种类型的对价，以换取支持者的资金。例如，实用型代币赋予认购者在未来使用或享受某些服务的权利。③ 然而，就它们是否基于用户或包括其他参与权而言，这些代币有着不同的种类。④ "乐趣"代币可能会给整个社区或他人带来好处，且无需对价。投资代币赋予认购者参与某种形式的投资和风险的权利，这种投资和风险被认定为违反现有金融市场或证券监管。⑤ 货币代币可以赋予认购者以比实用型代币更具互操作性的方式进行支付的权利。此外，货币代币主要是指其与其他代币（例如比特币、以太坊或其他流通量和交易量更大的币种）的一般可交换

① Chris Berg, Sinclair Davidson and Jason Potts. Understanding the Blockchain Economy, Money, Dequity and the Barter Economy of The Future, 2019, pp.15-36; Antony Welfare. Commercializing Blockchain: Strategic Applications in the Real World, 2019.

② Philipp Hacker & Chris Thomale. Crypto-Securities Regulation: ICOs, Token Sales and Cryptocurrencies under EU Financial Law. *Eur. Co. & Fin. L. Rev.*, Vol.15, 2018, p.645; Dirk A. Zetzsche. The ICO Gold Rush: It's a Scam, It's a Bubble, It's a Super Challenge for Regulators. *Harv. Int'l L. J.*, Vol.60, 2019, p.267. http://www.ssrn.com/abstract=3072298.

③ Philipp Hacker & Chris Thomale. Crypto-Securities Regulation: ICOs, Token Sales and Cryptocurrencies under EU Financial Law. *Eur. Co. & Fin. L. Rev.*, Vol.15, 2018, p.645; Dirk A. Zetzsche. The ICO Gold Rush: It's a Scam, It's a Bubble, It's a Super Challenge for Regulators. *Harv. Int'l L. J.*, Vol.60, 2019, p.267. http://www.ssrn.com/abstract=3072298.

④ Carol Goforth. Securities Treatment of Tokenized Offerings under US. Law. *Pepperdine L. Rev.*, Vol.46, No.3, 2019, pp.417-418.

⑤ SEC, Report of Investigation Pursuant to Section 21(a) of the Securities Exchange Act of 1934: The DAO. https://www.sec.gov/litigation/investreport/34-81207.pdf.

性。① 代币也可能通过编码混合上述的特征，这取决于它最终应该如何在分布式账本平台上发挥作用。

在预售阶段中购买代币的买家们通常可以立即在世界各地的数字资产交易所内进行交易，②以换取更流行的加密货币，例如可以兑换法币的比特币或以太坊。代币的"可变现性"从根本上使它们变得金融化，将代币变成"加密资产"，英格兰银行现在将其定义为"通常由期望其价值上升的人作为投资而持有"。③第一个 ICO 是由大师币（Mastercoin）的创始人威利特使用的，他希望在比特币区块链上创建一个协议层，以便比特币区块链能够像以太坊区块链支持实用型代币那样促进创造数字资产和其他实用型代币。④威利特通过出售 5 000 枚大师币筹集了 50 万美元。这个项目现在已经上线，被称为 Omni，它是比特币区块链上的一个分布式层。⑤ 与之类似，许多 ICO 向支持者出售开发中的代币所代表的商品和服务的未来权利。这些代币本质上主要是实用性的，但由于商业发展的需要和私人交易基础设施的兴起已经变得金融化。因此，确定这些代币是否金融资产，以及如果是的话，如何在现有制度下对其进行监管已变得尤为重要。

（三）什么类型的金融产品是加密资产

许多不受监管的 ICO 的成功使金融监管者注意到，ICO 的成功可能是由于它们利用现有金融监管的漏洞和不确定性进行了监管套利。⑥

首先，所有加密资产都建立在加密货币的基本价值转移功能之上，并潜在地起到了"支付"工具的作用。然而，欧洲政策制定者表示，加密货币既不

---

① Georgios Papadopoulos. Handbook of Digital Currency: Bitcoin, Innovation, Financial Instruments and Big Data, 2015, p.553.

② 代币可以在 Poloniex 和 Bittrex 等交易所上市。coinist.io, https://www.coinist.io/how-to-get-your-digital-token-listed-on-an-exchange/.

③ What are Cryptoassets (Cryptocurrencies)? Bank of England.co.uk, https://www.bankofengland.co.uk/knowledgebank/what-are-cryptocurrencies.

④ Laura Shin. Here's the Man who Created ICOs and this is the New Token He's Backing. https://www.forbes.com/sites/laurashin/2017/09/21/heres-the-man-who-created-icos-and-this-is-the-new-token-hes-backing/#91aebbf11839.

⑤ Omnilayer.org, https://www.omnilayer.org.

⑥ Usha Rodrigues. Semi-Public Offerings? Pushing the Boundaries of Securities Law. https://www.ssrn.com/abstract=3242205.

适用《欧洲支付服务指令》(*European Payment Services Directive*)，也不适用于《电子货币条例》(*Electronic Money Regulations*)，①因为这些立法作出了某些不适用于加密货币的假设。电子货币被假定由能够发行、赎回和为客户保护货币电子单位的商业服务提供商所提供，并涵盖银行和非银行信用卡发行商或在线汇款商。对支付服务提供商的监管范围更广，涵盖了广泛的②账户服务提供商，例如银行、支付启动服务（可能是独立的，但需插入银行或信用卡账户以启动支付，例如支付宝或苹果支付），③以及理财服务（例如 Money Dashboard）。④ 目前的监管制度涵盖了提供各方面支付服务的商业机构，以构建一个向用户和支付服务提供商分配责任的制度，例如消费者需要通过使用个人化安全特征提供明确的支付授权。支付服务提供商有责任提供综合信息，⑤以确保强客户验证和安全通信。消费者在未经授权使用支付工具的情况下受到保护。⑥ 此外，信用卡提供商与用信用卡支付的商品或服务的供应者负有连带责任。⑦

　　欧盟法律下的风险和责任分配制度是一种治理秩序，不大可能由市场力量提供，且可被视为一种公共产品。这一立场反映在美国联邦层面的支付立法以及《统一商法典》(*Uniform Commercial Code*)⑧第 4A 条中。相比之下，加密货币的价值转移系统通常是开放的基础设施，可以由任何志愿者来维护，参与者依靠志愿者的激励和系统中运行的协议来保证其可靠性。并没有支付服务的商业服务提供商承担核查或补救的监管职责。在

---

① European Central Bank. *Cryptoassets Task Force. Crypto-Assets: Implications for Financial Stability*, *Monetary Policy and Payments and Market Infrastructures*, May 2019.

② Council Directive 2015/2366, Payment Services in the Internal Market, Amending Directives 2002/65/EC, 2009/110/EC and 2013/36/EU and Regulation (EU) No. 1093/2010 and Repealing Directive 2007/64/EC, 2015 O.J. (L 337) 35.

③ Iris H-Y. Chiu. A New Era in Fintech Payment Innovations? A Perspective from the Institutions and Regulation of Payment Systems. *L.*, *Innovation & Tech.*, Vol.9, 2017, p.190.

④ Moneydashboard.com, https://www.moneydashboard.com.

⑤ The Payment Services Regulations 2017 (SI 2017/752) 42–48，执行 2015 年《支付服务指令》[(Payment Services Directive of 2015)的相关规定]。

⑥ 消费者有义务在未经授权使用支付工具的情况下通知供应商，但在没有欺诈或重大过失的情况下，只需承担最多 35 英镑的责任，这意味着这种风险分配在消费者简单过失的情况下也会成立。

⑦ Consumer Credit Act 1974, c. 39, §75,确立了在供应商违约的情况下，对超过 100 英镑低于 30 000 英镑的交易的贷款方责任。

⑧ U.C.C. §4A (Am. Law Inst. Unif. Law Comm'n 1977); Board of Governors of the Fed. Res. Sys. 12 CFR 205 Electronic Funds Transfers, https://www.federalreserve.gov/supervisionreg/reglisting.htm#E(提供有关支票、信用卡和交换费的立法)。

点对点的环境中，无法对"商业"和"消费者"的角色进行假设，而这些假设构成了监管设计的基础。此外，由于区块链上的交易在理论上不可逆，且不可更改，因此不确定是否有补救措施。如果开放区块链上的恶意多数节点获得了51％的控制权，并且能够实施黑客和盗窃等不端行为，[①]区块链的创始人和核心矿工会对每种情况进行干预并创建一个分叉，以使恶意行为在分叉的链上不被合法化。[②] 代码开发者和核心矿工不仅是互不相关的原子实体，而且是具有社会性的网络和连接，[③]以便在需要时对危机管理采取协调行动。[④] 人们可能会质疑，加密货币"支付服务"中是否出现了新的行为者，[⑤]以及是否应通过监管改革赋予他们在功能上等同于保障支付系统的职责以满足支付服务用户的期望。但需要记住的是，要求商业（企业）行为者承担某些责任的现有基础不一定适用。事实上，如果要进行法律改革，其将建立在区块链公域的权利和治理需要的新基础之上，[⑥]那时甚至可能已超出了"金融监管"的范围。[⑦] 然而，统一法律委员会提议的美国虚拟货币示范法开始在支付监管下，为虚拟货币供应商提供一种合法性和管

[①] Alyssa Hertig. Blockchain's Once-Feared 51％ Attack Is Now Becoming Regular. https://www.coindesk.com/blockchains-feared-51-attack-now-becoming-regular.

[②] Forkdrop. How Many Bitcoin Forks Are There? https://www.forkdrop.io/how-many-bitcoin-forks-are-there; Michael del Castillo. Ethereum Executes Blockchain Hard Fork to Return DAO Funds, coindesk. https://www.coindesk.com/ethereum-executes-blockchain-hard-fork-return-dao-investor-funds; Anthony Cuthbertson. Cryptocurrency Hackers Steal $1.5M Of Ethereum Classic In Rare Attack. https://www.independent.co.uk/life-style/gadgets-and-tech/news/ethereum-classic-attack-cryptocurrency-bitcoin-coinbase-etc-a8716986.html (在 2019 年对已分叉以太坊经典的攻击)。

[③] Dan Bousfield. Crypto-coin Hierarchies: Social Contestation in Blockchain Networks. *Global Networks*, Vol.19, 2019, pp.291, 291-293(比较 CCs 与网络化社会运动)。

[④] Francesca Musiani, Alexandre Mallard, & Cecile Meadel. Governing What Wasn't Meant to be Governed: A Controversy-Based Approach to the Study of Bitcoin Governance. *Bitcoin And Beyond: Cryptocurrencies, Blockchains and Global Governance*. Malcolm Campbell-Verduyn ed., 2017, pp.133, 138.

[⑤] Angela Walch. In Code(rs) We Trust: Software Developers as Fiduciaries in Public Blockchains. *Regulating Blockchain. Techno-Social and Legal Challenges*. Philipp Hacker et al. eds. Oxford University Press, 2019(建议核心代码开发人员应承担信托责任); Raina S. Haque, Rodrigo Seira Silva-Herzog, Brent A. Plummer, & Nelson M. Rosario. Blockchain Development and Fiduciary Duty. *Stan. J. of Blockchain L. Pol'y*, Vol.2, 2019, pp.139, 141(修改建议)。

[⑥] Elinor Ostrom. *Governing The Commons: The Evolution of Institutions for Collective action*. Cambridge University Press, 1990(讨论自治的成功和失败的来源，以及成功的公共池资源管理计划的基本特征)。

[⑦] Karen Yeung. Regulation by Blockchain: The Emerging Battle for Supremacy between the Code of Law and Code as Law. *Mod. L. Rev.*, Vol.82, 2017, p.1.(讨论是否应该建立治理规范或结构的问题)。

理制度。

此外，监管已经延伸到加密领域的新商业中介，这些中介帮助进行法币和加密货币之间的兑换，因此需要受到反洗钱法规的约束。① 但是，这些帮助兑换的中介行为并没有作为支付服务受到全面的监管。美国统一法律委员会(Uniform Law Commission)提议的美国虚拟货币示范法将开始在支付监管下为虚拟货币供应商提供一种合法性和管理制度，而大多数州还没有采纳。②

其次，ICO 的筹资目的将引发代币和证券之间的比较。在美国，如果代币符合豪伊测试(Howey test)的要求，就可以被视为证券。③ 代币也可以被视为商品，④或者在代币的二级交易市场上作为期货被交易，因为其涉及未来权利。⑤ 本文第二部分探讨了各机构在应用其监管标准和扩大其监管范围方面的作用。在欧盟，评论家们对代币是否可以被视为证券意见不一。有学者认为，实用型代币不可能是证券，因为它没有赋予持有者股权参与和治理的权利(股权证券的典型特征)，也没有要求偿付债务和息票的权利(债务证券的典型特征)。然而，欧洲对证券的定义取决于二级市场和代币的流动性，如下文所述，代币已经成为可交易的流动资产。⑥ 另外一些学者也认为，实用型代币服务于为初创企业筹资的目的，因此在功能上相当于公司发

---

① Directive 2018/843, of the European Parliament and of the Council of 30 May 2018 Amending Directive (EU) 2015/849 on the Prevention of the use of the Financial System for the Purposes of Money Laundering or Terrorist Financing, and Amending Directives 2009/138/EC and 2013/36/EU, 2018 O.J. (L156) 43, 72 [要求虚拟货币兑换提供商和存储服务(钱包)进行注册，并遵守指令中有关客户尽职调查、监测以及报告的要求，以检测可疑的洗钱行为]。

② Uniform Regulation of Virtual-Currency Businesses Act § 102 (National Conference of Commissioners on Uniform State Laws), https://www. uniformlaws. org/committees/community-home/librarydocuments? communitykey=e104aaa8-c10f-45a7-a34a-0423c2106778&tab=librarydocuments (在其定义中不包括证券和商品)。

③ U.S. Securities and Exchange Commission. Framework for "Investment Contract" Analysis of Digital Assets. https://www.sec.gov/corpfin/framework-investment-contractanalysis-digital-assets(讨论在手头的交易中是否可以找到一个符合证券要求的投资合同)；(美国最高法院的 Howey 案和随后的判例法都认为，当人们把钱投资于一个共同的企业，并合理地期望从其他人的努力中获得利润时，就存在"投资合同")。

④ U.S. Commodity Futures Trading Commission, An Introduction to Virtual Currency. https://www.cftc.gov/sites/default/files/idc/groups/public/%40customerprotection/documents/file/oceo_aivc0218.pdf.

⑤ U.S. Commodity Futures Trading Commission. Bitcoin. https://www.cftc.gov/Bitcoin/index.htm.

⑥ Philipp Maume and Mathias Fromberger. Regulation of Initial Coin Offerings: Reconciling U.S. and E.U. Securities Laws. Chi. J. Int'l L., Vol.19, 2019, pp.548, 566.

行的证券。[1] 其可交易性和可替代性的特点[2]倾向于将实用型代币定性为证券的观点，然而其功能性[3]和不可赎回的特点不同于股权证券，因而倾向于支持相反观点。

在英国，还有一个问题是代币是否可以被视为集体投资计划的单位。[4] 代币并不完全符合集体投资计划的定义，因为它们不一定是"集中"投资的一部分，而且投资也可能不只为了预期利润而持有。[5] 例如，被美国被定性为证券发行[6]的去中心化自治组织（Decentralised Autonomous Organisation，DAO)在英国可能是一个集体投资计划，它是建立在以太坊平台的智能合约应用程序的先驱模板，[7]包括以下功能：① 使参与者能够将以太坊中的资金发送到区块链上的一个地址，并在提到的地址上接收资金池；② 使参与者能够投票决定资金用途，即通过投票表明参与者的投资偏好；③ 能够记录和统计投资表决票数，以满足多数票要求；④ 使资金能够被送往多数票支持的投资机会目的地。

虽然 DAO 具有汇集资金的功能，但除了在区块链上运行的多数表决协议外，并没有进行集中管理。英国集体投资计划法规的监管目标是将投资者吸引到其管理的集合计划中的中介机构，[8]因此有必要要求销售点和中介机构本身履行其职责。协议或开发者对 DAO 参与者不存在类似的自由裁量权。

这种对加密资产定性的不明确将使监管机构有可能扩大或改变其监管

① Alex Collomb et al. Blockchain Technology and Financial Regulation：A Risk-Based Approach to the Regulation of ICOs. *Eur. J. Risk Reg.*，Vol.10，2019，pp.263，275.

② Philipp Paech. Securities，Intermediation and the Blockchain：An Inevitable Choice between Liquidity and Legal Certainty. *Unif. L. Rev.*，Vol.21，2016，pp.612，619.

③ Jay Preston. Initial Coin Offerings：Innovation，Democratization and the SEC. *Duke L. & Tech. Rev.*，Vol.16，2018，p.323.

④ Financial Services and Markets Act 2000，c. 8，§ 235 (UK).

⑤ Iris H-Y. Chiu. Decoupling Tokens from Trading：Reaching Beyond Investment Regulation for Regulatory Policy in Initial Coin Offerings. *Int'l Bus. L.J.*，2018，p.265.

⑥ SEC Release No. 81207，Report of Investigation Pursuant to Section 21(a) of the Securities Exchange Act of 1934：The DAO. https://www.sec.gov/litigation/investreport/34-81207.pdf.

⑦ Christophser Jentzsch. The History of the DAO and Lessons Learned. https://blog. slock. it/the-history-of-the-dao-and-lessons-learned-d06740f8cfa5（将 DAO 描述为一个旨在激励其他人开发 DAO 的开源项目）。

⑧ *Asset Land Inv. Plc v Fin. Conduct Auth.*［2016］UKSC 17，［2014］EWCA Civ 435 (appeal taken from Eng).

范围和政策，这取决于哪些目标被认为是相关的。

此外，加密社区正在试验开发稳定币，以提高加密货币的货币性，并降低其波动性。两项稳定币的关键技术或涉及货币供应和管理功能，例如中央银行；或将代币的价值与更容易确定市场价值的一揽子金融资产挂钩。[①]这种代币的潜在前景可能通过将其纳入协议基础设施实现，例如成为区块链系统的原生货币。目前，这种代币更多地被视为锚定资产，用于对冲[②]投资者对波动性更大[③]的加密货币（例如比特币）的风险敞口。FSB 和 IOSCO 已经确定了稳定币与支付机制、[④]电子货币、[⑤]大宗商品、银行存款、货币市场基金、[⑥]证券[⑦]和其他集体投资计划[⑧]之间的相似之处。

三、监管竞争中的三种方法

在许多司法管辖区的现有金融监管制度下，加密资产的特征以及与其相适应的监管并不明显，从而为监管机构提供了考虑明确和解释的机会。这种对加密资产定性的不明确，将使监管机构有可能扩大或改变其监管范围和政策，这取决于哪些目标将被认为是相关的。我们将在下文讨论对加密资产定性的三种监管方法，并认为从广义上讲，所有方法都为捕获新的金融产品和行为者的动机所激励。然而，这种竞争的危害性并不小，因此我们建议，监管者们应以更有意义的方式应对监管竞争。

---

① Dirk Bullman et al. In Search for Stability in Crypto-assets: Are Stablecoins the Solution? *Eur. Cent. Bank Research Paper Series*, Vol.230, 2019, pp.1, 8. https://www.papers.ssrn.com/sol3/papers.cfm? abstract_id=3444847；Ingolf G.A. Pernice et al. Monetary Stabilisation in Cryptocurrencies —Design Approaches and Open Questions. Weizenbaum-Inst. For the. Networked Soc'y &. Humboldt-Univ. Berlin, (May 28, 2019) (Ger.), https://www.papers.ssrn.com/sol3/papers.cfm? abstract_id=3398372（将代币价值与本国货币挂钩反映了更容易确定的价值）。

② Chris Daniels. Using Maker DAI to Hedge Your Crypto Portfolio. https://www.cryptodigestnews.com/using-maker-dai-to-hedge-your-crypto-portfolio-d6d9e4baef3d.

③ Christopher Fink &. Thomas Johann. Bitcoin Markets., http://www.ssrn.com/abstract=2408396；Olivier Scaillet et al. High-Frequency Jump Analysis of the Bitcoin Market, https://www.ssrn.com/abstract=2982298（扩大比特币稳定性的波动性）。

④ Financial Stability Board, Regulatory Issues of Stablecoins 2, https://www.fsb.org/wp-contenit/uploads/P181019.pdf.

⑤ 从功能上看，代币化基金可以属于包括电子货币的不同资产类型。

⑥ Press Release, Int'l Org. of Sec. Comm'n, Statement on IOSCO Study of Emerging Global Stablecoin Proposals, https://www.iosco.org/news/pdf/IOSCONEWSS550.pdf（考虑到稳定币可能对市场参与者带来的好处）。

⑦ 指出稳定币包含受监管证券的典型特征。

⑧ 比较稳定币与支付系统和其他集体投资计划之间的相似之处。

（一）"霸权主义"方法

"霸权主义"方法寻求在监管机构的监管范围内捕获和安置加密资产。有人也许会说这种方法仅是罗杰·布朗斯沃德（Roger Brownsword）[1]提出的"连贯主义"。连贯主义方法试图在现有法律框架的语料库和本体中解释新产品，以对金融体系的干扰降至最低，同时也寻求"连贯"且持续地协调和发展法律。这种方法可以理解，因为法律可以被认为蕴含着基本价值和社会价值，而此论断永不过时。如此来讲，新产品应该在既有本体中进行初步的解释，而非被认为是对既有本体的挑战。然而，尽管法律被赋予了通过立法或司法反映永恒的人类和社会期望的理想，但人类和社会期望的本质是由现有的基础设施，包括既有物质和社会条件来决定的，这使得现有机制并不总是像最初希望的那样永恒。连贯主义方法的延伸有其界限，在极端情况下可能会适得其反，因为它将无法容许法律改革。"霸权主义"的方法不仅是连贯性的，而且试图尽可能地推进连贯性的进程，以巩固主导地位并将挑战者边缘化。这与加迪尼斯（Gadinis）所论证的监管机构和具有"影响力"的司法管辖区的动机是一致的。当监管机构被认为是在监督主导市场时，它们往往坚持将现有的法律延伸并应用于创新产品。主导市场的条件是：① 一个司法管辖区的国家金融业在全球范围内保持着最大的市场份额；② 在该州（国）境内可供投资的财富明显多于其他州（国）的。如此，具有这种比较优势的司法管辖区，无论其是否由早期的全球监管竞争所产生，都会倾向于保持和扩大其法规适用，而非进行改革。

出于对投资者和市场完整性的保护，SEC 和 CFTC 对监管套利持强硬立场。金融犯罪执法网络（Financial Crimes Enforcement Network，FinCen）[2]在支付方面的单独监管进一步采用和反映了这种拼凑式方法。SEC 已经发布了关于"数字资产"如何被视为证券的指南，[3]但其并没有明确说明哪些类型的代币在给定的解释范围内，特别是，SEC 拒绝承认被设计为"实用

---

[1] Roger Brownsword. *Law*, *Technology and Society*: *Reimagining the Regulatory Environment*. John Paterson & Julian Webb eds., Routledge 2019, pp.191-196.

[2] Scott D. Hughes. Cryptocurrency Regulations and Enforcement in the U.S. *W St. U. L. Rev.*, Vol. 45, 2017, pp.1, 2-3.

[3] U.S. Sec. & Exchange Comm'n, Framework for "Investment Contract" Analysis of Digital Assets, https://www.sec.gov/corpfin/framework-investment-contract-analysis-digital-assets.

型"代币的代币被归类为非证券。① SEC 以这种方式保持了其对加密资产的证券监管霸权，尽管这种实践的结果目前尚未明确，并且可能不利于真正的区块链创新业务的发展。

Howey 测试和 SEC 指南试图将具有交易和升值特征的代币纳入它们所定义的证券的"投资合同"类别中，即使同时还有功能性或潜在功能性特征（对于正在开发的项目）的存在。与其可交易性或作为"金融化"物品提供收益的潜力相比，功能性越强的代币有可能不是证券。用来确定代币是更接近"金融化"一端还是"功能性"一端的因素包括是否存在相对于区块链系统职能的开发项目和安排代币交易的集中努力，以及代币是被广泛（或许是为了吸引投资兴趣）还是有限地提供给对其功能性感兴趣的目标市场。

然而，SEC 关于功能性与金融性的假定是错误的，因为代币很可能同时具有这两组特征，而金融化不需要削弱存在的功能性特征。例如，在许多发达经济体中，住宅兼具功能性和金融性。虽然这样的二分法可能有助于识别骗局和欺诈，因为纯功能性是那些 ICO 炒作者制造的假象，②但其可能会为那些准备在功能和金融上都取得成功的代币带来真正的问题。这种做法假定真正有功能性的代币是小众的，因此人为地限制了代币业务的前景。SEC 对蒙奇公司（Munchee Incorporated）采取了强制执行，该公司进行代币 ICO 以用于开发食品审查应用。强制执行的原因是蒙奇公司披露的开发者努力使代币升值的表述将代币置于投资合同的金融性的一端。③ 该案被认为不当限制和阻遏任何在区块链项目开发中的重大创业努力。此外，也可以说蒙奇公司的失败亦可归结为其提及了在二级交易中的代币升值。

鉴于 ICO 的巨大不确定性，开发者已转而采用新的法律机制，例如未来代币简单协议（Simple Agreement for Future Tokens，SAFT）。④ SAFT

---

① Press Release，Statement on Digital Asset Securities Issuance and Trading，https://www.sec.gov/news/publicstatement/digital-asset-securites-issuuance-and-trading.

② Ana Alexandre. New Study Says 80 Percent of ICOs Conducted in 2017 Were Scams. Coin Telegraph，https://www. cointelegraph. com/news/new-study-says-80-percent-of-icos-conducted-in-2017-were-scams. （报告指出，在 2017 年，超过 70％的 ICO 资金流向了质量较高的项目，但超过 80％的项目被认定为骗局）。

③ Munchee Inc. Securities Act of 1933 Release No. 10445，https://www.sec.gov/litigation/admin/2017/33 - 10445.pdf.

④ Juan Batiz-Benet et al. The SAFT Project：Toward A Compliant Token Sale Framework. https://www.saftproject.com/static/SAFTProject-Whitepaper.pdf.

为仅面向美国合格投资者进行的代币发行提供了模板（因此免于向美国证券交易委员会登记为公开证券发行）。[①] Filecoin 即采用了这种机制，它是一个开发点对点云存储系统的 ICO。[②] 可以说，美国的资本投资市场的优势地位为 SEC 的强硬立场提供了可能性，因为 SAFT 提供了在不以散户投资者为目标时的另一种自律监管的选择。即使 ICO 具有全球流动性，美国主导市场的吸引力使得 SEC 可以行使司法霸权。此外，美国交易兴旺的私人市场对合格投资者而言也是一个可能的选择。[③]

即使 ICO 具有全球流动性，美国主导市场的吸引力也使得 SEC 能够行使司法霸权。

CFTC 的职权范围延伸到法律规定的各种衍生品合约的交易。由 CFTC 管理的《商品交易法》(Commodities Exchange Act)要求交易运营者进行登记，并授权 CFTC 对市场上的欺诈或操纵活动行使执法权。[④] 虽然 CFTC 的"咨询意见"没有明确哪些代币可能被视为"商品"，[⑤]但一些执法决定可能导致"宽入口"。CFTC 对 My Big Coin Pay Inc 的执法决定[⑥]即可作狭义或者广义的解释。My Big Coin Pay Inc 是一种被设计为可与其他加密货币互换的加密货币，但据称是由黄金支持的。此执法决定可以被狭义地解释为 CFTC 对欺诈计划的执行，因为 My Big Coin 发行的集资被用于创始人的高消费生活，而非项目开发。这类似于对 McDonnell 的强制执行，[⑦]可能意味着非欺诈性的代币发行可能不在执法对象中。然而，打击欺诈计划的执法依据是涉及"商品"，而将"My Big Coin"定性为商品可能会牵涉大多数性质类似的货币代币。此外，由于实用型代币是预售的，可能涉及超过

① 17 C.ER. § 230.506 (2013).

② Freshfields Bruckhaus Deringer. Is FileCoin's $200m ICO the first SEC-compliant token sale? https://www. digital. freshfields. com/post/102edvn/is-filecoins-200m-ico-the-first-sec-compliant-token-sale.

③ Investors. "Starved for Returns," Flood Private Markets in Search of High-Growth Opportunities. https://www.cnbc.com/2019/08/12/investors-starved-for-returns-flood-private-markets.html.

④ 7 U.S.C. § 2a(1)(A)-(C) (2011).

⑤ CFTC. Customer Advisory: Use Caution When Buying Digital Coins or Tokens. https://www.cftc. gov/sites/default/files/2018-07/customeradvisory_tokens0718.pdf.

⑥ CFTC. CFTC v. My Big Coin Pay Inc. https://www. cftc. gov/sites/default/files/2018-10/enfmybigcoinpayincmemorandum092618.pdf.

⑦ CFTC. Court Orders Defendants to Pay over $1.1 Million in Penalties and Restitution in Connection with the "Vicious Defrauding of Customers". https://www.cftc.gov/PressRoom/PressReleases/7774-18.

28 天现货市场豁免权的期货交割，因此它们也可能属于商品期货的定义范围。[①] 如果对"商品"作广义解释，CFTC 可以对代币主张的管辖权可能是全面的。[②] 然而，CFTC 的咨询意见似乎表示"如果初始买家被告知开发商或发起人将给他们带来投资回报，或者如果买家被承诺项目未来回报的份额"，将尊重 SEC 对代币的管辖权，这两个机构的管辖权的划分还需要进一步明确。

（二）自律监管方法

自律监管方法是指监管机构为避免扩大监管范围，避免将加密资产纳入其监管。在这个意义上，加密资产被视为不受监管，且在强制授权或监督的范围之外。这种方式不一定使加密资产相关问题更为明确，但可以引发对所需"法律确定性"程度的思考。在美国，Filecoin 根据 D 条例只针对合格投资者，故无需遵守公开证券发行要求的做法似乎取得了成功，因此在已知监管豁免的确定范围内，划出了一个自律监管的私人发行范围。

或许有观点认为对加密资产采取自律监管或不进行明文监管的方法将有助于监管竞争的目的实现。数字资产交易所建立和代币发行的热门地区都避免扩大监管范围。例如，2018 年，瑞士声明支付和实用型代币不受证券法的约束，并通过向瑞士金融市场监督管理局（FINMA）寻求"无异议函"，[③]间接默认其发行在监管范围之外，只有证券代币的发售才需符合证券监管。新加坡还声明只有证券代币在其监管范围内，[④]尽管其他代币必

---

① 评论者指出，多年来，尽管 CFTC 的管辖权已经扩大到所有种类的商品，但其衍生品交易的自由化程度也有所上升。因此，纳入"商品"的范畴并不等于产生禁止的效果。Alexandra G. Balmer. *Regulating Financial Derivatives*. Cheltenham：Edward Elgar，2018；Chris Muellerleile. Speculative Boundaries：Chicago and the Regulatory History of US Financial Derivative Markets. *Env't & Plan*，Vol.47，2015，p.1805.

② Neil Tiwari. The Commodification of Cryptocurrency. *Mich. L. Rev.*，Vol.117，2019，p.612.

③ How FINMA's ICO Guidelines impact future ICOs in Switzerland. KPMG. https://www.home. kpmg/ch/en/home/insights/2018/03/how-finmas-ico-guidelines-impact-future-icosin-switzerland. html.

④ Monetary Authority of Singapore. A Guide to Digital Token Offerings. http://www.mas.gov.sg/-/media/MAS/Regulations%20and%20Financial%20Stability/Regulations%20Guidance%20and%20Licensing/Securities%20Futures%20and%20Fund%20Management/Regulations%20Guidance%20and%20Licensing/Guidelines/A%20Guide%20to%20Digital%20Token%20Offerings%201ast%20updated%20On%2030%20Nov%202018.pdf.

须遵守适用于商业模式的现有商业和监管法律，例如反洗钱法。虽然瑞士和新加坡没有正式表明"豁免"，但从当局对监管范围的明确划分及其"不适用性"可以推导出其中的"隐性许可"。这种方法似乎在拥抱创新、防止现有监管不当扼杀这种创新、维持现有法规的强力外观三者之间实现了平衡。这些方法的基础是不扩大现有监管范围，并且对英国产生了影响。

英国金融行为监管局（The Financial Conduct Authority，FCA）就加密资产的监管范围进行了咨询，[1]并采用了为瑞士当局所首次采用的代币分类，即实用型代币、证券代币和支付代币。FCA 目前声明，[2]只有赋予投资和（或）治理权的代币才属于证券代币，支付代币和实用型代币的发行不必遵守证券监管，但必须遵守支付服务法规和其他贸易或商业法规，例如反洗钱、广告和数据管理法等。FCA 还乐于强调其为创新提供了协商的机会，监管沙盒为检验可能需要金融监管授权的创新提供了一个安全空间。

三重代币分类方法使英国像瑞士和新加坡一样划定监管范围，避免对加密资产过度监管，其好处是这种隐性许可可能会吸引加密金融产物，并防止被监管扼杀。英国、瑞士和新加坡是非常热门的代币发行地区。[3]可以说这种做法无异于"竞次"，尽管这些司法管辖区似乎在捍卫其现有的证券、投资和支付服务法律。然而，也有观点认为自律监管的方式反映出区块链企业缺乏治理需求，因为这些企业依靠点对点交换，并没有建立企业—消费者关系。区块链上的自动化协议规定了系统参与者的功能和自我治理需求，因此可以说，这些企业也许并不需要外部治理机构。

然而，正如加密货币区块链的自律监管经验所示，所有无许可的区块链都会遇到以下情况：需要填补智能合约代码没有设想到的合同缺口，[4]或者

---

① FCA. Guidance on Cryptoassets. https://www.fca.org.uk/publication/consultation/cp19-03.pdf.

② FCA. Guidance on Cryptoassets Policy Statement. https://www.fca.org.uk/publication/policy/ps19-22. pdf.

③ ICO bench. Stats and facts. https://www.icobench.com/stats (last visited July 18, 2020)（按照已筹集资金搜索"Top countries and ICOs"）。

④ Eliza Mik. Smart Contracts: Terminology Technical Limitations and Real World Complexity. *L. Innovation* & *Tech.*, Vol. 9, 2017, p. 269; Roger Brownsword. Smart Contracts: Coding the Transaction, Decoding the Legal Debates. in Ioannis Lianos, Philipp Hacker, Stefan Eich and Georgios Dimitropoulos (eds). *Regulating Blockchain*. Oxford: OUP 2019 at ch. 17.

需要保护集体财产或公地。[①] 对此，是否应由监管机构提供集体标准并保护公共资源，还是留待自律监管解决？监管者亦不确定哪种方法更有竞争力，即是以交易成本效率的名义引入治理和标准以提供法律明确性，还是允许（并等待）自下而上的解决方案。前者可能会造成与其他监管和法律制度的不协调，[②]对监管者和被监管者而言成本高昂。此外，标准化的解决方案对区块链社区是否最优还不确定。[③] 可以说，英国和新加坡现有的司法制度基于普通法的合同和财产概念，为区块链领域可能产生的争议解决提供了有利基础。评论者主张加密资产的财产权[④]和契约理论应在交易者的合理预期范围内适用。[⑤] 瑞士法律的评论者也提供了类似意见。

　　自律监管的方法可能并非"竞次"，因为它也许的确通过持续的试验性和参与性的努力去了解区块链社区对法律和监管制度的需求，以及怎样的结构（如果有）可以为这些企业提供所需的确定性。这种方法可能优于美国的豁免私人市场方法，后者将 ICO 限制在合格投资者和机构投资市场，将散户拒之门外。区块链业务从根本上是点对点的网络，为所有人提供了参与企业建设的机会以及金融化的前景；[⑥]而以保护散户投资者的名义阻止散户参与，导致他们被边缘化在创新的经济前沿，这未免讽刺。这也许与区块链业务开发者的初衷相悖，开发者可能认为 ICO 在私人市场的漏斗式开

① Organization For Economic Co-operation and Development，Trust in Peer Platform Markets，Pub，*OECD Digital Economy Papers*，Vol.11，No.1，2017；Marta Cantero Gamito. Regulation.com Self-Regulation and Contract Governance in the Platform Economy：A Research Agenda. *Eur J. Legal Stud.*，Vol.9，2017，pp.53，61；Marc Rocas-Royo. *Decentralization as a New Framework for the Sharing Economy.*（*Handbook of the Sharing Economy*）.2019，pp.220－221.

② 任何改革都必须考虑到金融监管的背景以及所要达到的监管目标。

③ Francesca Musiani，Alexandre Mallard & Cecile Meadel. *Governing What Wasn't Meant to be Governed：A Controversy-Based Approach to the Study of Bitcoin Governance. Bitcoin and Beyond：Cryptocurrencies，Blockchains and Global Governance.*，2018，pp.133，138－142.

④ David Fox. *Cryptocurrencies in the Common Law of Property in the Law of Cryptocurrencies.* 2019，pp.148－155；UK Jurisdiction Taskforce，Law Tech Delivery Panel，Legal Statement on Cryptoassets and Smart Contracts. https://www.35z8e83mlih83drye280o9d1-wpengine.netdna-ssl.com/wp-content uploads/2019/11/6.6056_JO_Cryptocurrencies_Statement_FINAL_WEB_111119－1.pdf.

⑤ Blaise Carron & Valentin Botteron. *How Smart Can a Contract Be? in Blockchains，Smart Contracts，Decentralised Autonomous Organisations and the Law*，101，143. Daniel Kraus，Thierry & Obrist Oliver Hari eds. 2019；Jared Arcari. Decoding Smart Contracts：Technology Legitimacy & Legislative Uniformity. *Fordham J. Corp. & Fin. L.*，Vol.24，2019，p.363.

⑥ Alyse Killeen. *The Confluence of Bitcoin and the Global Sharing Economy. in The Handbook of Digital Currencies.*，2015，pp.485，494.

放做法是不公平的。

此外，自律监管的方法可能是过渡性的，因为监管者必须解决 ICO 市场的需求方问题，并努力与"法律和金融"文献①中需求方对保护性法律制度的偏好相一致。这种供需双方压力的平衡可以体现在对网上众筹的监管制度的演变中，例如英国②和美国③最终许可私人贷款或集资的新型平台中介，与平台的强制注册和投资者保护法规相平衡。瑞士、新加坡和英国已经建立起重要金融业活动管辖区的声誉，且自律监管的方法仍可进一步完善。这些司法管辖区没有美国所享有的主导市场优势，④但它们同样具有强大的竞争力以保持竞争分歧。⑤

（三）授权制度

为使 ICO 合法化和便利化，一些司法管辖区已着手提供量身定制的制度，以吸引 ICO 进入，从而提升其辖区的创新金融监管声誉，并吸引资本和投资流入。下文将对此展开讨论。

泰国早期即通过积极立法为代币发行提供了促进性的授权制度，⑥无论代币被设计为充当加密货币（交易媒介）、实用型代币（赋予商品或服务方面的权利）、证券代币（赋予参与投资方面的权利），还是 ICO 门户网站（用于进行代币发行的平台）、数字资产交易所、经纪人或交易商。然而，考虑到在监管的背景下，已有未受监管的加密经济建立了自己的市场与实践，七种

---

① Rafael La Porta，Florencio Lopez-de-Silanes & Andrei Shleifer. What Works in Securities Laws. *J. Of Fin.*，Vol.61，2006，p.1.

② FCA. Loan-based（peer-to-peer）and Investment-Based Crowdfunding Platforms：Feedback to CP18/20 and final rules，https://www.fca.org.uk/publications/policy-statements/ps19-14-loan-based-peer-to-peer-investment-based-crowdfunding-platforms-feedback-final-rules（详细说明投资者保护措施，例如投资者限制、为散户提供建议的需要，以及平台治理和责任）。

③ Securities and Exchange Commission. Crowdfunding Final Rule. http://www.sec.gov/rules/final/2015/33-9974.pdf.

④ ICO Statistics by Country，https://www.icowatchlist.com/statistics/geo（展示了美国领先的 ICO 管辖区的统计数据）。

⑤ Winifred Huang et al. The Geography of Initial Coin Offerings. Small Bus. Econ.，2019（发现拥有良好技术基础设施的发达金融司法管辖区对 ICO 仍然至关重要，因此有利于美国的"同行"挑战者）。

⑥ Baker McKenzie. A Complete Guide to Cryptocurrencies and ICOs in Thailand. https://www.bakermckenzie.com/-media/files/insight/publications/2018/09/bk_thailand_completeguidecryptoicos_sep18.pdf? la=en.

成熟加密货币被豁免于该制度，并被授权作为代币交易媒介。① 此外，已经具备商品和服务功能的实用型代币的发行被豁免，这表明其将被视为一般销售，而非"投资"产品。

泰国的授权制度似乎是证券监管模式的缩减版，其要求发行人提交注册声明和招股说明书，招股说明书中需包含商业计划、代币类型和授予的权利、用于执行代币认购的智能合约的源码、条款和条件等关键内容。披露声明由经授权的 ICO 门户网站（代币发行必须通过该门户网站进行）以及 SEC 办公室审核。发行人必须是在泰国注册的企业法人，如果公司的管理层信誉良好，有一个"基本健全的商业计划"，并且从经审计的财务报表来看财务状况良好，SEC 似乎保留了审查的自由裁量权。代币的发售可以面向成熟的、高净值的机构投资者进行，而散户投资者则受到投资上限的限制，以尽量降低他们的风险。

泰国还对在本国设立的 ICO 门户网站、数字资产交易所、数字资产经纪商和交易商进行监管，其接受初始资本监管，也许是为了证明它们的资金充足，因而不会从事诈骗活动。这些被强加的监管义务与它们在金融经济中的功能对应物并无不同，例如证券发行的承销商、金融工具市场、经纪商和交易商。这些义务相对来说较为粗略和笼统，例如需要保持稳健的运营、安全的系统和健全的治理，遵守反洗钱法规和客户保护。由于监管要求并不广泛，泰国为加密资产市场活动的合法化提供了一个途径，然而对有意申请者征收的费用并不低。从 2020 年 1 月起，代币发行者将面临超过 1 万美元的申请费，以及按预期代币发行量的一定比例（约 0.05%）收取的备案费。数字资产交易所、经纪商和交易商还面临 3 万美元—5 万美元的许可费和基于交易总量百分比计算的年费。到目前为止，泰国已经有一家加密货币交易所和三家数字资产经纪商获得了许可，这似乎表明合法化的代价并不那么令人望而却步。②

马耳他的《虚拟金融资产法》(*Virtual Financial Assets Act*，简称《马耳

---

① Bitcoin，Bitcoin Cash，Ethereum，Ethereum Classic，Litecoin，Ripple and Stellar.
② Yashu Gola. Thailand's Finance Ministry Grants Licenses to Three Crypto Exchanges. CCN. https://www.ccn.com/newsflash-thailands-finance-ministry-grants-licenses-to-three-cryptoexchanges.

他法》）①为虚拟资产提供了类似的量身定做的制度。虚拟资产涵盖了数字代币的范围，而这些数字代币不只用于消费、支付或欧洲立法定义下的金融工具。该法案要求虚拟资产的发行者必须是马耳他的法人，并要求提交和公布一份包含强制性披露项目的白皮书。为了方便散户投资者阅读，还应该公布一份语言通俗易懂、具有叙述性的摘要，②这奇怪地模仿了 2017 年的《欧洲招股说明书条例》（*European Prospectus Regulation*）的制度，但相对来说是有所缩减。该法案通过将每个散户投资者的投资额度限制在 5 000 欧元以内，进一步保障了投资者的权益。《马耳他法》规定了发行人行为的一般原则，例如管理利益冲突，以诚实、应有的关注、技能和勤勉以及适当的控制开展业务。这些要求在一定程度上模仿了欧盟《2014 年金融工具市场指令》（*EU Markets in Financial Instruments Directive 2014*）的标准，但相对来说是开放式的，不确定是否有任何监管执法支持此类义务。这是因为马耳他制度对投资者的保护主要在于对含有不真实、误导性、不一致和不准确陈述的白皮书的民事责任。③

总而言之，本文研究的两种授权制度倾向于暗示某种程度上的竞次，要么不设标准，要么与适用于传统金融经济的标准相比降低标准。

《马耳他法》还要求发行人指定一个虚拟金融代理人，根据欧洲反洗钱立法的尽职调查标准，负责融资的反洗钱合规方面。总体而言，马耳他制度似乎为欧盟的"黄金标准"提供了一个可信的轻量级版本，但进一步研究可发现，该制度为了吸引发行人，对投资者的保护水平有限，而且存在着竞次的危险性。例如，白皮书民事责任制度以故意和重大过失为前提，对于可能指称白皮书陈述不准确、不一致或不真实的投资者来说，这是相当高的举证难度。可以说，由于所有的区块链业务都处于试验阶段，并不能完全保证企业的功能、表现能达到预期结果。然而，人们或许会质疑，为什么不将情况和风险完全示明给投资者，以便他们清楚相应的风险，并适用简单过失（simple negligence）标准。也许并不需要适用像《欧盟招股说明书条例》的

---

① The Virtual Financial Assets Act, Grant Thornton, https://www.granrthornton.com.mt/industry/fintech-and-innovation/The-Malta-Virtual-Financial-Asset-Act（总结了马耳他的《虚拟金融资产法》）。

② Virtual Financial Assets Act, art. 9 (Malta).

③ Virtual Financial Assets Act, art. 10 (Malta).

黄金标准那样的严格责任标准，但马耳他的标准事实上削弱了对投资者的保护，而更有利于发行人。此外，《马耳他法》关于内幕交易和市场操纵的规则似乎也更有利于发行人和市场，而非投资者。

该法还提供了一个监管关键中介机构的制度：定义了区块链数字资产交易所，并试图就交易所的审慎要求及其风险治理和合规能力①对二级交易市场和涉及虚拟金融资产的相关中介机构给予授权。服务提供商将被许可为虚拟金融资产（VFA）服务提供商，并由新的马耳他数字创新局（Maltese Digital Innovation Authority）监督。对服务提供商的定义是开放式的，以适应各种新形式的服务，除了与托管职能有关的规定外，对其行为没有太多的具体规定。由于托管业务有客户资产被盗和损失的风险，因此适用类似于欧盟金融工具市场指令中的责任制度，以保障客户资金和资产。具有保管职能的服务提供商需要尊重客户的所有权，履行保存和核对记录的职责，厘清用户的权利，并建立适当的系统来保障这些权利。② 对服务提供商的网络安全系统要求并不完全明确，因为该制度并没有阐明或倾向于任何特定的行业标准。

然而，服务提供商不需要遵守欧盟在市场监督、监测和控制方面的其他"黄金标准"。③事实上，《马耳他法》中的反市场滥用制度已对该领域进行了监管。然而，目前还不确定投资者是否能在加密交易所获得安全可信的市场。《马耳他法》将内幕交易和市场操纵定为刑事犯罪，与欧盟《2014 年市场滥用条例》（*EU Market Abuse Regulation 2014*）④的规定相似，但只有在故意实施此类行为的情况下才构成犯罪。⑤ 这大大降低了欧盟对内幕交易和市场操纵适用的严格责任标准。⑥ 较低的标准虽然对服务提供商和发行

① Christopher Buttgieg & Christos Efthymiopoulos. The Regulation of Crypto Assets in Malta: The Virtual Financial Assets Act and Beyond. *L. Fin. Mkts. Rev.*, Vol.13, 2019, pp.30, 35.

② Virtual Financial Assets Act, art. 14 (Malta).

③ Directive 2014/65/EU of May 15, 2014, Markets in Financial Instruments, art. 18, 19, 31 O.J. (L. 173); Financial Conduct Authority, FCA Handbook: Market Conduct § § 5, 5A, 5AA (2019).

④ Regulation 596/2014 of the European Parliament and of the Council of 16 April 2014 on Market Abuse and Repealing Council Directive 2003/6/EC and Commission Directives 2003/124/EC, 2003/125/EC and 2004/72/EC, 2014 O.J. (L 173) 1, 2.

⑤ Virtual Financial Assets Act, art. 34—36 (Malta). http://www. justiceservices. gov. mt/DownloadDocuIDnt.aspx? app=lom&itemid=12872&l=1.

⑥ Case C-45/08, Spector Photo Group NV, Chris Van Raemdonck v. Commissie voor het Bank, Financie-en Assurantiewezen (CBFA), 2009 E.C.R. I-12073.

人更有吸引力，但对投资者的保护力度可能相对有限。此外，还没有针对这些情况为投资者提供民事救济的规定。

由于在投资者保护方面做出了一定的权衡牺牲，授权制度通过降低潜在成本隐蔽地支持了供应方。授权制度是否会导致竞次还有待观察，因为该制度的许多假设和方面可能不符合区块链企业的需求，下文将对此展开讨论。

以色列①也正在为加密资产市场制定监管制度，其准备引入一个促进性的制度来充分利用分布式账本技术的优势。以色列计划建立正式的制度，通过强制披露使所有类型的加密资产发行合法化，且引入与在线众筹监管相匹配的监管要求。此外，数字资产交易所也将受到监管，以回应人们对此类市场治理的日益关注，从而保护客户并确保安全。区块链系统通常被视为点对点的市场，而非公司等法人。

上述制度竞相为 ICO 提供"合法化"机会，吸引它们接受量身定制的监管制度所提供的法律确定性。此外，这些制度还为 ICO 的一系列支持服务提供了监管立法，包括数字资产交易所和中介机构。然而，如果没有一个占主导地位的投资者市场，这些制度可能对美国投资者没有那么大的吸引力。此外，欧盟其他国家对于在马耳他合法提供的虚拟资产并没有一致承认，如果在 12 个月内募集超过 100 万欧元，其他司法管辖区仍然可以将马耳他的发行视为违反了欧盟的招股说明书规则。②

上文讨论的授权制度试图通过激励在各自国家成立公司来吸引发行人和服务提供商，但不确定这是否符合区块链社区的需求。首先，如果拟成立公司的"发行人"是开发者，开发者可能不希望建立一家正式的公司，并受制于一个国家的公司法。这是因为在一些区块链项目中，开发者的预期是在项目成熟后适时退出，并将区块链完全交给社区参与者来操作和维护，然而对成立公司和持续遵守证券规则的要求可能会与此预期相悖。

此外，即使对发行进行登记，对交易进行监管，但在对区块链系统本身的监管方面仍会存在潜在漏洞。区块链系统是否应被纳入监管，以使代币

---

① Roy Katsiri. ISA Publishes Cryptocurrency IPO Regulations. https://www.en.globes.co.il/en/article-isa-publishes-cryptocurrency-ipo-regulations-1001277152.

② Regulation 2017/1129 of the European Parliament and of the Council of 14 June 2017 on the Prospectus to be Published when Securities are Offered to the Public or Admitted to Trading on a Regulated Market and Repealing Directive 2003/71/EC, 2017 O.J. (L. 168) 12, 26 - 27.

购买者在代币买卖以外仍继续享有明确的权利？区块链系统通常被视为点对点的市场，而非公司等法人。不同于区块链系统中点对点的关系现实，公司是一个等级森严的法人。如果在区块链系统的参与者群体方面存在监管漏洞，那么，代币持有者在系统的治理和各自的权利方面将会模糊。如果将公司的要求加于区块链系统本身，那么将区块链系统纳入一个国家的公司法规则可能会面临严重阻碍。在点对点的区块链系统中，不存在易确定的管理机构，那么，是否应将矿工和(或)核心开发人员视为管理机构并让其承担与管理有关的沉重责任？[①] 目前还不清楚代币持有人是否等同于股东，以及公司法判例中规定的权利、义务和责任是否应该适用。如果集资已顺利进行，而与区块链业务相配套的商业模式和治理制度却没有充分考虑和构建，那么一切都将毫无意义。

此外，泰国和马耳他监管数字交易所等服务提供商的框架制度可能不足以保护投资者和客户，因为立法没有关注一个关键问题，即钱包供应商的责任。许多投资者的加密货币和资产保存在交易所供应商的钱包中，如果钱包是"热的"，即一旦联网，就有受到网络黑客攻击的可能。此外，在交易所关闭、暂停或服务中断的情况下，缺乏对商业连续性和投资者保护的规定。考虑到许多数字资产交易所是初创企业，可能因缺乏竞争力和对投资者的吸引力，或因网络黑客攻击和操作风险等原因而失败，此问题就显得尤为重要。框架性的监管制度引发了人们的怀疑，因为它们貌似提供了合法性，但没有真正承诺实质性的可信度或稳健性。有观点认为授权制度有利于加密金融领域的创新，此阶段的监管只能是渐进的和试验性的。然而，这些授权制度方面的任何竞次动机都可能会被加密经济所需条件的发现所抵消。

ICOs为金融监管者带来了独特的挑战，他们仍在努力应对ICOs在筹资方面的混合的新旧特点。

事实上，美国实际上也为虚拟货币提供了一个有限的授权制度，可以说，美国融合了各种监管方法，霸权主义和支持创新的做法同时在发展中。

---

① 认为开发商在功能上类似于信托人。

这反映了美国内部机构间的竞争，①一方面，这可能被认为有助于产生回应性的监管解决方案，但也可能使那些不希望在引入监管时遭受先发劣势的机构变得松懈。另一方面，纽约在 2015 年推出了数字货币许可计划（Bitlicense scheme），②允许从事加密货币兑换、托管和传输等业务的企业申请特定的许可证以开展其活动。然而，这一制度受到了批判，被认为给企业施加了沉重的合规负担，迄今为止，只有三家大型企业获得了许可证。③ 然而，各州开始更倾向于对加密货币企业进行明确的监管，④因为加密货币业务规模的不断扩大正迫使监管政策做出选择。

因此，统一法律委员会（Uniform Law Commission）起草了《虚拟货币业务统一监管法案》（*Uniform Act for Virtual Currencies Businesses*，简称《统一法》），⑤为从事虚拟货币业务的企业提供登记制度。虚拟货币业务包括虚拟货币的管理、交换和储存，虚拟货币被定义为模仿货币特性的"数字价值代表"，即能够作为记账单位、交换媒介或价值储存，但并非实际的法定货币。这一定义不包括作为法币的电子货币，以及根据联邦有关立法被定义为"证券"或"商品"的电子货币。处理总量超过 35 000 美元的虚拟货币企业必须注册，而处理量低于 5 000 美元的企业则可豁免注册。处理量低于 35 000 美元的企业需要履行某些合规义务，可以选择登记，或至少必须向州当局提交一份通知，并履行相关合规义务。已注册企业有义务按规定保存交易记录，并可能接受当局的年度检查。它们还须承担保管义务，以保护虚拟货币持有者相应的所有权。《统一法》潜在地涵盖所有形式的代币，因为对"虚拟货币"和"虚拟货币业务"的解释可能包含 ICO 本身。然而，《统一法》表明其适用于明确不属于证券或商品的代币，以避免与联邦管辖权相重叠。《统一法》支持加密货币的合法化，但还没有扩展到区块链企业

---

① Michael K. McShane et al. Regulatory Competition and Forbearance： Evidence from the Life Insurance Industry. *J. Banking & Fin.*，Vol.34，2010，p.522.

② N. Y. Comp. Codes R. & Regs. tit. 23，§ 200.3 （2019）. https：//www. dfs. ny. gov/docs/legal/ regulations/adoptions/dfsp200t.pdf.

③ 获得许可证的三个企业是 Coinbase，Circle 和 Ripple。

④ Carl T. New Bitcoin Regulations Coming to Nevada，California，OK，RI and Hawaii Following BitLicense's Lead. https：//www. bitcoinexchangeguide. com/new-bitcoin-regulations-coming-to-nevada- california-ok-ri-and-hawaii-following-bitlicenses-lead/.

⑤ Unif. Regulation of Virtual Currency Bus. Act （Unif. Law Comm'n，Proposed Official Draft 2017）.

目前提出的筹资和业务发展需求。迄今为止，一些州已经提出通过《统一法》历次版本的法案，但还没有明确立法。①

《统一法》的地位是一个奇怪的问题，因为它是联邦制度中的一个授权制度，而联邦制度更具霸权性和强制性。目前，联邦办法在 ICO 监管方面似乎占据了主导地位，反映了美国巩固和延伸霸权主义的一致性偏好。

上述讨论反映了许多司法管辖区对 ICO 的监管政策中关于监管竞争的潜在叙述。在理论上，蒂布特意义上的监管竞争可以带来监管创新和回应，并提供令相关方满意的监管产品。然而，该理论范式假定竞争条件明确，且相关方有完善的信息和流动性。

ICO 给金融监管者带来了独特的挑战，他们仍在努力应对 ICOs 在筹资方面混合着的新旧特点。因此，"竞争的条件"仍面临挑战并有待确定。霸权主义制度和授权制度都将他们的监管对象等同于公司发行人，而这种观点可能是自以为是的。正如上文所讨论的，许多已经成功进行 ICO 的区块链企业并没有采用传统的公司架构。启动项目的开发者主体既可以是公司、基金会（例如以太坊），也可能是非法人。由于区块链项目本质上是点对点的网络，该网络可以随着足够的参与者执行操作和维护协议（例如交易的验证和记录）而变得成熟。开发者主体可能不会继续在区块链上发挥明显作用，并也许会转移到另一个项目上。② 对于许多开发者来说，开发的主要回报是为开发筹集的用于偿付他们时间和努力的初始币。与易贝（eBay）或优步（Uber）等平台公司不同的是，开发者并不是区块链网络的所有者，也通常不打算在网络上持续收租或保持价值提取关系。③ 这是因为开发者正致力于通过共识协议以分布式方式使区块链可以进行自我维护，而不打算继续进行集中式管理和治理。④ 因此，筹资活动可被视为一种与区块链网

---

① Christopher Casper. Bitcoin and Cryptocurrency Laws in All 50 States. https://www.coiniq.com/bitcoin-and-cryptocurrency-laws-usa/.

② Daily Briefing：Virtual Reality Land Selling for Millions. https://www.businesscloud.co.uk/opinion/daily-briefing-virtual-reality-land-selling-for-millions（假定 Decentraland 计划适时退出基于区块链的虚拟世界）。

③ Jonathan M. Barnett. The Costs of Free：Commodification，Bundling and Concentration. *U.S.C. L. Sch. Working Paper Series*，Paper，https://www.papers.ssrn.com/sol3/papers.cfm? abstract_id=2916859.

④ Giulia Leoni and Lee D. Parker. Governance and Control of Sharing Economy Platforms：Hosting on Airbnb. *Brit. Acct. Rev.*，Vol.51，2018，pp.2，6，10，20.

络本身的持续发展和成熟相分离的现象。而且，这种独特的供应方的特征在霸权主义方法或授权制度中没有被考虑到，这些制度仍坚定认为监管会持续附着在公司化的开发者主体上。这对需求方是危险的，因为需求方对区块链业务性质的理解可能会因 ICO 被纳入证券监管而被错误地框定。虽然自律监管的方法并没有提出任何假设，但监管机构可能做得太少，无法为市场上的理智决策做出贡献。[1]

监管者尤其是发达金融辖区的监管者，觉察到了制度保护、监管竞争乃至创新之间的困境。这种困境的原因可能是依据竞争本能的制度保护和监管创新所服务的目标有所不同。[2] 然而，这也假定了加密资产的监管改革必然会被维持市场低门槛产生的利益所吸引。监管者需要分辨屈服于供应方的需求与识别挑战监管者假设之间的区别。如果监管者为了发现市场供需两端的新需求而参与监管改革，那么，监管竞争的视角对于适时产生监管政策将有所裨益。对于供应方的结构和需求，以及需求方的组成人员，目前还缺乏明显的了解。这种学习过程应该是开放的、包容的，通过这种方式，参与一定程度的竞争可以让我们发现哪些内容对被监管者至关重要，例如他们对监管或私人法律框架有何需求，法律机制在多大程度上是重要的，以及加密经济如何与主流经济整体对接。这并不意味着监管者不会"权衡"某些监管目标、[3]建立促进选择或套利的制度。本文所论证的是，学习和发现的过程本身就很重要，这一点可以在竞争的动态中梳理出来。这一论点尤其重要，因为霸权管辖区对加密资产市场的假设可能会掩盖这种学习和发现。我们并不否认从竞争中发现和学习的过程可能会导致某些方向的"竞赛"，但我们不认为这是唯一或必然的结果。

监管竞争通常基于降低成本或标准而迎合供应方，这也被有的学者批

---

[1] Consumer Warning about the Risks of Investing in Cryptocurrency CFDs. https://www.fca.org.uk/news/news-stories/consumer-warning-about-risks-investing-cryptocurrency-cfds(指出消费者警告本身并不能真正教育消费者了解金融化或加密资产的性质)；Cryptoassets. https://www.fca.org.tik/consumers/cryptoassets；ESAs Warn Consumers of Risks in Buying Virtual Currencies. https://www.eba.europa.ei/-/esas-warn-consumers-of-risks-in-buying-virtual-currencies.

[2] Saule Omarova. New Tech New Deal: Fintech As A Systemic Phenomenon. *Yale J. Reg.*, Vol.36, 2019, p.735(警告美国新政后的法规等既定制度已被金融创新所破坏，监管部门对后者的同情可能会导致隐秘的制度侵蚀).

[3] Iris H-Y Chiu. A Rational Regulatory Strategy for Governing Financial Innovation. *Eur. J. Op Risk Reg.*, Vol.8, 2017, p.743(讨论监管目标的权衡问题).

评是根据法律的商品化，既没有政治代表，也没有社区的社会价值支持，而后者是法律的来源地。然而，当熟悉的假设被新的商业结构和利益相关者打乱时，这也应使监管者有机会以广泛的视角了解谁是供应方，有什么需求，谁是需求方，以及诸如"法律和金融"这样的旧假设是否重要。事实上，目前采取自律监管方式的司法管辖区完全可以参与这种学习和发现，以发展监管思维，而不是满足于为其自由放任的立场辩护。

四、监管协调是否在望？

有观点认为，上面讨论的金融监管机构采取的分歧和明显竞争性的做法可以通过某种形式的国际协调加以解决。天秤币有关事项已显现出这种国际协调行动的信号，[①]天秤币是天秤币协会（Libra Association）提议推出的数字货币，脸书（Facebook）是该协会的主要创始成员。[②]

天秤币协会总部位于瑞士日内瓦，其创始成员由脸书领导，包括支付服务公司 PayU、零售商 Farfetch 和优步（Uber）、流媒体服务商 Spotify、电信公司 Vodafone 和 Iliad、数字资产和加密货币交易所，例如 Coinbase 和 Anchorage、加密货币支付服务 Xapo、区块链开发商 Bison Trails 以及一些风险投资基金和非营利性多边组织，例如旨在为无银行账户人士服务的 Women in Banking。该协会的计划是开发一个全球支付区块链，以促进私人稳定币的支付。稳定币的发行将换取由存款和政府证券等低风险资产背书的储备中的法币，以确保每枚天秤币都有充分背书和稳定的价值。[③] 储备金由资产管理人和保管人管理，并接受协会的监督。创始成员作为区块链上的验证者将验证天秤币的交易。尽管天秤币的底层技术为区块链，但它实际上是由协会集中管理的，协会不断地向用户收取租金。这并不像加密货币和其他区块链应用那样是完全分布式的。FSB 的兴趣可能预示着针对加密金融发展的国际协调方法的出现。

由于脸书可能会吸引 20 亿用户参与天秤币，其潜在规模已经引起了监管者的注意。FSB 主席和英格兰银行行长已经警告天秤币可能会产生系统

---

① LIBRA. htps://www.libra.org/en-US/.

② Association, LIBRA. https://www.libra.org/en-US/association.

③ White Paper, LIBRA. https://www.libra.org/en-US/white-paper.

性风险，[1]这一警告到目前为止还没有针对加密金融市场。[2] 事实上，FSB[3]
已经发布了一份关于监测金融服务业中"大科技"公司的系统性风险的咨询
文件，其范围不仅限于脸书。还有一些学者[4]揭示了监管对天秤币的影响，
从支付服务注册和合规到反洗钱合规，包括对其所有用户的尽职调查。天秤
币储备金的管理也可能被定性为集体投资计划或货币市场基金，在欧盟和许
多其他发达的金融管辖区受到广泛的监管。这些制度引发了微观审慎监管
以及治理和内部控制的监管，而天秤币协会似乎还没有处理好这些问题。

　　金融稳定委员会的兴趣可能预示着国际上将对加密金融发展采取协调
监管方法。然而，笔者认为这可能仅限于天秤币和由"大科技"公司领导的
类似项目。与加密资产开发者不同，这些公司可能会采用平台模式开展业
务，使其能够收集网络效应，并持续进行集中管理和收取租金。这些具有商
业性质的公司化主体是监管者熟悉的对象，并可轻易对其施加监管义务，例
如作为支付服务提供商、集体投资基金、衍生品交易商进行登记，以及持续
合规等。换句话说，熟悉的金融监管资本主义[5]制度可以适用于大科技公
司中具有等效金融职能的相应部门。事实上，大科技公司很可能会受到
监管机构的系统性风险监测，因为其中的许多公司都有着巨大的社会影
响力。有学者认为是否会引入国际标准还不明确，但处理拥有庞大社会
资本和资源的大科技公司的监管者可能会被激励在多边形式的行动中进
行合作，例如利用已建立的监督学院结构（supervisory college structures）[6]

---

① Kiran Stacey & Caroline Binham. Global Regulators Deal Blow to Facebook's Libra Currency Plan.
https://www.ft.com/content/0c1f3832-96b1-11e9-9573-ee5cbb98ed36.

② Letter from Mark Carne, Chair of the Financial Stability Board, to the G20 Finance Ministers and
Central Bankers. http://www.fsb.org/wp-content/uploads/P180318.pdf.

③ BigTech in Finance: Market Developments and Potential Financial Stability Implications. https://
www.fsb.org/wp-content/uploads/P091219-1.pdf.

④ Dirk Zetzsche, Ross Buckley, & Douglas Arner. Regulating LIBRA: The Transformative Potential
of Facebook's Cryptocurrency and Possible Regulatory Responses. *U. N.S. W. Res. Series*, Vol.47,
2019, pp.16 - 18, 20 - 24, 28.

⑤ David Levi-Faur. The Global Diffusion of Regulatory Capitalism. *The Annals of the Am. Aca. of
Pol. and Soc. Sci.*, Vol.12, 2005, p.598（使用术语）；John Braithwaite. *Regulatory Capitalism*.
Edward Elgar, 2008（在第 1 章中提到并讨论监管国家与资本主义发展在私营部门提供商品、服务和
市场方面的持续共存）.

⑥ Principles for Effective Supervisory Colleges. Basel Comm. Banking Supervision (June 2014),
https://www.bis.org/publ/bcbs287.pdf（指出自全球金融危机结束以来，已经建立对重要跨境银行
和金融集团的监督结构）；Principles for Supervising Financial Conglomerates. http://www.bis.org/
publ/joint29.pdf.

来监督"大而不倒"的金融机构。此外，监管者也可以通过对其他监管制度给予同等承认或相互承认以利用它们之间所监管的规模经济。在欧盟内部，这种协调也可以由欧盟委员会（European Commission）或欧洲金融监管系统（European System for Financial Supervision）层面的政策来领导。①

天秤币和大科技公司的类似项目的监管轨迹不太可能与加密资产行业相同，因为前者就监管扩张提出的新问题少于后者。天秤币开启了国际层面启动监管讨论的先河，这将为进一步的监管协调和考量铺平道路。如果用天秤币编写加密资产，并扩大利用主流和基于区块链发行私人货币的业务规模，监管协调可能会产生。在这之前，加密资产开发者还可以选择以太坊、Tezos、EON、Tron 等基础设施，在一个多样化的且还没有出现系统重要性迹象的市场中运作。

五、结论

ICOs 市场在与现有制度相适性和监管改革考量方面对金融监管机构提出了挑战。一些司法辖区出现了监管分歧，本文讨论了与霸权主义、自律监管和授权制度相关的三种主要方法。这些方法反映了不同的假设和监管者对加密资产行业的不同理解。对此，笔者认为，有关供需两端的"竞争条件"仍在发现之中，而且并不完整。这为监管者提供了一个独特的机会，使其可以舍弃与公司化证券发行人或机构投资者有关的熟悉假设，以发现哪些治理需求才是真正的关键。② 这可能会对现有监管的连贯性带来挑战，但连贯性本身不应成为学习和潜在改革的障碍。

笔者还认为，与天秤币项目有关的国际监管协调的迹象并不一定反映了加密资产行业的盛行趋势，因为监管机构可以简单地将现有的和熟悉的金融监管范式应用于天秤币协会，尤其是其主要创始成员——脸书。加密资产市场仍有可能产生多样性，并应促进发现新的监管思路和政策基础，无论是否以协调的方式。

---

① 参见本文第一部分的讨论。
② Iris H-Y. Chiu. *Regulating the Cryptoeconomy*. Oxford：Hart Publishing，2021.

加密资产和内幕交易法适用范围

安德鲁·维斯坦*

张林越 译 李 素 沈 伟 校

摘要: 大量文献就是否应当规范"内幕"交易以及如何最好地规范"内幕"交易等问题进行了评价,但是很少有人关注什么类型的资产最应受到内幕交易规定的管制——是股本证券还是所有类型的投资,抑或是在两者间找寻一个平衡点?当前,内幕交易法是否已应用并且应当应用于比特币等加密资产这一问题存在极大争议,在这一背景下,本文提出了关于内幕交易法适用范围的理论,表明加密资产与证券、大宗商品一样属于内幕交易法适用范围。不过,许多其他常见的投资资产并不受内幕交易法的约束。

关键词: 加密资产;内幕交易;证券交易;金融监管;重大非研信息

一、介绍

大量文献就内幕交易法相关内容展开论述。例如,高频交易新技术是否应被视作"内幕交易 2.0"的一种而受到惩罚?① 内幕交易是否都应

---

* 安德鲁·维斯坦(Andrew Verstein),维克森林大学法学院法学教授,耶鲁大学法学院法律博士。感谢史蒂芬·M. 班布里奇、乔治·S. 盖斯、玛丽-阿梅莉·乔治、马克·霍尔、雷娜·S. 哈克、索勒·莱弗莫尔、阿努普·马拉尼、詹姆斯·帕克、罗恩·怀特,以及美国法学院协会年会关于区块链时代监管未来的讨论组参与者的意见。汉娜·L. 弗莱提供了研究协助。

① Merritt B. Fox et al. Informed Trading and Its Regulation. *J. CORP. L.*, Vol.43, 2018, pp.817, 882. 福克斯等人认为他们的分析针对"知情交易"而非"内幕交易"的监管,但他们的关注点与大多数文献相同,即什么情况下我们应该限制一定程度上基于所知信息的交易。

合法化?① 对内幕交易法适用范围的关注要少得多,②例如,内幕交易法适用于股票,但它适用于债券、③商业地产、④令人梦寐以求的艺术品⑤或者铜⑥吗? 这些领域应当受内幕交易法管制吗? 我们究竟是否应该制定内幕交易法? 内幕交易法应采取何种具体形式?

大多数学者假设了一个有限的范围,这一范围仅涵盖普通股等常见的证券。⑦ 一些学者反对将其他资产类别作为同业市场纳入考量,对其进行管制或者撤销管制,并且指出了这样做的根本原因。⑧ 相比之下,笔者曾主张过一个更广的范围,而且已被纳入法律,⑨当时笔者并未提出一个限制性原则。不过在本文中,笔者将提供一个简单的测试来界定内幕交易法适用的外部边界。在为这一原则逐步构建案例的过程中,笔者仔细考虑了那些通常被认为不受内幕交易法及相关政策管控的以及本身就很重要的资产——加密资产,例如比特币。

加密资产是新兴事物,但对于大多数怀疑论者而言,它们已经超出了内

---

① 参见 Henry G. Manne, Insider Trading and the Stock Market,1966（主张将内幕交易合法化）。

② Frank H. Easterbrook, Statutes' Domains. *U. CHI. L. REV.*,Vol.50,1983,p.533.

③ Donald C. Langevoort. Insider Trading：Regulation, Enforcement and Prevention § 3：12 (2019)（"除了极少数例外,例如发行人在交易发生前就知道交易的情况,私取理论完全足以涵盖债权证券交易中的滥用"）和 Stephen M. Bainbridge. Insider Trading law and Policy,2014,pp.79 - 81.

④ Josh Barbanel, After Amazon HQ2, Uproar in New York Over Real Estate "Insider Trading"：The Proposed Legislation Would Prohibit People from Buying or Selling Real Estate Based on Any Nonpublic Government Action. *Wall St. J.*,https://www.wsj.com/articles/state-senatorproposes-law-to-ban-real-estate-deals-based-on-nonpublic-information-1543842ooo.

⑤ Andrew M. Goldstein. Collector Alain Servais on Insider Trading in the Art Market, "Blood-Sucking Leeches" and Why We're Now Just the Fashion Industry. https://www. artspace. com/magazine/interviews-features/how-i-collect/alain-servais-interviewpart-2-52876.

⑥ Kurt A. Hohenstein. Fair to All People：The SEC and the Regulation of Insider Trading (The Sec Takes Command), Sec Historical Soc'y (Nov. 1, 2006). http://www. sechistorical. org/museum/galleries/it/takeCommand_c.php; Andrew Verstein. Insider Trading in Commodities Markets. *Va. L. Rev.*, Vol.102, 2016, pp.447 - 448（"尽管证券内幕交易长期以来一直是非法的,但同样的行为在大宗商品和期货市场一直是完全合法的"）。

⑦ Ian Ayres & Stephen Choi. Internalizing Outsider Trading. *Mich. L. Rev.*, Vol. 101, 2002, pp.313, 331 - 338（讨论股票定价以及知情交易对股价的影响）；Victor Brudney. Insiders, Outsiders and Informational Advantages Under the Federal Securities Laws. *Harv. L. Rev.*,Vol.93, 1979, pp.322, 328 - 329（主张限制证券内幕交易,并澄清这一理由"不必扩展至普通法中对欺诈的规定以要求在其他市场或为了其他商品、服务而进行类似的披露"）。

⑧ James J. Park, Insider Trading and the Integrity of Mandatory Disclosure. *Wis. L. Rev.*,2018, pp.1133, 1172.

⑨ Andrew Verstein. The First Insider Trader in Commodities,Harv. L. Sch. F. on Corp. Governance & Fin. Reg. (Dec. 4, 2015). https://www.corpgov. law. harvard. edu/2015/12/04/the-first-insider-trader-in-commodities.

幕交易法的管辖范围。[①] 美国内幕交易法对涉及重大非公开信息的交易进行监管，[②]例如一名公司主管可能会在看到收益报表的初稿后就卖出她的股份。不过，许多人怀疑在开源虚拟货币的语境下是否还存在重大非公开信息：由于比特币是一种具有交换媒介功能的数字资产，所有比特币定价所需的相关信息都是公开的，因此它不像传统证券那样有类似收益报告公布的重要周期性信息事件。鉴于没有"内部"信息可以利用，比特币估值基于公开信息保持着相对较高的信息透明度。[③]

此外，美国内幕交易法常以交易者违反基于信任或保密关系的披露义务为构成要件。[④] 例如，公司主管在某种意义上是为股东工作的，因此，如果公司主管以股东日后必然会后悔的价格从股东手中收购股份，这种行为无疑是一种背叛。与之形成鲜明对比的是，许多加密资产并不存在需要扮演可信角色的"主管"和可能被背叛的"股东"——换句话说，加密资产是客观中立、去中心化的，[⑤]非基于信赖关系产生。[⑥]

人们通常认为内幕交易法对市场弊大于利，对于加密资产来说尤为如此。监管和执法的烦琐可能会限制自由、开源运动的开展与轻松氛围。[⑦] 此外，加密资产须经普及才会变得切实可行，而监管可能会阻碍普及进程。[⑧]事实上，对于很多用户而言，加密资产的主要吸引力在于，即使没有国家强制执行，它们依然能很好地运行。[⑨]

---

① John P. Anderson. Insider Trading and Cryptoassets：The Waters Just Got Muddier, 104 Iowa L. Rev. Online (2019)；Mihailis E. Diamantis. The Light Touch of Caveat Emptor in Crypto's Wild West, *Iowa L. Rev.*, Vol. 104, 2019.

② Salman v. United States, 137 S. Ct. 420, 425 n.2 (2016).

③ Craig M. Lewis. Solidx Mgmt. Llc. Solidx Bitcoin Trust：A Bitcoin Exchiange Traded Product. https://www.sec.gov/comments/sr-nysearca-2016-101/nysearca2016101-1579480-131874.pdf.

④ 这是《1934 年证券交易法》10b-5 规则下的起诉要求，不过其他理论中并无该要求。

⑤ Erik Voorhees. Is Bitcoin Truly Decentralized? Yes and Here is Why it's Important, Bitcoin Mag. (Jan. 22, 2015)，https://www.bitcoinmagazine.com/articles/bitcoin-truly-decentralized-yesimportant-1421967133.

⑥ Primavera de Filippi & Aaron Wright, Blockchain and the Law：the Rule of Code, No.26, 2018.

⑦ M. Todd Henderson & Max Raskin. A Regulatory Classification of Digital Assets：Toward an Operational Howey Test for Cryptocurrencies, ICOs and Other Digital Assets. *Colum. Bus. L. Rev.*, 2019, pp.443, 447-449.

⑧ 这个问题被吉姆·帕克(Jim Park)教授称为欣曼悖论。James J. Park. When are Tokens Securities? Some Questions From the Perplexed (UCIA Sch. of Law, Law & Econ., Research Paper No. 18, 2018)，https://www.papers.ssrn.com/sol3/papers.cfm?abstract id=3298965&download=yes.

⑨ Eric Hughes. A Cypherpunk's Manifesto, Activism：Cypherpunks (Mar. 9, 1993)，https://www.activism.net/cypherpunk/manifesto.html.

加密资产还具有创新的技术特征,能够消除对常见监管的回应(例如证券监管这个与内幕交易监管关系最密切的领域)的需要,甚至使监管措施的应用变得相反。如果用户不喜欢一组交易,他们可以认可链条上的"分叉"(fork),并撤销饱受争议的交易。[①] 实质上,他们放弃了所有的流动资产而选择了一个几乎相同的替代品,两者的不同之处在于后者并不认可存在争议的那笔交易。当使用某种加密资产的用户发现了一个可能导致 6 000 万美元损失的漏洞时,[②]由于他们不愿接受损失,故会放弃旧的加密资产并将新资产作为替代——除了不再具有漏洞与盗用风险外,新的加密资产与旧的一样。[③] 证券领域不曾有过如此激进的退出模式,即使大部分股东打算抛售股票以抗议内幕交易,公司股票本身仍旧保留对公司资产的所有权。[④] 当任何形式的市场滥用行为都能得到彻底修正时,公平抑或其他常见的内幕交易政策还有意义吗? 如果内幕交易受害者能够通过民主方式化解攻击,尤其是当市场操纵、公然欺诈等其他现实问题降临在加密资产市场时,又何必优先考虑执行法律?[⑤]

因此,现有的文献提出了三大主张来反对在加密资产领域强制执行内幕交易法:该法律并不适合加密资产领域,而我们有更要紧的事情需要做。总之,评论家们认为内幕交易法的适用范围远未涵盖加密资产领域。

本文大部分内容是对以上共识的反驳:笔者认为内幕交易法在加密资产领域的推行是符合既有原理、政策和优先事项的。

显然,内幕交易的原理适用于最常见的加密资产和相关交易者。管辖权、重大非公开信息、失职……这些内幕交易监管的必备法律要件总能得到

---

① Wulf A. Kaal. Cypto Economics—The Top 100 Token Models Compared,*Univ. of St. Thomas Legal Studies*,*Research Paper*,No. 18 - 29, 2018. https://www.ssrn.com/abstract=3249860.

② Michael del Castillo. The DAO Attacked: Code Issue Leads to $ 60 Million Ether Theft, Coindesk (June 17, 2016), https://www.coindesk.com/dao-attacked-code-issue-leads-60-million-ether-theft.

③ David Siegal, Understanding the DAO Attack Coindesk (June 25, 2016), https://www.coindesk.com/understanding-dao-hack-journalists.

④ Raina Haque et al. Blockchain Development and Fiduciary Duty. *Stan. J. Blockchain L. & Pol'Y*, Vol.2, 2019, pp.139, 165.

⑤ Peter J. Henning. Can Cryptocurrencies Survive the Start of Government Regulation? *N. Y. Times: Dealbook* (Dec. 13, 2018), https://www.nytimes.com/2018/12/13/business/dealbook/sec-ico-bitcoin.html; Peter J. Henning. Should We Care About Insider Trading in Cryptoassets? *Iowa L. Rev*, Vol.104, 2019.

满足。① 这方面最明显的例子是加密资产交易场所员工私取场所计划支持加密资产的信息，有关此类内幕交易的指控已经在联邦法院结案。② 但还有更多例子，例如政府工作人员的私取行为。其实问题并不在于内幕交易法是否适用于加密资产，而在于我们想不想采用这种交易法。

作为一个政策问题，那些为内幕交易法规制其他金融资产提供正当化理由的政策也应当用于加密资产：我们关心公平、价格准确性、产权以及其他问题。③ 尽管加密资产具有不少使得常见规定看起来不合时宜的特征，可事实上这些特征为内幕交易提供了强有效的新途径。例如，"分叉"能够在解决一些问题的同时也会产生其他问题。那些能够预知分叉的人，也知道在既有内幕交易案例文献中无法找到类似的重要事件。④ 鉴于新兴市场的创新本质以及无政府主义价值观引起了许多人对加密的狂热，监管加密资产也并非不合适。监管有助于驯服前者、尊重后者。⑤

尽管本文大部分内容聚焦于涉及这种新资产的内幕交易，但对内幕交易法和加密资产相关政策的研究告诉我们的不只是监管加密资产的正确方式。最重要的是对加密资产的讨论能帮助我们获得内幕交易法适用范围的一般理论，其中有一项原则是将普通股和加密资产联系起来，这些资产属于内幕交易法的管辖范围，但是不包括明显超出其管辖范围的商业房地产、珍贵艺术品和其他资产。

知情交易往往会提高价格准确性，降低流动性。最优内幕交易策略是关于价格准确性与流动性这两要素的函数：要阻止那些降低流动性多于提高价格精确性的交易。尽管两要素都会因知情交易类型的不同而不同，但只有流动性会因资产类别的改变而发生极大变化。而内幕交易法的适用范围覆盖至那些流动性受到知情交易巨大影响的资产，其中包括许多高成交量、可替代的资产，例如股票、加密资产，但不包括停车场、绘画艺术。

本文的结构如下：第二部分对于加密资产的技术和社区进行了程式化

---

① 下文第四部分 B.5 - C。

② Berk v. Coinbase, Inc., No. 18-CV-01364-VC, 2018 WL 5292244, at ＊2 (N.D. Cal. Oct.23, 2018)［以其他理由驳回对私取（信息）和交易加密资产的指控］。

③ 下文第四部分。

④ 下文第二部分。

⑤ 下文第二部分。

的介绍;第三部分对内幕交易法进行了回顾;第四部分反驳了内幕交易的原理不涵盖或不适用于加密资产的观点;第五部分从内幕交易法政策角度出发,阐述了加密资产不同于常见资产的原因,并表示这些因素能够支持内幕交易法的实施;第六部分从加密资产的视角进行展开,寻求内幕交易监管的一般原则。

正文开始之前有几点需要注意:第一,本文并不侧重于介绍加密资产引申出的诸多关于洗钱、[1]保管、[2]税收、[3]合同法[4]与理论、[5]公司管理、[6]环境法、[7]金融稳定性、[8]法律实施、[9]民族自治、[10]破产、[11]盗窃[12]和一般欺诈[13]的重要法律和政策问题。

第二,关于加密资产的真实数据和研究成果文献资料仍旧稀缺,并且在

---

[1] Willard Foxton. If Silk Road was a Legitimate Startup, It Would Be Worth — ＄2.4 Billion, BUS. INSIDER (Oct. 4, 2013). https://www. businessinsider. com/silk-road-valuation-worth-2-or-3-billion-2013-10.

[2] Moe Adham. Crypto Custody Explained, Forbes (Dec. 18, 2018), https://www.forbes.com/sites/forbesfinancecouncil/2018/12/18/crypto-custody-explained.

[3] Omri Marian. Are Cryptocurrenecies Super Tax Havens? *Mich. L. Rev. First Impressions*, Vol. 112, 2013, p.112.

[4] Shaanan Cohney et al. Coin-Operated Capitalism. *Colum. L. Rev.*, Vol.119, 2019, pp.591, 595 – 598.

[5] Richard T. Holden & Anup Malani. Can Blockchain Solve the Hold-Up Problem in Contracts? *Nat'l Bureau of Econ. Research*, *Working Paper*, No. 25833, 2019, pp. 4 – 6. https://www. nber. org/papers/w25833.pdf.

[6] George S. Geis. Traceable Shares and Corporate Law. *N. W. U. L. Rev.*, Vol.113, 2018, pp.227, 228 – 231.

[7] Adam Rogers. The Hard Math Behind Bitcoin's Global Warming Problem, *Wired* (Dec. 15, 2017), https://www.wired.com/story/bitcoin-global-warming(描述比特币的能源成本和环境成本)。

[8] Fin. Stability bd. Crypto-Asset Markets: Potential Channels for Future Financial Stability Implications, 2018, pp.3 – 5. http://www.fsb.org/wp-content/uploads/P101018.pdf.

[9] Dong he et al. Int'l Monetary Fund, Virtual Currencies and Beyond: Initial Considerations, 2016. https://www.imf.org/external/pubs/ft/sdn/2016/sdn1603.pdf.

[10] John O. McGinnis & Kyle Roche. Bitcoin: Order Without Law in the Digital Age. *Ind. L. J.*, Vol. 94, 2019(称赞比特币有能力颠覆基于通胀的征收)。

[11] Kosaku Narioka. Former Bilcoin King Is Bankrupt: And He Could Get Rich Again, Wall St. J. (Nov. 9, 2017), https://www. wsj. com/articles/former-bitcoin-king-is-bankruptandhe-could-get-rich-again-1510223405?mod=e2tw(描述了破产管理人如何以 2014 年比特币大幅升值时的价格偿还债务,这可能会导致破产财产最终留下 9.77 亿美元的盈余)。

[12] Yessi Bello Perez. Mt Gox: The History of a Failed Bitcoin Exchange, Coindesk (Aug. 5, 2015), https://www.coindesk.com/mt-gox-the-history-of-a-failed-bitcoin-exchange(描述了从 Mt. Gox 客户处窃得 3.5 亿美元)。

[13] United States v. Zaslavskiy, No. 17 – CR – 647 (RJD), 2018 WL 4346339 (E.D.N.Y. Sept. 11, 2018)(描述了一位承诺会进行房地产投资但从未实施过的投资者)。

该领域技术变化极快,[①]因此很难说什么事物是有意义且持久的。[②] 本文旨在像用闪光灯在特定时点照向特定阴影那样加深我们对快速发展市场的理解。[③]

第三,本文并未主张要对加密资产或者其他领域采取特定形式的内幕交易监管。内幕交易的相关文献浩如烟海,而且无法以旁白的形式在另一篇论文中重现,本文力求与其他文献中进行的绝大多数讨论相兼容。当学者们呼吁对内幕交易进行更多或者更少的监管时,他们心中对"范围"有各自的理解,而本文正是要对"范围"进行定义。

二、关于加密资产的介绍

加密资产自产生之初即汇集了重要的社会、经济和技术趋势于一身。2008 年全球金融危机摧毁了公众对于常见金融机构的信任,就在此之前,分布式和 P2P(Peer-to-Peer,点对点)网络技术出现了。[④] 自此,大量"金融科技"项目喷涌而出。[⑤] 一些项目利用技术破解了困扰银行和政府的难题;[⑥]其他则试图摆脱金融市场的中介,将借款人或企业家以及能够帮助快速启动项目的人相对接,提供个人对个人的借贷体验。[⑦] 2008 年,匿名作者撰

[①] Teuta Franjkovic, New Ethereum 2.0 Roadmap Finally Unveiled, 8 Teams Working on Its Progress, Coinspeaker (Dec. 10, 2018). https://www.coinspeaker.com/ethereumroadmap-unveiled.

[②] Ofer Eldar & Andrew Verstein. The Enduring Distinction Between Business Entities and Security Interests. *s. cal. L. Rev.*, Vol.92, 2019, pp.213, 268.

[③] 这篇文章高频引用隶属于加密资产企业或迎合加密爱好者的新闻网站。笔者的意图并非对那些可能是猜测或内容错误的信息进行确认。笔者特别不想传达出"我们知道某个被传言参与了某种形式市场滥用行为的人确实这么做了"诸如此类的信息。尽管如此,我还是广泛引用以收集暗示性证据。如果事件 X 受到指控并且我们没有理由怀疑 X 发生的可能性,那么,就可以更好地理解为什么我们要将 X 纳入考虑。

[④] James Li. A Survey of Peer-to-Peer Network Security Issues (Dec. 2007), https://www.cse.wustl.edu/-jain/cse 571-07/ftp/p2p.

[⑤] U.S. Gov't Accountability Office, Gao - 18 - 254, Financial Technology: Additional Steps by Regulators could Better Protect Consumers and Aid Regulatory Oversight, 2018, https://www.gao.gov/assets/700/690803.pdf ["Fintech"最初是金融科技(financial technology)的简称,是指利用科技和创新提供金融产品和服务"]。

[⑥] Douglas Merrill. Big Data: It's not Just for Breakfast Anymore, Wired, https://www.wired.com/insights/2014/02/big-data-just-breakfast-anymore.

[⑦] Andrew Verstein. The Misregulation of Person-to-Person Lending. *U.C. Davis L. Rev.*, Vol.45, 2011, pp.445, 447; Craig Haynor. A Look Ahead: Trends Driving Brands to Prioritize Direct to Consumer in 2019, Digital Commerce 360 (Dec. 4, 2018), https://www.digitalcommerce360.com/2018/12/04/a-look-ahead-trends-driving-brands-to-prioritize-direct-to-consumer-in-2019.

写的白皮书为货币、财产和金融领域潜在的变革性技术发展奠定了基础。[①]

　　作为一种财产形式,加密资产的特点是使用了分布式账本,[②]这是一种半公开核实和记录资产特征和当前所有权的系统,其中并没有人担任正式的记录保管员。[③] 加密资产之所以“加密”是因为其核实和记录技术依赖于密码学。[④] 加密资产有时候又被称为虚拟货币(virtual currency)、[⑤]币(coin)或者代币(token)。交易则通过被称为智能合约的程序来实现。[⑥]

　　加密资产可以从功能上分为重叠的四种类型。第一,支付型代币(payment token),这种加密资产旨在作为一种虚拟货币来使用,例如许多商家接受比特币以代替法定货币。[⑦]

　　第二,一些代币旨在为企业筹集资金,同时使用户有权获得企业部分价值。因为这些代币作为资本市场上所使用的传统证券(股票和债券)的替代品,所以可以被称为证券代币(security token)。在一些圈子中谈论公开出售代币以筹集资金,即ICO(initial coin offering,首次币发行)也开始变成一件寻常事。[⑧]

　　第三,一些代币赋权持有人以顾客或消费者的身份光顾企业。例如文件币(filecoin)使得用户有权从相关公司的文件币获得一定数量的云存储空

---

① Satoshi Nakamoto, Bitcoin: A Peer-to-Peer Electronic Cash System (2008), https://www.bitcoin.org/bitcoin.pdf.

② Shermin Voshmgir. Blockchains & Distributed Ledger Technologies, Blockchainhub Berlin, https://blockchainhub.net/blockchains-and-distributed-ledger-technologies-in-general [excerpt from Shermin Voshmgir, Token Economy: How Blockchains and Smart Contracts Revolutionize the Economy (2019)].

③ Sherwin Dowlat & Michael Hodapp, Satis Grp. Crypto Asset Market Coverage Initiation: Market Composition (2018), https://www.research.bloomberg.com/pub/res/d2gg3p_HTg39HRCuzQjIyy8NVZQ (对当前加密资产空间进行概述).

④ Jake Frankenfield, Crptocurrency, Investopedia (Feb. 12, 2019), https://www.investopedia.com/terms/c/cryptocurrency.asp.

⑤ Unif. Regulation of Virtual-Currency Bus. Act § 102(23) (Unif. Law Comm'n 2017) 定义了虚拟货币。

⑥ Kevin Werbach & Nicolas Cornell, Contracts Ex Machina, *DUKE L.J.*, Vol.67, 2017, pp.313, 314 (智能合同是一种自动执行和实施的数字形式的协议); Nick Szabo. Formalizing and Securing Relationships on Public Networks, *First Monday*, Sept. 1, 1997, https://www.ojphi.org/ojs/index.php/fm/arficle/view/548/469 (创造了“智能合约”这一术语)。许多加密资产由智能合约组成或受其支持。

⑦ 并不是所有的虚拟货币都具有加密货币独特的技术特征。百事积分和美国航空里程可以说是一种虚拟货币,尽管这两种虚拟货币都只有一个权威的记录者,即背后的公司。Earn Miles. AM. AIRLINES, https://www.aa.com/i18n/aadvantage-program/miles/earn/earn-miles.jsp; Pepsi Stuff Official Guidelines, Pepsico, https://www.pepsistuff.com/termsofservice.

⑧ 这种说法是对(证券)首次公开发行(IPO)的模仿。

间或云处理能力，①此类加密资产通常称为实用型代币（utility token）。与实用型代币最相似的是礼品卡：一张 25 美元的亚马逊礼品卡（Amazon. com gift card）可以让用户在未来从网站上获得一定数量的产品。一些形式的众筹也与加密资产类似：乐队的支持者可能会向乐队捐款，以期有朝一日能听到他们新录制的专辑。②

第四，还有一些加密资产专门根据其他加密资产的价值来定义。例如现在可以在芝加哥商品交易所（Chicago Mercantile Exchange，CME）购买比特币期货，每投资 1 美元所带来的收益或损失都将是比特币本身价格变化的 5 倍。③ 这种比特币期货是一种加密衍生资产（crypto derivative asset），因为它的价值来自底层加密资产。

以上类别并不是相互排斥的。④ 一个企业可以通过预售礼品卡、提供服务来筹集资金（实用型代币），同时代币也可以与未来获得企业部分利润的权利（证券代币）、随时将其换成比特币的权利（加密衍生资产）捆绑。一些商家还可能选择接受代币而非现金支付（支付代币）。

加密资产的舞台上有四个主要角色，⑤尽管特定个体可能在其中同时扮演多个角色：用户投资、消费或者交易加密资产；开发人员致力于开发、销售和改进加密资产，其中不少开发人员是解决代码等技术问题的程序员，此外，还有开发人员承担着管理、战略、交际的职能；交易场所是以网络技术为根基的公司，用户可以在此买卖加密资产。

第五，在维护分类账，即记载谁拥有什么资产的去中心化账簿方面，"矿工"起着独特的作用。"矿工"是拥有计算机的个人或公司，他们通过指令进行的计算机操作对维护分类账至关重要。用户通过电子方式表示他们已经进行交易，"矿工"用计算机验证交易真实发生后将交易记录在区块链上。他们通常收取相关加密资产作为提供这种服务的酬劳。"采矿"这一术语体

---

① FILECOIN, https://www.filecoin.io.
② C. Steven Bradford. Crowdfunding and the Federal Securities Laws. *Colum. Bus. L. Rev.*, 2012, pp. 1, 16 - 19.
③ 芝加哥商品交易所通过在特定时间对几个交易场所的比特币价格进行平均来确定比特币的价值。CME Bitcoin Futures Frequently Asked Questions, CME GRP. https://www.cmegroup.com/education/bitcoin/cme-bitcoin-futures-frequently-asked-questions.html.
④ Kaal, at 15 - 16（列出了具有一种以上功能状态的代币）。
⑤ 此处的列举并非面面俱到，我们还可以将一些新闻服务和经纪公司视为重要的基础设施。

现出"矿工"从事乏味劳动的意义是为了实现一些有价值的事情——其他"矿工"在核查和记录交易的过程中如果能够更快、更有效地"挖掘"的话就能达成这一目标。①

人们常说加密资产交易是不可逆转、不可改变的,②这句话只说对了一半。多台计算机产生的冗余记录意味着任何单独的个体都无法单方面变更、隐藏记录,或者销毁它。③ 然而,除非在有"矿工"维护的情况下,区块链并非完全不可改变。哪些交易是"真实的",资产拥有哪些特性,这都是共识问题。④ "矿工"自己决定去验证哪个交易或是哪个版本的分类账。如果"矿工"集体决定否定某个特定交易或者在将来改变此类交易的规则,那么,这一加密资产的性质就会立即改变。⑤

每当"矿工"采用既有链的新版本时,都会形成一个分叉。⑥ 分叉是更新加密资产代码的常用方式。⑦ 如果所有"矿工"执行这一变化,那么分叉相当于软件更新。

---

① 在最熟悉的加密资产如比特币中,"矿工"的任务是在记录交易的过程中执行复杂的计算任务。在其他资产中,"矿工"扮演着信誉中介的角色。Michael Bradley et al. Lawyers: Gatekeepers of the Sovereign Debt Market? *Int'l Rev. L. & Econ.*, Vol.38, 2014, pp.150, 159–162."矿工"们记录了一笔交易,然后用部分加密资产押注这笔交易被正确记录。当其他人来为"矿工"的记录背书(从而证明它的真实性)时,"矿工"就有资格获得奖励。记录错误的"矿工"会失去赌注。这种挖矿方式叫做"权益证明"(proof of stake)。参见 Craig Calcaterra & Wulf Kaal. Secure Proof of Stake Protocol, Jan. 18, 2018 (unpublished manuscript), https://www.papers.ssrn.com/sol3/papers.cfm?abstractid=3125827(讨论了 PoS 协议的安全问题,以及安全的证明协议如何使用信誉验证来解决其中的一些问题)。

② Gideon Greenspan. The Blockchain Immutability Myth. Multichain (May 4, 2017), https://www.multichain.com/blog/2017/05/blockchain-immutability-myth.

③ Fight Club 提供了一个相关的思路,即在中央网络被摧毁后重置信用评分。参见 Fight Club (Fox 2000 Pictures 1999).

④ Jeffery Atik & George Gerro. Hard Forks on the Bitcoin Blockchain: Reversible Exit, Continuing Voice. *Stan. J. Blockciiain L. & Pol'y*, Vol.1, 2018, pp.24, 28.

⑤ 只要有人愿意保持,这一记录就始终存在,但它将失去其重要性。

⑥ 严格地说,打破区块链不一致的是硬分叉,本文提到的分叉仅指硬分叉,另一种软分叉远没有那么有趣,当两个不同但相互兼容的协议同时运作时就会出现软分叉。Noelle Acheson. Hard Fork vs Soft Fork. https://www.coindesk.com/information/hard-fork-vs-soft-fork.分叉的是区块链,区块链是冗余验证的交易和所有权分类账,是由"矿工"贡献的信息组成的记录链。

⑦ 当在代码中发现漏洞时,社区可以通过"分叉"转向区块链的另一个版本来消除漏洞,这个版本除了没有漏洞外与旧链没有区别。Joon Ian Wong & Ian Kar. Everything You Need to Know About the Ethereum "Hard Fork", Quartz. https://www.qz.com/730004/everything-you-need-to-know-about-the-ethereum-hard-fork. 分叉也可能偶然发生。Angela Walch, in Code(rs) We Trust: Software Developers as Fiduciaries in Public Blockchains, in Regulating Blockchain: Techno-Social and Legal Challenges.

但是，如果一些"矿工"在分叉后继续在旧链中处理交易，那么就会存在两条链。可能两条链都会在拥有独立价值和忠实用户的情况下存续；也可能其中一者会"赶尽杀绝"，使另一条链销声匿迹。至于哪条是真正的链、哪条是不相关的链，或者两条都是"真正的"或不相关的链，完全取决于群体。[1] 因此，加密资产通过两步进程来发展和壮大。一些"矿工"用他们的矿业资产为他们支持的替代链投票，而用户掏出钱包投票决定之后使用哪个版本的链进行交易。

尽管名称里带了"加密"二字，加密资产往往非常透明，[2]公众可以查看各种加密资产的交易历史和当前所有权。[3] 人们已在努力创建不那么透明的资产，但透明度是现有分布式账本系统中的一个关键要素。如果交易细节被隐藏，"矿工"们就无法对假设的后续交易能否与现有禀赋相兼容下定论。例如，如果约翰在星期一将其所有加密资产转移给瑞秋，然后声称在星期二将它们全部转移给南希，那么后一项交易必然被社区拒绝，而只有透明性才能使这成为可能。

持久性和透明性、加密资产的这两个关键特征交织在一起产生了一个神奇的、能火速找到责任人的交易世界。"如果在任何时候，你的真实身份都和一个钱包地址相关联，那么你的所有交易历史都将被公众所知悉。"[4]一个了解多人交易细节的调查员或许能拼凑出关于他人身份的信息。[5] 因此，加密资产的私密性远比许多人想象得要弱，完全匿名的印象部分源于它早期与犯罪企业的关联[6]以及"加密"一词用以描述资产时的不祥语义。

三、内幕交易法

本部分简要介绍了联邦内幕交易法。内幕交易的特别禁令产生于三种

---

[1] David Houck, Bitcoin: Reacting to Money with Non-Money Attributes. *Geo. L. Tech. Rev.*, Vol.1, 2017, pp.371, 382 - 383.

[2] Ahmed Kosba et al. Hawk: The Blockchain Model of Cryptography and Privacy-Preserving Smart Contracts. Cryptology Eprint Archive. https://www.epint.iacr.org/2015/675.pdf.

[3] De Filippi & Wright, at 39.

[4] Louis Nel. Privacy Coins: Beginner's Guide to Anonymous Cryptocurrencies, Blockonomi, https://www.blockonomi.com/privacy-cryptocurrency.

[5] Julia Kagan. Identity Theft. Investopedia, https://www.investopediacom/terms/i/identitytheft.asp.

[6] David Adler. Silk Road: The Dark Side of Cryptocurrency, *Fordham J. Corp. & Fin. L.*, https://www.news.law.fordham.edu/jcfl/2018/02/21/silk-road-the-dark-side-of-cryptocurrency.

法律体系之下：证券监管、大宗商品监管以及联邦电信和邮件欺诈。本部分将回顾各种法律体系下不同的责任理论。

（一）证券监管

首先，正如 1933 年《证券法》(*Securities Act*)、[1] 1934 年《证券交易法》(*Securities Exchange Act*)、[2]SEC 规则(《美国证券交易委员会规则》)和司法判决所显示，内幕交易法律主要来源领域是证券监管。前述法律法规仅适用于证券交易，[3] 这一领域包括了大多数股票、债券以及价值与其紧密相关的类似资产和(金融)工具。[4]

针对证券内幕交易的法定或监管禁令有三项：1934 年《证券交易法》(*Securities Exchange Act*，亦称《交易法》)第 16 条规定，高管、董事以及至少有公开交易实体 10％股份的股东(这样的组合有时被称为内幕信息法定知情人)[5]有义务上缴 6 个月窗口期内交易公司股份所获得的一切利润，不论他们是否掌握任何内幕信息。即便是在完全不同于典型内幕交易的领域，这一"短期利润"规则仍机械地发挥着惩罚快速交易的作用。

其次，《交易法》(*Exchange Act*)规则 14e-3 禁止在知晓有关待收购要约的重大非公开信息时进行交易。[6] 如果一个理性股东认为这个信息重要，那么这个信息就是重要的。[7] 在大多数情况下，仅知道即将发出收购要约就会被视为重要信息。收购要约是向收购方提出出售或购买证券的公开邀请，[8]通常关系是在未经目标公司董事会同意的情况下试图接管公司。[9]

---

[1] *Securities Act of 1933*, Pub. L. No. 73-22, 48 Stat. 74 [codified as amended at 15 U.S.C. §§77a-77aa (2012)].

[2] *Securities Exchange Act of 1934*, Pub. L. No. 73-291, 48 Stat. 881 [codified as amended at 15 U.S.C. 78a-78pp (2012)].

[3] 1933 年证券法 2(a)(1)和证券交易法 3(a)(10)将证券定义为"票据、股票、库存股……债券……(或者)投资合同"。Securities Act of 1933 § 2(a)(1)；Securities Exchange Act of 1934 § 3(a)(10)；15 U.S.C. § 77b(a)(1), 78c(a)(10)(2012).

[4] SEC v. W. J. Howey Co., 328 U.S. 293 (1946).

[5] 15 U.S.C. § 78p；Securities Exchange Act of 1934 § 16(a).

[6] 17 C.F.R. § 240.14e-3 (2018)；William K. S. Wang & Marci. Steinberg, Insider Trading: Liability and Compliance § 9.01-9.04 (3d ed. 2013) (ebook).

[7] TSC Indus., Inc. v. Northway, Inc., 426 U.S. 438, 449 (1976).

[8] Wellman v. Dickinson, 475 F. Supp. 783, 823-824 (S.D.N.Y. 1979).

[9] 伴随收购要约而来的通常是目标公司股票的大幅升值。

规则 14e-3 按其规定适用于股票、债券以及其他证券。[①]

　　然后，大多数内幕交易案件都受制于《交易法》第 10 条(b)款，这是一项以披露为导向的规定，禁止欺诈行为。[②] 为了根据第 10 条(b)款追查内幕交易，检察官或原告需要证明内幕交易不仅不公平，而且确实具有欺诈性。[③] 由于大多数证券交易都是在匿名市场中进行的，在匿名市场中的交易者根本不做任何肯定性陈述，更不用说虚假陈述，所以要证明这点很难。内幕交易法通过界定沉默具有欺诈性的情形克服了这个问题，这意味着该法律"禁止负有信任或保密义务(a duty of trust and confidence)的个人利用公司内部信息进行未公开交易，该义务本身就是为了禁止人们秘密使用这些信息为自己谋利。"[④]法院发展出了两种理论，根据这两种理论，信任或保密义务是存在的，因此，沉默的交易者被视为实施了规则 10b-5 所禁止的欺诈。

　　传统理论(classical theory)认为，交易者未向委托方披露重要信息从而欺骗了与之交易的股东。传统理论主要考虑的是高管或董事进行内幕交易，[⑤]他们可以说是间接为股东工作并代表股东管理财产。[⑥] 内幕信息知情人扮演的是一种受托人的角色，他们不应利用正因受了委托才知道的信息反过来又冷酷无情地与委托方进行交易，占后者的便宜。[⑦] 传统理论还涵盖了公司顾问、[⑧]投资顾问和其他金融专业人士，[⑨]以及对所有公民负有不

① 17 C.F.R. § 240.14e-3[关联威廉姆斯法(the Williams Act)下交易所证券交易相关规定]。
② Securities Exchange Act of 1934, Pub. L. No. 73-291, § 10(b), 48 Stat. 881, 891 [codified as amended at 15 U.S.C. § 78(j) (2012)]；17 C.F.R § 240.10b-5 (commonly known as Rule 10b-5).
③ Chiarella v. United States, 445 U.S., 1980, pp.222, 233-235.(拒绝"所有市场交易参与者具有放弃基于重大非公开信息交易行为的一般义务"的观点).
④ Salman v. United States, 13 7 S. Ct. 420, 423 (2016).
⑤ Steginsky v. Xcelera Inc., 741 F.3d 365, 370 n.5 (2d Cir. 2014).
⑥ United States v. O'Hagan, 521 U.S., 1997, pp.642, 643.
⑦ Stop Trading on Congressional Knowledge (STOCK) Act of 2012, Pub. L. No. 112-105, 126 Stat. 291(禁止国会议员和司法人员在符合传统理论前提的基础上交易)；Sung Hui Kim. The Last Temptation of Congress: Legislator Insider Trading and the Fiduciary Norm Against Corruption. Cornell L. Rev., Vol.98, 2013, p.845(揭示内幕交易法律背后的道理).
⑧ Dirks v. SEC, 463 U.S., 1983, pp.646, 655-657；Sec v. Singer, 786 F. Supp. 1158 (S.D.N.Y. 1992)(强调内幕交易下律师可能需要承担的责任).
⑨ Zweig v. Hearst Corp. 594 F.2d 1261, 1271 (9th Cir. 1979)(要求金融专栏作家在发布其拥有的证券信息时向公众提供所有重大信息)；Affiliated Ute Citizens of Utah v. United States, 406 U.S., 1972, pp.128, 152-154.(强调内幕交易法律下经纪人的责任).

滥用职权谋取私利责任的政府公务人员。[1]

私取理论(misappropriation theory)认为,假装对公司或个人忠诚以获取秘密的交易者在滥用信息进行交易时,最终会从信息来源处骗取信息。[2]每当有人在需要保密性的情形中获得信息时,即使交易者并不是公司内幕信息知情人,交易也会被禁止。例如,匿名戒酒会的成员根据他们在秘密互助会上得到的信息进行交易,[3]或者经纪人抢在他们客户前交易,即提前交易,[4]就违反了私取理论。

(二)商品

商品和期货受 1936 年《商品交易法》(*Commodity Exchange Act of 1936*,亦称《36 年法案》)与商品期货交易委员会(Commodity Futures Trading Commission, CFTC)管辖权的约束。商品可以被广泛(多少带点循环性质)定义为:"当前或未来交易期货交割合同所涉及的所有服务、权利和利益"。[5] 这涵盖了常见的铜、玉米等大宗商品,以及利率、[6]外币[7]和一揽子股票[8]等抽象物品与金融产品。

尽管在整个 20 世纪,大宗商品内幕交易都被《36 年法案》所允许,[9]但是 CFTC 在 2011 年通过了一些规则,这些规则从证券监管领域中引入了许多

---

[1] Blyth & Co. Exchange Act Release No. 8499, 1969 WL 94740 (Jan. 17, 1969).(认为政府工作人员要承担内幕信息接收者的责任);infra text accompanying notes 215‐216.

[2] 如果消息来源许可交易者进行交易则不适用私取理论。Salman v. United States, 137 S. Ct. 420, 423 (2016)(认为即使是在没有许可的情况下,如果交易者"提前做出适当披露",那他们也可以避免责任)。但如果交易者并非从所有资格最终授权人处获得交易许可,并换取个人利益,就不会受到保护。United States v. Martoma, 894 F. 3d 64, 67‐68 (2d Cir. 2017)。首席执行官分享秘密以换取声誉或金钱利益,或者盗用者分享了其以不正当方式获得的秘密,那么接受者不能利用新获得的信息进行交易。Dirks, 463 U.S. at 663‐664. 提供者违反义务提供内幕信息,内幕信息接收者继承了这一义务并以内幕信息提供者的身份违反法律。

[3] SEC v. McGee, 895 F. Supp. 2d 669, 674 (E.D. Pa. 2012).

[4] Ray J. Grzebielski. Why Martha Stewart Did Not Violate Rule 10b‐5: On Tipping, Piggybacking, Front-Running and the Fiduciary Duties of Securities Brokers. *Akron L. Rev.*, Vol.40, 2007, pp.55, 75‐76.

[5] 7 U.S.C. § 1a(9) (2012).

[6] Oversight of the Commodity Futures Trading Commission: Hearing Before the S. Comm. on Agric., Nutrition & Forestry, 113th Cong. 5‐6 (2013) (statement of Gary Gensler, Chairman, CFTC).

[7] 7 U.S.C. § 1a(25)(A).

[8] Id. § 1a(19) (i)(证券指数不考虑大宗商品);17 C.F.R. § 41.1(c) (2019)(定义基础广泛的证券指数)。

[9] Verstein, at 457‐458.

内幕交易的判例。① 此后，CFTC 提起了两起内幕交易案件。② 2011 年后的大宗商品内幕交易管理体制通常被认为是沿用了证券监管中的私取理论，③尽管该管理体制在某些方面将特定个体——经纪人、④交易所工作人员、⑤政府工作人员⑥的责任认定为是基于身份的责任，这一点类似于传统理论。

（三）邮件和电信欺诈

司法部可以根据联邦邮件欺诈⑦和电信欺诈法规提起内幕交易案件。指控的要件与 SEC 规则 10b‐5 下的私取理论基本一致。⑧ 不过邮件和电信欺诈判例囊括了规则 10b‐5 没有涵盖的案例。⑨ 最重要的区别是，该条款的目的是使联邦检察官可以对不涉及证券或商品交易的案件提起诉讼。⑩

四、内幕交易原理：内幕交易法律是否适用加密资产

人们普遍认为内幕交易法和加密资产并不匹配。证券领域主要的内幕

---

① 7 U.S.C. § 9(1). Compare 17 C.F.R. § 180.1, with 17 C.F.R. § 240.10b‐5.
② Press Release, CFTC, Release No. 7459‐16, CFTC Orders Jon P. Ruggles to Disgorge More than $3.5 Million in Trading Profits and Pay a $1.75 Million Penalty for His Illegal Futures and Options Trading. https://www.cftc.gov/PressRoom/PressReleases/pr7459‐16; Press Release, CFTC, Release No. 7286‐15, CFTC Orders Arya Motazedi to Pay a Civil Monetary Penalty and Restitution and Bans Him from Trading and Registration for Engaging in Gas and Crude Oil Futures Transactions that Defrauded His Employer. https://www.cftc.gov/PressRoom/PressReleases/pr7286‐15.
③ David Rosenfeld. Cryptocurrencies, the CFTC and Insider Trading Liability 3, Jan. 2019(解释 CFTC 规则以使其符合私取理论而非传统理论)。
④ United States v. Dial, 757 F.2d 163, 169 (7th Cir. 1985). CFTC 规则 155.3(a)(1)和 155.4(a)(1)要求大宗商品经纪人确保"他们的员工不会利用他们与客户的关系，利用他们对客户订单的了解，而为自己或首要客户的利益提前交易或损害客户利益进行交易"。Records of Cash Commodity and Futures Transactions; Trading Standards for Floor Brokers and Futures Commission Merchants, 41 Fed. Reg. 56, 134, 56,139 n. 18 (Dec. 23, 1976) (codified at 17 C.F.R. pt. 1); 17 C.F.R. §§ 155.3 (a)(1), 155.4(a)(1) (2019).
⑤ 17 C.F.R. § 1.59 (b) (2018); see also H.R. REP. No. 102‐978, at 23, 63‐64 (1992), reprinted in 1992 U.S.C.A.A.N. 3179, 3195‐3196. 最近该禁令范围被扩大，包括清算所、掉期数据存储库和期货协会的工作人员。7 U.S.C. § 13(e) (2012).
⑥ 7 U.S.C. § 13 (c)(禁止 CFTC 成员及其工作人员进行内幕交易)。
⑦ 18 U.S.C. § 1341.
⑧ 事实上，美国最高法院在奥哈根案中接受了私取理论，并以此为基础，根据规则 10b‐5 和电信欺诈法规对被告定罪。United States v. O'Hagan. U.S., Vol.521, 1997, pp.642, 666‐676.
⑨ William KS. Wang. Application of the Federal Mail and Wire Fraud Statutes to Criminal Liability for Stock Market Insider Trading and Tipping. U. Miami L. Rev., Vol.70, 2015, pp.220, 222.
⑩ United States v. Sleight, 808 F.2d 1012, 1014 (3d Cir. 1987)(将邮件欺诈用于可可期货); United States v. Dial, 757 F.2d 163, 164 (7th Cir. 1985)(将邮件和电信欺诈用于白银期货)。

交易理论具备违反信任或保密义务和重大非公开信息两个要点,但是许多加密资产既不存在被背叛的"发行者"或"股东",也不存在做出背叛行为的高管或董事。①

其他的怀疑源于加密资产特有的问题。有些人想知道加密资产是否符合由内幕交易法的监管框架。② 加密资产受到开源软件的支持,那么其中有哪些"非公开"信息? 对于像比特币一样具有投机性的资产或者像谜恋猫(Crypto Kitty)一样不太知名的新奇资产而言,什么(信息)才是重要的?③

本部分表明内幕交易法律能够而且在许多情况下,确实适用于加密货币。尽管管辖权、重大非公开信息和责任三个关键问题会被分开讨论,但是三个关键问题同时存在于下述案例中,值得牢记。2017 年 11 月,一种小型加密货币的价格因好消息——一个重要的交易网站(比特币公司)即将支持它而飙升。在消息公开之前,比特币公司的高管们购买了大量备受青睐的加密货币(Bitcoin Cash,比特币现金)。信息公开前的提前交易违反了公司政策。④ 一名交易者起诉指控内幕交易。⑤ 如果属实,则正如下文阐明的那样,比特币公司事件满足常见的私取理论中内幕交易案例的各要素。

(一)受管制对象

美国内幕交易判例的焦点一直在上市公司股票上,而加密资产则完全是另外一回事,因此,一些人质疑内幕交易法律是否适用于加密资产。这些观点显然是错误的。很明显,加密资产至少受到了足够内幕交易判例的约

---

① 尽管许多加密资产反监管案例都假定加密资产性质特殊,但仍有研究假设它们和货币或大宗商品差不多。有关货币和大宗商品内幕交易可行性的怀疑普遍存在,我在其他文章也提到了这一点。Andrew Verstein. Benchmark Manipulation. *B. C. L. Rev.*, Vol. 56, 2015, pp. 215, 216 - 218 (hereinafter Verstein, Benchmark Manipulation).

② Ellen S. Podgor. Cryptocurrencies and Securities Fraud: In Need of Legal Guidance. *Iowa L. Rev.*, Vol. 104, 2019.

③ Crypto Kitties. What the Heck Is a Crypto Kitty? https://www. medium. com/cryptokitties/what-the-heck-is-a-cryptokitty-4e14752e58c.

④ Berk v. Coinbase, Inc., No. 18 - cv - 01364 - VC, 2018 WL 5292244, at *1 (N.D. Cal. Oct. 23, 2018).

⑤ 尽管他败诉了,但法官在判决中表示,如果 CFTC 提起类似诉讼很可能会成功。Coinbase 本身是其平台上最大的交易者,占其交易量的 20%。该公司只禁止员工在信息公布前交易,未禁止在平台上交易。Barbara D. Underwood, Office of the N. Y. State attorney Gen. Virtual Markets Integrity Initiative. https://www.virtualmarkets.ag.ny.gov.

束,因此联邦检察官才能成功提起刑事诉讼。[1]

首先,联邦邮件和电信欺诈法规适用于加密资产。这是因为联邦邮件和电信欺诈法规适用于任何形式的内幕交易资产,无论是证券、商品还是新奇的加密资产。美国最高法院在美国诉奥哈根案(United States v. O'Hagan)中对一名律师定罪,该律师私自从律所和客户手中获得的重大非公开信息用于交易。[2] 在这种情况下,交易标的是股票,但判例中没有任何限制将邮件和电信欺诈法规适用于证券的条款,而且许多非证券背景下的非内幕交易案例都使用了这些法规。[3] 即使是对尚有争议的资产类型,大部分联邦内幕交易法律都是适用的,而加密资产是资产这一点毋庸置疑。

我们仍有必要研究一下为什么许多加密资产都要受证券监管和商品监管(或两者兼而有之)及相应内幕交易规则的约束。这是因为将加密资产作为一种证券或商品来界定能赋予 SEC、CFTC 和私人原告提起民事诉讼的权利,而且还可为责任承担提供了更多依据。

SEC 主席克莱顿在 2018 年 11 月宣布比特币不是一种证券时引起了轩然大波。[4] 这很重要,因为克莱顿主席在此之前曾支持将加密资产定性为证券。[5] 尽管主席发表了声明,SEC 还是采取了许多其他措施来澄清其立场。2017 年,SEC 的一份报告得出结论,指出重要的加密资产 DAO 币(DAO Tokens)是证券。[6] 此外,SEC 早已主张可以通过针对加密资产发起人[7]和加密资产交易场所[8]的执法活动看出加密资产是证券。大多数由

---

[1] Donna M. Nagy. Insider Trading in Cryptoassets: Placing Jurisdictional Murkiness Off to One Side. *Iowa L. Rev.*, Vol.104, 2019; Hannibal Travis. Common Law and Statutory Remedies for Insider Trading in Cryptocurrencies, Jan., 3, 2019.

[2] United States v. O'Hagan. *U.S.*, Vol.521, 1997, p.642.

[3] United States v. Sleight, 808 F.2d 1012, 1014 (3d Cir. 1987)(将邮件欺诈用于可可期货); United States v. Dial, 757 F.2d 163, 164 (7th Cir. 1985)(将邮件和电信欺诈用于白银期货)。

[4] Neeraj Agrawal. SEC Chairman Clayton: Bitcoin is not a Security. Coin Ctr.: Hot Takes, https://coincenter.org/link/sec-chairman-clayton-bitcoin-is-not-a-security. 关于证券定性为何无定论,有一些争论。

[5] Public Statement, Jay Clayton, Chairman, SEC, Statement on Cryptocurrencies and Initial Coin Offerings. https://www.sec.gov/news/public-statement/statementclayton-2017-12-11.

[6] Report of Investigation Pursuant to Section 21 (a) of the Securities Exchange Act of 1934: The DAO, Exchange Act Release No. 81207, 117 SEC Docket 745 (July 25, 2017).

[7] Press Release, SEC, Two Celebrities Charged with Unlawfully Touting Coin Offerings, https://www.sec.gov/news/press-release/2018-268.

[8] Coburn, Exchange Act Release No. 84553, 2018 WL 5840155 (Nov. 8, 2018).

SEC 和其他机构进行的分析强调了任何特定加密资产极可能是受证券法规约束的证券。①

　　分析者得出的证券法不适用(对于加密资产)的结论往往是针对那些功能纯粹得像货币一样的加密资产。② 然而,这样的结论使得加密资产刚逃出证券监管范围,又落入大宗商品监管的水深火热之中,而后者包含了一套类似的内幕交易规则。

　　鉴于"商品"的宽泛定义以及许多(受 CFTC 管辖的)加密资产和货币之间的相似性,任何特定加密货币都很可能受到《商品交易法》(*Commodity Exchange Act*)中反欺诈条款的制约。③ CFTC 曾断言④而且两个联邦法院也认为⑤比特币等虚拟货币属于受《商品交易法》管制的商品。⑥ CFTC 可以起诉现货市场(加密资产本身)以及衍生合同中的欺诈行为。⑦

---

① Jay B. Sykes, Cong. Research Serv., No. R45301, Securities Regulation and Initial Coin Offerings: a Legal Primer 31-34 (2018); Thomas Lee Hazen, Virtual or Crypto Currencies and the Securities Laws, Futures & Derivatives L. Rep., Vol. 38, No. 10(结论是"在大多数情况下,虚拟货币或加密货币可能是证券")。

② Philipp Hacker & Chris Thomale. Crypto-Securities Regulation: ICOs, Token Sales and Cryptocurrencies Under EU Financial Law. *Eur. Co. & Fin. L. Rev.*, Vol.15, 2018, p.645.(认为根据欧盟法律,纯货币代币不受证券监管)。

③ 迄今为止,CFTC 将加密资产视为类似于金属和电力的免税商品。7 U.S.C. § 1a(20) (2012)[将"免税商品"定义为农业商品或排除商品以外的商品;商品交易法§1a(19)中定义的"排除商品"包括"利率、汇率、货币、证券、证券指数"以及其他金融利率和资产]。有趣的是,这种特征致使虚拟货币被置于与普通货币不同的监管措施之下。

④ In re Coinflip, Inc., CFTC No. 15-29, 2015 WL 5535736, at *2 (Sept. 17, 2015).

⑤ CFTC v. My Big Coin Pay, Inc., 334 F. Supp. 3d 492, 497-98 (D. Mass. 2018); CFTC v. McDonnell, 287 F. Supp. 3d 213, 228-29 (E.D.N.Y. 2018).

⑥ 7 U.S.C. § 1a(9)(解释说商品交易法将"商品"定义为农产品"以及现在或未来交易的期货交割合同所涉及的所有其他商品和物品……以及所有服务、权利和利益"),目前期货以虚拟货币交易。Akin Oyedele, Bitcoin Futures Trading Gets the Green Light from US Regulators, https://www.businessinsider.com/bitcoin-price-futurestrading-exchanges-cftc-2017-12. ("CFTC 在一份声明中表示,CME 和 CBOE 期货交易所自行认证了比特币期货产品的新合约。康托交易所自行认证比特币二元期权的新合约。这些期货合约将使人们可以在不购买加密货币的情况下押注比特币价格");Retail Commodity Transactions Involving Virtual Currency, 82 Fed. Reg. 60, 335 (proposed Dec. 20, 2017) (to be codified at 17 C.F.R. pt. 1).

⑦ 比较上文提到的注意欺诈法规不限于证券领域与 Berk v. Coinbase, Inc., No. 18-cv-01364-VC, 2018 WL 5292244, at *2 (N.D. Cal. Oct. 23, 2018)(解释现货市场个人无权提起诉讼)。注意,CFTC 起诉现货市场欺诈行为的权利,这足以证明内幕交易的存在,并不与一般监管机构并列。J. Christopher Giancarlo, Chairman, CFFC, Written Testimony of Chairman J. Christopher Giancarlo Before the Senate Banking Committee. Washington, D. C. https://www.cftc.gov/PressRoom/SpeechesTestimony/opagiancarlo37.

最近有立法在努力将部分加密资产排除在证券法覆盖范围之外。[①]不管这些法案前景如何，其保护制度都没有溯及力。[②]更重要的是，并未有举措将加密资产从《商品交易法》或者电信诈骗的覆盖范围中移除。只要《商品交易法》也监管内幕交易且适用于加密资产，近期的立法修正就无法消除分析内幕交易的研究。

（二）重大非公开信息

重大非公开信息的存在是所有形式内幕交易监管的试金石。[③]对于证券律师来说，重大非公开信息的案例十分常见，例如公司的季度收益报告。但即使是不完全类似于证券的加密资产也存在重大非公开信息。SEC 在拒绝让几家证券交易所开始交易文克莱沃斯兄弟的比特币交易所交易基金（Bitcoin Exchange Traded Fund，ETF）的提议时，谈到了重大非公开信息的问题。[④]

假设没有与比特币的收益、收入相关的内部信息，则可能存在与以下相关的重大非公开信息：监管机构对比特币的举措；指令流，例如市场参与者大幅增持或减持比特币的计划；新需求来源，例如以比特币为标的的新 ETP（Exchange Traded Products，交易所交易产品）；基于比特币的 ETP、比特币交易场所或者比特币钱包服务提供商关于如何应对区块链"分叉"——产生两种不同的、不可互换的比特币的决定。[⑤]

对于 SEC 提到的以下其他重要信息，证券律师同样感到熟悉：新闻报

---

① 最近立法将"数字代币"排除在证券定义之外。Token Taxonomy Act，H.R. 7356，115th Cong. (2018). 作者们似乎赞同欣曼的定义，即取决于代币是否达到了功能阈值。Mark S. Nelson, Reps. Davidson and Soto Would Redefine "Security", Clarify Use of Howey Test and Tax Treatment in New Blockchain Bill, Jim Hamilton's World Sec. Reg.（Dec. 26, 2018），http://www.jimhamiltonblog.blogspot.com/2018/12/reps-davidson-and-soto-would-redefine.html.

② H.R. 7356. 该法案的确具有追溯性特征：可以通过取消代币来补救注册失败。

③ 17 C.F.R. §§ 240.16b-1 to 240.16b-8 (2018).

④ ETF(交易所交易基金)是一种类似于共同基金的投资工具，可以让众多投资者集中资金共同投资。Henry T.C. Hu & John D. Morley. A Regulatory Framework for Exchange-Traded Funds. S. Cal. L. Rev., Vol.91, 2018, p.839（就 ETF 进行了扩展讨论）。ETF 是一种交易所交易产品（Exchange-Traded Product，ETP），这意味着它可以在证券交易所买卖。

⑤ Order Setting Aside Action by Delegated Authority and Disapproving a Proposed Rule Change to List and Trade Shares of the Winklevoss Bitcoin Trust, Exchange Act Release No. 83723, 2018 WL 3596768 (July 26, 2018).

道、监管处理、交易处理和交易数据。这四种常见的形式既存在于加密资产中，也存在于普通资产中。下文将对这些形式的重要信息展开讨论。此外，SEC 指出，新形式的重大非公开信息可以说与分叉有关。

1. 发行人信息

对于功能上类似于证券的证券代币，有关其发行公司的所有信息都显然是重要且非公开的。[①] 代币发行公司的财务状况对于代币购买者来说很重要，这一点是显而易见的；公司的商业前景和法律风险也是如此。在证券律师的职业生涯中，他们主要是对公司产生、对投资者而言十分重要的多种形式的信息发表意见。鉴于代币发行者几乎都没有定期披露的习惯，故此类公司信息通常是非公开的。

两位从业者最近注意到另一项与众多加密资产有关但许多情况下被忽略了的重大非公开信息：锁定协议，或者说转售限制。这一信息很重要，因为锁定期到期往往导致可出售资产大幅增加，给价格带来下行压力。[②] 当公司用证券支付收购费用时，[③]锁定这些证券对投资者来说显然很重要。[④]在许多常见的披露文件中它甚至独占一行。[⑤] 当公司放弃对某人的锁定期时，他们会及时地在 8-K 表上宣告这一事件。[⑥]

锁定在加密资产领域十分常见："大约……15％的项目有 1—3 个月的

[①] 对证券代币而言的重大非公开信息对于许多实用型代币而言也是重大且公开的。回想一下，实用型代币代表使用公司一定数量产品或服务的信用。产品之后是否可用（对于尚未建立的公司）或是否仍然可用（对于仍然存在的公司）取决于发行公司的财务和业务状况。作为违约风险的承担者，购买者需要考虑债券、股票购买者考虑的风险因素。

[②] Alfredo B.D. Silva & F. Dario de Martino. Structuring Secondary Token Sales：Flow to Monetize Digital Tokens Under U. S. Securities Laws. Bloomberg Bna：Insight，https://www. web. archive. org/web/20180999180108/；https://www.bna.com/insight-structuringsecondary-n73014482631.

[③] 加密资产越来越多地被用作收购对价。Yuliya Chernova，Ripple's Xpring Isn't Quite a Venture Fund—It's More，Wall St. J. Pro Venture Cap. （May 24，2018），https://www.wsj.com/articies/ripples-xpring-isnt-quite-a-venture-fundits-more-1527161439?mod=article-inline（使用加密资产为风投基金融资）；Cat Zakrzewski. Omni Raises Funding from Ripple Execs and Highland Capital，https://www. wsj. com/articles/omni-raises-funding-fromripple-and-highland-capital-partners-1516105800?mod=article_inline（使用 2 500 万美元的加密资产为投资基金提供资金）。

[④] Anna T. Pinedo，Market Trends 2017/18，Lock-Up Agreements，Mondaq，http://www.mondaq.com/unitedstates/x/727702/Shareholders/Market＋Trends＋201718＋LockUp＋Agreements.

[⑤] Amazon.com，Inc.，Registration Statement （Form S-4），https://www.sec.gov/Archives/edgar/data/108724/000119312509155961/ds4.htm.

[⑥] Fast Answers：Form 8-K，SEC，https://www.sec.gov/fast-answers/answersform8khtm.html. 根据 1934 年证券交易法 §§13，15(d)，"上市公司必须及时地报告某些重大公司事件。8-K 表是公司必须向 SEC 提交的用以公布股东应知重大事件的'当前报告'。"

锁定期,17％的项目锁定期为 4—6 个月,锁定期为 8—12 个月的占 14％,另外研究中 6％的项目锁定期为 18—24 个月"。[①] 他们会锁定相当一部分的加密资产。[②] 不过,使用代币收购资产和公司的组织体似乎没有披露任何对转售收购对价的锁定,并可能禁止投资者去披露锁定的性质。[③]

在持有重大非公开信息的情况下,在锁定期内进行交易的公司和个人亦要如此遵循,即使其并未受到锁定期的限制。例如,假设一位风险投资人购买了加密资产,他知道创始人会被锁定 9 个月。8 个月后,在创始人有资格出售前不久,风险投资人卖掉了他的加密资产。这位风险投资人在拥有重大非公开信息的情况下进行了交易,并可能因此在私人提起的证券诉讼中对所有同期交易者承担损害赔偿责任,或者在政府执法行动中承担损害赔偿责任。[④] 同样地,知道锁定期将被修改的内幕信息知情人在该修改被披露之前也属于持有重大非公开信息。[⑤]

2. 媒体报道和商业回应

正面和负面的新闻报道会影响资产的价格,对内幕交易法而言,这显然也很重要。[⑥] 例如,在美国诉卡彭特案[⑦]（United States v. Carpenter）中,第二巡回法庭维持了《华尔街日报》"街头见闻"专栏作者之一内幕交易罪的有

[①] Token Lockup Periods for Successfully Funded ICO Projects in Q2 2018, Icorating, https://www. icorating. com/news/2018-8-token-lockup-periods-for-successfully-funded-icoprojects-in-q2-2018; Shannan Cohney et al. Coin-Operated Capitalism, *Colum. L. Rev.*, Vol. 119, 2018, pp.591, 638(注意到45 项已审计的加密资产中有 36 项承诺为创始人提供锁定或行期权)。

[②] Rialto. AI, Watch for ICO Lock-up Periods! Medium. https://www. medium. com/@ RialtoAI/ watch-for-ico-lock-up-periods-4eba3gafi21e (finding that just under 90 percent of the mined supply of crypto asset Gnossis were locked up for one year).

[③] Silva & de Martino, supra note 148; Rocco, Futility Tokens: A Utility-Based Post-mortem, Token Econ., Oct. 9, 2018, https://www.tokeneconomy.co/futility-tokens-a-utility-based-post-mortemd7b1712a5a4e ［声称一家名为墨丘利协议（Mercury Protocol)的公司允许创始人在二级市场以低于同时段一级市场价格转售］。可以说,没有锁定也是重要信息。

[④] 风险投资人只有在其交易违反义务时才承担责任。如果风险投资人签署了与其投资相关的保密协议,就会保守公司关于锁定的秘密,那么交易就会违反私取理论。Howard J. Kaplan et al. the Law of Insider Trading, https://www. ameicanbar. org/content/dam/aba/administrative/litigation/ materials/sac_2012/29-2_the_law_of_insider_trading.authcheckdam.pdf.

[⑤] Rong Chen, Modification to Token Lock-in Program, Ela news, Oct. 24, 2018, https://www. elanews.net/2018/10/24/modification-to-token-lock-in-program(宣布改变锁定策略)。消息披露后该加密资产价格下跌。

[⑥] 新闻报道包含的也可能是重要信息。例如,《华尔街日报》披露了一个庞氏骗局,投资者很可能认为这个故事本身和其中潜在的欺诈都是重要信息。

[⑦] United States v. Carpenter, 791 F.2d 1024, 1024 (2d Cir. 1986).

罪判决。绝大部分人反对"只有'与证券相关'的信息才重要"这一不同观点。法院认为任何信息只要"出于合理客观的考量，可能影响公司股票或证券的价值"，那就是重要的。[1]

媒体对加密资产的报道经常影响其价格。[2] 赛百味（Subway）、微软（Microsoft）等蓝筹股公司将接受比特币的消息推高比特币的价格；[3] 而当商业内幕人（business insider）报道高盛将放弃开设加密货币交易平台的计划时，比特币价格又下跌了 5%。[4] 鉴于媒体报道和突发新闻引发的类似反应，预先知晓此类新闻的人将从中获利。[5]

3. 监管和执法

监管机构的行动也有可能影响加密资产的价格。当监管机构批准比特币为合法支付方式时，其价格就会上涨。[6] 而相反的监管举措会将价格推低。[7]

上文我们引用了 SEC 拒绝文克莱沃斯 ETF 的决定。[8] 该决定涉及重

---

① quoting SEC v. Texas Gulf Sulphur，401 F.2d 833，849（2d Cir. 1968）.

② 非新闻类媒体也会产生影响。当《傲骨贤妻》（The Good Wife）某一集专门对加密资产大加赞赏时，比特币价格飙升。The Promise of the Blockchain：The Trust Machine, Economist, https://www.economist.com/leaders/2015/10/31/the-trust-machine（将比特币置于封面）；The Good Wife：Bitcoin for Dummies（CBS Productions Jan. 15，2012）（播放以比特币为主题的一集）.

③ Wenjun Feng et al. Informed Trading in the Bitcoin Market. *Fin. Res. Letters*，Vol.26，2018，p.63；Aaron Smith, Microsoft Begins Accepting Bitcoin, CNN, https://www.money.cnn.com/2014/12/11/technology/microsoft-bitcoin/index.html；Evander Smart, Bitcoin Year in Review：2014 — A Year to Remember, CCN, https://www.ccn.com/bitcoin-year-in-review-2014（讨论 2014 年 7 月戴尔进军比特币市场）.

④ Michael Sheetz & Kate Rooney, Bitcoin Falls After Goldman Reportedly Drops Crypto Trading Plans, CNBC, https://www.cnbc.com/2018/09/05/bitcoin-falls-after-goldmanreportedly-drops-crypto-trading-plans.html；Kate Rooney, Goldman Sachs CFO Says Bank Is Working on Bitcoin Derivative for Clients, CNBC, https://www.cnbc.com/2018/09/06/goldman-sachs-cfo-callsreports-of-shutting-down-crypto-desk-fake-news.html.

⑤ 传言称就在这事发生之前，高盛自己做空了比特币。Steven Gleiser, Bitcoin's Insider Trading Problem, Bitcoin Chaser, https://www.bitcoinchaser.com/news/bitcoin-insider-trading，但也可能是爆料的记者，文章发表前似乎有人设了 7 400 万美元的空头头寸；Craig Russo, Someone Took Out a $ 74 Million Short on Bitcoin Right Before the Drop, Sludgefeed, https://www.sludgefeed.com/someone-took-out-74-million-short-on-bitcoin-before-the-drop.

⑥ Shivdeep Dhaliwal, Japan Is Set for Massive Explosion in Bitcoin Acceptance, Cointelegraph, https://www.cointelegraph.com/news/apan-is-set-for-massive-explosion-in-bitcoinacceptance.

⑦ Maria Nikolova, This Day in History：January 27，2014 — Bank of Russia Outlaws Bitcoin, Financefeeds, https://www.financefeeds.com/day-history-january-27-2014-bank-russia-outlaws-bitcoin.

⑧ Kate Rooney & Bob Pisani, Winkleoss Twins Bitcoin ETF Rejected by Sec, Cnbc, https://www.cnbc.com/2018/07/26/winklevoss-twins-bitcoin-etf-rejected-by-sec.html.

大非公开信息，同时决定本身也构成了重大非公开信息：比特币的价格在该决定公布后立即下跌了3%。事实上，这一声明仅是系列声明的一部分，而其中至少有一个引发了内幕交易的传言。2018年8月4日，比特币价格下跌的同时，以太币（Ether）总是与比特币同步变动的一种加密货币保持稳定。3天后，SEC宣布它需要更多时间来评估拟议在交易所上市的比特币ETF的问题。[①] 许多比特币爱好者推断，SEC的推迟评估对于产品最终批准上市来说是个坏消息，[②]此前产品曾被拒绝在纽约证券交易所上市。[③] 后来有传言称，价格下跌是由于交易员不知何故得知了SEC即将做出的决定。[④] 在这种种情况下，政府雇员或他们的内幕信息接收人都会预先知道政府举措。

然而，即使政府雇员不进行交易，那些与公司关系密切的人也会在与政府打交道的过程中预先知道监管或执法措施。例如，监管行动通常会紧跟在比特币平台的问题或丑闻之后。[⑤] 丑闻缠身公司背后的内部人士对新的监管、执法措施即将出台一事心知肚明，早已处在交易位上蓄势待发。[⑥]

4. 交易所上市

将加密资产在交易所或交易场所上市交易可能会对加密资产的价格产生重大影响。交易场所及其内部人士可以"获得非公开消息"（例如平台即将上市的新虚拟货币）。当比特币公司（Coinbase）宣布将支持以太经典

---

① Notice of Designation of a Longer Period for Commission Action on a Proposed Rule Change to List and Trade Shares of SolidX Bitcoin Shares Issued by the VanEck SolidX Bitcoin Trust, Exchange Act Release No. 83792, 2018 WL, 3740716 (Aug. 7, 2018).

② Notice of Designation of a Longer Period for Commission Action on Proceedings to Determine Whether to Approve or Disapprove a Proposed Rule Change to List and Trade Shares of SolidX Bitcoin Shares Issued by the VanEck SolidX Bitcoin Trust, Exchange Act Release No. 84731, 2018 WL 6499900, Dec. 6, 2018(指出产品评估已再次推迟)。

③ Memorandum from Christina Thomas, Counsel to Comm'r Elad L. Roisman, SEC, on Meeting with Representatives of SolidX, VanEck, and Cboe, File No. SR-CboeBZX-2018-40, at 9 (Oct. 9, 2018), https://www.sec.gov/comments/sr-cboebzx-2018-040/srcboebzx2018040-450704-175984.pdf.

④ Did SEC Engage in Insider Trading Over the Bitcoin ETF Decision? Trustnodes, https://www.trustnodes.com/2018/08/08/sec-engage-insider-tradingbitcoin-etf-decision. (这不是监管机构被指控根据自己决定进行交易的唯一例子)；Joseph Young, South Korean Officials Initiated Insider Trading, Bought Bitcoin Before Trading Ban Fiasco, CCN, https://www.ccn.com/south-korean-officials-initiated-insider-trading-bought-bitcoin-before-trading-ban-fiasco.

⑤ Kashmir Hill. Federal Judge Rules Bitcoin is Real Money, Forbes, https://www.forbes.com/sites/kashmirhill/2013/08/07/federaljudge-rulesbitcoinis-real-money(讨论比特币庞氏骗局丑闻)。

⑥ 许多平台允许员工进行交易。

(Ethereum Classic，ETC)时，该加密资产的价格上涨了 20 个百分点。① 本部分开始所提到的另一个事件中，一再否认会支持比特币现金（Bitcoin Cash）交易的比特币公司在推特上宣布将支持此种交易。② 就在该信息发布前，比特币现金的价格飙升至历史最高水平，与在比特币公司的一些人交易或泄露信息的情况一致。③

正如比特币公司的推特所体现的那样，对于所有的上市，交易场所并非都遵循最佳做法来制定并披露它们的决定。交易场所的程序通常不透明且有较大自由裁量空间。④ 纽约州总检察长办公室（Office of the Attorney General，OAG）对这个问题的总结如下。

总的来说，OAG 发现，对于是否将某项虚拟资产上市的问题，平台态度极为主观。没有一个平台明确说过它有着一套专门的方法论用以确定它是否以及为什么将特定资产上市交易。平台确实会考虑一些客观因素，例如它们通常会看虚拟资产的总值、"市值"或者其日均交易量。但是 OAG 发现，这些客观因素的应用无法以任何规律或理由进行解释，而且肯定没有跨平台的一致应用。

以上不确定性也不只存在于行业底部，在本文写作期间，市值第二大的加密资产仍旧无法在比特币公司交易。⑤

上市决策过程中的不确定性与机遇同样出现在加密资产衍生品领域。在许多情况下，交易所几乎不提供任何关于加密资产是否会上市或者退市

---

① Robert Devoe. Coinbase to Add Ethereum Classic，Ripple XRP Fans Fuming，Blockonomi，https://www.blockonomi.com/coinbase-etc.

② 另一个例子参见 Joseph Young. Traders Accused of Insider Trading Cash，as Price Surges After Bithumb Integration. CCN，https://www.ccn.com/traders-accusedinsider-trading-zcash-price-surges-bithumb-integration（描述了在支持另一项资产前韩国交易场所内幕信息接收人进行的交易）。

③ Daniel Roberts. The Leading Bitcoin Brokerage Is Under Fire for Possible Insider Trading，YAHOO! Fin. https://www.finance.yahoo.com/news/leading-crypto-brokeragecoinbase-fire-possible-insider-trading-bitcoin-cash-162147599 .html.

④ Coinbase，Our Process for Adding New Assets，Medium：Coinbase Blog，https://www.blog.coinbase.com/our-process-for-adding-new-assets-f97b7ba65bea（内部专家委员会负责确定是否以及何时根据我们的框架将新资产纳入平台中。专家和 Coinbase 所有员工都有保密义务，并受到交易限制）。

⑤ Kate Rooney，Coinbase Considers Adding 30 New Cryptocurrencies to its Exchange，Including Highly Anticipated XRP，CNBC，https://www.cnbc.com/2018/12/07/coinbase-considers-adding-30-new-cryptocurrencies-including-xrp.html.

的事前指导,①即使这些决策会影响底层加密资产。② 第一家经 CFTC 授权的清算中心和衍生品交易中心 LedgerX,③有官方政策专门处理分叉产生的新资产:"我们的管理和风险委员会将根据具体情况评估每个硬分叉,然后在审慎的前提下尽快发布公告通知成员我们硬分叉的计划。"④尽管列出了三个与此评估相关的因素(市场支持、可行性和安全性以及监管舒适性),但它们并不基于算法。LedgerX 可以自主决定是否上市衍生品,并且内部人士会先于市场知道自主决定过程依赖的路径。另一值得注意的是,LedgerX 承诺在审慎的前提下尽快地通知其"会员"。选择性地向会员披露信息使他们在交易加密资产时比非会员更具优势,毕竟加密资产的价值可能在很大程度上取决于 Ledger X 的政策。早在衍生品合约被添加或删除之前,LedgerX 会员就有机会在现货市场上与非会员进行投机交易。

　　LedgerX 的政策很大程度上是其自行决定的,不过更客观的程序也无法排除知情交易的可能性——它们仅改变了交易的形式。自主决定标准借了 LedgerX 内部人士(以及后来的成员们)的一臂之力,在机械的标准之下,那些可以早早接触到标准所用数据的人占尽了优势。

　　例如,芝加哥商品交易所集团(CME Group,前身为 CBOT)这个历史最悠久,或许也是最重要的衍生产品交易所⑤公布了其将新加密资产加入

---

① 上市新资产也不需要获得监管机构的许可。Amy Leisinger, Securities Regulation Daily Wrap Up, Top Story — Exchanges Self-Certify Contracts for Bitcoin Future Products, Sec. Reg. Daily Wrap Up, http://www.business.cch.com/srd/SRD-Bitcoinfuturesl2012017.pdf.

② 一般来说,衍生品合约能帮助个人对冲投资资产的风险,从而使资产更受欢迎。衍生品合约还能通过克服监管、安全和保管难题,增加加密资产的净需求。Gabriel T. Rubin, First Futures Contract to Pay Out in Bitcoin Poised for Green Light, Wall St.J., https://www.wsj.com/articles/first-futures-contract-to-pay-out-in-bitcoin-poised-for-green-light-154530180?mod＝hp_lead_pos3(描述了新的现金结算衍生品对机构投资者的热情和重要性)。有时衍生工具也会帮助人们更容易地表达对资产的悲观看法,帮助人们从中获利,以此来压低资产的价格。

③ Press Release, CFTC, CFTC Grants DCO Registration to LedgerX LLC, Release No. 7592 - 17, July 24, 2017, https://www.cftc.gov/PressRoom/PressReleases/pr7592 - 17.

④ Paul L. Chou. LedgerX's Policy Framework for Hard Forks, Ledgerx: Thoughts on Crypto Blog, https://www.blog.ledgerx.com/ledgerxs-policy-framework-for-hard-forks.

⑤ Steve Kummer & Christian Pauletto, State Secretariat for Economic Affairs SECO, The History of Derivatives: A Few Milestones, Lecture presented at EFTA Seminar in Zurich on Regulation of Derivatives Markets 11 (May 3, 2012), https://www.seco.admin.ch/seco/en/home/Aussenwirtschaftspolitik WirtschaftlicheZusammenarbeit/Wirtschaftsbeziehungen/Internationaler _ Handel _ mit _ Dienstleistungen/ Spezifische_Themen.html.

衍生品合约的标准。① 其中一种情形是新资产必须在至少两个被 CME 认可的现货市场上交易,这意味着现货市场的内部人士能预先知道 CME 是否会将该资产上市。一旦第二家交易所也这么做,无疑能为该资产提供强有力的支持。②

当然,将衍生品上市的决定只是衍生品交易所的一种自主选择,它们可以随时更新自己的计算方法。例如,在基准中引入一种新的价格无疑会大大改变结算价格。③ 它们也可以决定是否中止一种产品,④甚至中止交易本身。⑤ 交易中止给资产交易者带来了不便,可能会限制悲观观点的表达,并传达出交易所对资产可行性并不看好的悲观情绪。

5. 交易

由于大数额的买卖能够改变市场价格,因此关于计划交易的信息很重要。经纪人通常会依据其后续订单能带来的赢利"抢先"于客户进行交易,⑥而客户自己有时也会通过预测自己的订单对市场造成的影响来实现"自我抢先交易"。⑦ 这在加密资产市场时可行。⑧ 此外还有一种可能性:当

---

① CME CF Cryptocurrency Pricing Products: BRR & BRTI Index Hard Fork Policy, CF Benchmarks, https://www.cryptofacilities.com/cms/storage/resources/cme-cf-hardfork-policy.pdf(表明在加密资产最初并不符合纳入标准的情况下,该政策仍赋予管理者自由裁量权);另一家著名的衍生品交易所 CBOE 也在 2019 年 6 月之前提供比特币期货,但结算机制不同。参见 XBT-Cboe Bitcoin Futures, CBOE, http://www.cfe.cboe.com/cfe-products/xbt-cboe-bitcoin-futures. 它是参考每日拍卖价格确定的。由于拍卖的交易量很低,这种拍卖机制本身就存在市场操纵和知情交易的可能性。

② 另一项要求是加密资产至少有 100 笔交易。交易者可能知道自己是否计划在近期进行 100 次交易,而其他交易者只能猜测该资产活跃市场的前景。

③ Lee Reiners. Bitcoin Futures: From Self-Certification to Systemic Risk. *N.C. Banking Inst.*, Vol.23, 2019, pp.61, 78–80(不包括两个最大的比特币交易所)。

④ Alexander Osipovich, Cboe Abandons Bitcoin Futures, Wall St.J., https://www.wsj.com/articles/cboe-abandons-bitcoin-futures-11552914001.

⑤ Josiah Wilmoth, Bitcoin Cash: Pre-Fork Uncertainty Forces OKEx to Close Futures Market Early, CCN, https://www.ccn.com/bitcoin-cash-pre-fork-uncertainty-forces-okex-to-close-futures-market-early.

⑥ Patricia Hurtado & Lananh Nguyen, Ex-Hsbc Fx Trader Sentenced to 2 Years, Sent Directly to Prison, Bloomberg, https://www.bloomberg.com/news/articles/2018-04-26/exhsbc-currency-trader-is-sentenced-to-two-years-in-prison(联邦陪审团裁定该银行前全球外汇主管犯有 9 项电汇欺诈罪,并于 2011 年 12 月与人共谋早于一笔 35 亿美元的客户订单进行提前交易)。

⑦ Jerry W. Markham. "Front-Running" — Insider Trading Under the Commodity Exchange Act. *Cath. U. L. Rev.*, Vol.38, 1988, pp.69, 89.

⑧ 如果用户不需要经纪人和集中交易所,他们就能保护自己交易信息的流动。Devin Soni. Eliminating Front Running with Decentralized Exchanges, Hackernoon, https://www.hackernoon.com/eliminatingfront-running-with-decentralized-exchanges-2a5163991ffd(描述了为创建一个能避免提前交易的去中心化交易所付出的努力)。BKP Admin. An Overview of Decentralized Trading of Digital Assets, (转下页)

用户交易加密资产时，"矿工"会在区块链上进行记录。在"矿工"知晓交易和记录交易之间有时间差，"矿工"可以在这期间决定是否启动自己的交易并将其插入更前面的一个区块中。他们可以利用这一点来根据市场中的信息进行交易，或者从事实上篡夺那笔应由其记录的交易。①

即使没有抢先交易，也有很多其他方式从交易计划信息中获利。交易场所知晓交易者的未公开身份。2008 年 9 月，第三大加密资产瑞波币的联合创始人开始大量抛售个人股份。② 消息传出后，XRP 股价下跌了 13％。③2014 年，这位创始人宣布了类似的抛售计划，致使股价产生更大幅度的下跌。④ 经纪人或平台可以比别人更早知道大量被出售的份额来自创始人，然后基于即将到来的负面市场反应进行交易。

即使完全匿名，汇总交易数据也很有价值。汇总的订单流数据有助于普通货币交易者收益跑赢市场整体。⑤ 目前交易场所对收集和出售加密资产的等效数据表现出极大的兴趣。⑥

市场已知的另一种形式的重要信息是订单时间。一般情况下，交易者

（接上页）Brooklyn Project，https://www.collaborate.thebkp.com/project/TL/document/9/version/10（一般来说，有去中心化交易所的话，"矿工"、平台运营商或市场参与者可以进行前端运行）。

① James Prestwich. Miners Aren't Your Friends：Miners and Consensus：Part 1 of 2，Medium：Keep Network Blog，https://www.blog.keep.network/miners-arent-your-friendscde9b6eoe9ac；Martin Holst Swende. Blockchain Frontrunning，Swende Blog，http://www.swende.se/blog/Frontrunning.html；Will Warren. Front-Running Griefing and the Perils of Virtual Settlement（Part 1），Medium：Ox Blog，https://www.blog.oxproject.com/front-running-griefing-and-the-perils-of-virtual-settlement-part-1-8554ab283e97.

② Tomio Geron. Ripple Co-Founder's Token Selloff Accelerates，Wall St. J.，https://www.wsj.com/articles/ripple-co-founders-token-selloff-accelerates-1537788600.

③ Rakesh Sharma. Ripple is up. So Why is Its Cofounder Selling His XRP Tokens? Investopedia，https://www.investopedia.com/news/ipple-so-why-its-cofounder-selling-his-xrp-tokens.

④ Daniel Cawrey. Price of Ripple Plummets as Co-Founder Plans 9 Billion XRP Selloff，Coindesk，https://www.coindesk.com/price-ripple-xrp-plummets-co-founde-g-billion-selloff（讲述了上述 Ripple Labs 创始人出售加密货币的故事）。

⑤ Lukas Menkhoff et al. Information Flows in Foreign Exchange Markets：Dissecting Customer Currency Trades 11–14，35（Bank for Int'l Settlements，Working Paper No. 405，2016），http://www.bis.org/publ/work405.pdf；Bettina Peiers. Informed Traders，Intervention and Price Leadership：A Deeper View of the Microstructure of the Foreign Exchange Market. J. FIN.，Vol.52，1997，pp.1589，1607（发现德意志银行能够在一小时内预测主要货币的价格变化）。"订单流被定义为买方发起订单和卖方发起订单的净额；它是净购买压力的量度。"Martin D.D. Evans & Richard K. Lyons. Order Flow and Exchange Rate Dynamics. J. Pol. Econ.，Vol.110，2002，pp.170，171.

⑥ Alexander Osipovich. What's Bitcoin Worth? A New Plan to Bring Discipline to Crypto Prices，Wall St. J.，https://www.wsj.com/articies/bitcoin-draws-another-wall-street-giant-nyse-owner-1516271400? mod = article_inline.

仅在一天中的某个时点,通常是收盘或者设定基准的时间进行订单执行。[①]
此时的净订单流会影响基准价和以此为基础所有衍生品合约的价值,对于
加密资产来说也是如此。比特币期货的结算价格以指定时间点五个现货市
场的平均价格为基础。这五个现货市场或许能在固定时间点前很好地观察
预先设定的订单。他们可以对如何分解仅有的五个数据点中的一个、期货
值多少钱的问题做出有理有据的猜测。

　　加密资产价格的重大非公开信息显然有多种形式。事实上,学者们
已经采取措施去量化重大非公开信息对加密资产价格的影响。一篇论文
指出了几十起加密资产价格大幅波动的事件,实践中价格大幅波动似乎
是因为消息的披露,而这些消息在披露之前已被私下知晓;如果一些交易
者预先知道该消息的话,那就正好是以预期的方式发生了大量的披露前
交易。"每个事件中比特币知情交易平均利润介于 100 922 美元—915 455
美元;每个大型事件平均值介于 222 973 美元—2 367 409 美元。"本文提到
的许多信息类型可归到前面所讨论的类别之中。这就留下了一个问题:基
于前述信息进行的交易是否合法。这通常是一个有关义务的问题,将在下
文进行讨论。

　　(三) 失职

　　在大多数情况下,美国法律只禁止违反信任或保密义务的交易:"信托
的概念完全基于信任,一方委托他方代表自己做决定。"相比之下,加密货
币系统常被认为是"不可信的"。这或许意味着加密资产领域没有支持内幕交
易监管的义务,也就是说,信任或保密关系在加密资产经济中广泛存在。下
面展示了许多信任或保密义务的例子——或许是允许在没有此类义务的情
况下承担责任的情况。

　　1. 传统理论

　　一些加密资产由高管和董事作为股票证券发行。传统观点认为对于这
种加密资产适用传统理论:发行方的高管和董事出于与发行公司的关系,

---

① Simon Goodley. The Foreign Exchange Trader:"The Closer You Get to 4pm, the Less the Risk",
Guardian,https://www.theguardian.com/business/2014/mar/12/forex-trader-closer-4pm-less-risk.

对加密资产的股东—交易者负有责任。① 在其他情形下，加密资产网络从根本上是去中心化的，而且没有一个人扮演着类似高管或董事的角色，此时传统理论仍有至少两种途径可以适用。

第一，政府工作人员有避免《2012年禁止利用国会信息交易股票法案》（*Stop Trading on Congressional Knowledge Act of 2012*）中特定交易形式的传统职责。这项法律规定了所有国会议员和工作人员以及其他所有联邦官员和工作人员对"美国政府"和"美国公民"从其所在职位或者履行职责期间获取的"重大非公开信息"负有"信任保密的义务"。只要他们了解到即将展开的监管变化和执法行动，抑或是从受监管和调查的实体获取到信息，其在此基础上交易证券或者商品（不管是否加密）就是非法的。②

第二，经纪人和交易所长期以来都被认为承担着不得基于客户特定数据或者交易策略变化而进行交易的传统职责。同样的职责也理应适用于加密资产交易的中介。③

第三，开发人员可能要向其所开发加密资产的持有者承担传统理论职责。一些学者对此表示支持。④ 这种观点会使虚拟货币技术软件开发商利用任何重大非公开信息做出违反职责的行为。可以说，代码漏洞也可以被定性为重大非公开信息。例如，在广为人知分布式自治组织（Distributed Autonomous Organization，DAO）黑客攻击事件中，约5 500万美元被盗。是代码中的一个缺陷导致了该事件的发生，而参与构建这个代码的程序员应当为其马虎所导致的漏洞负责［沃尔克（Walch）教授这样认为］。⑤ 但是，向用户承担确保好代码的责任同时可能导致涉及未被修复不良代码的交易

---

① William KS. Wang. Stock Market Insider Trading：Victims，Violators and Remedies：Including an Analogy to Fraud in the Sale of a Used Car with a Generic Defect. *Vill. L. Rev.*，Vol.45，2000，pp. 27，46（描述"经典关系"三角形）。

② 7 U.S.CA. § 6c(a) (4) (West 2019) (effective Apr. 4，2012)（涵盖任何"可能影响州际贸易中商品价格、期货交割或掉期合约的信息"）。

③ 由于尚不能确定诸多中介机构在监管中扮演的角色，目前是否适用这一义务仍有争议。显然，任何在 CFTC 或 SEC 注册为交易场所的交易所都将遵守常见规则，本应注册但未注册的交易所也一样。

④ Gregory Scopino. Preparing Financial Regulation for the Second Machine Age：The Need for Oversight of Digital Intermediaries in the Futures Markets. *Colum. Bus. L. Rev.*，2015，pp.439，494－507（要求交易软件开发商进行注册）。

⑤ 公共领域代码是否可以被称为"非公共"是个大问题，但这涉及另一个要素。该代码确实属于公共领域。Bitcoin，Github，https://www. github. com/bitcoin/bitcoin；Ethereum，GITHUB，https://www.github.com/ethereum。

被禁止。

随着加密资产领域受到越来越多的关注,我们发现了更多类似案例,开发商明知却故意隐瞒代码中的问题,直到修复完成。[①] 这些决定可能出于好意,但是买卖加密资产的开发人员可能会违反内幕交易规范。[②]

2. 私取理论

如前所述,比特币公司将比特币现金上市的决定对该加密资产和其他资产的价格产生了巨大影响。加密货币社区传言称:比特币公司内部人士的交易导致其 CEO 公开声明禁止基于重大非公开信息进行交易的公司政策。[③] 平台之间在对员工的限制方面有很大区别。[④] 在交易政策和比特币公司类似的平台上,违反政策就意味着要在私取理论下认定责任。

私取理论并不仅限于交易所工作人员对信息的滥用。任何时候,只要有人掌握重大非公开信息,这些私取信息的知情人就有可能要对内幕交易负责。这当然既指向了交易平台的代理人(高管、董事、工作人员),也意味着大型交易机构的代理人需要为私人交易计划或者自营研究交易担责。[⑤]根据消息来历进行交易的记者、[⑥]在执法行动前提示朋友的监管者、[⑦]计划宣布改变加密资产支持量的公司的员工都将如此。私取信息的途径和产生信息的方法一样多。

人们通常认为加密资产没有"发行者",故代理人也没有承担责任的理

---

① Alyssa Hertig. The Latest Bitcoin Bug was So Bad, Developers Kept its Ful Details a Secret, Coindesk, https://www.coindesk.com/the-latest-bitcoin-bugwas-so-bad-developers-kept-its-full-details-a-secret.

② 这是好事吗? 如果开发人员能够利用保密来解决问题,那么,我们应该赞扬防止信息泄露的法律技术。一方面,内幕交易是信息泄露的重要方式;另一方面,开发人员往往是加密爱好者,他们喜欢交易机会。如果他们被禁止在知道秘密的情况下交易,他们可能不愿意接受秘密,甚至泄露秘密,向公众公布并结束封锁期。这些是证券内幕交易文献中常提及的权衡方式,它再次凸显了加密资产和其他常见资产之间的相似性。

③ Brian Armstrong. Our Employee Trading Policy at Coinbase, Medium: Coinbase Blog, https://www.blog.coinbase.com/our-employee-trading-policy-at-coinbase-1d4e860b7837. 半年后,Coinbase 宣布调查结束,没有发现非法交易。Helen Partz. Coinbase Internal Investigation Concludes no Insider Trading took Place, Cointelegraph, https://www.cointelegraph.com/news/coinbase-internal-investigation-concludes-no-insider-trading-took-place.

④ 一些平台要求员工或有权访问敏感性数据的员工(例如知道近期上市信息的员工)在交易前进行预先清算。其他平台则完全禁止交易,或通过限制员工获取信息来解决交易风险。

⑤ 将私取理论描述为即使交易者不是公司内部人士,也禁止利用秘密获取的信息进行交易。

⑥ 见第四部分,B.2.

⑦ 见第四部分,B.3.

由。前述例子已经打消了这种看法，此外，加密资产的独特特征更在事实上表明，与传统资产相比，加密资产有更多的责任来源（欺诈行为就可以引发索赔）。以普通股为例，只有公司自己能够拥有关于普通股计划的特别信息。它会稀释自己的股权吗？它会宣布低收益吗？公司内部人士可以从公司那里骗取这些信息，但一般情况下，其他人无法获得这种信息。

加密资产并非如此。在加密资产中，几个"矿工"共同执行保存、更新区块链的操作。不到 12 个矿池控制着 80% 或更多的算力，而这些算力足以控制任何特定加密资产。每一个矿池都比市场更清楚它是否会支持加密资产任何协议的更改，并且它比其他人更早知道已经执行了哪些交易。因此，每个矿池都是具有重大非公开信息的主体。如果任何矿池的代理人未经许可使用这些信息进行交易，那么，根据私取理论，他们应受责罚。

交易员还可以通过其他方式私取信息。一些平台否认在自己的账户上从事自营交易。如果其继续交易，就可能要对欺诈负责。只要保证不交易，客户就会与平台分享数据，导致他们的信息被平台盗用。[①] 平台会预先知道客户的交易请求，在此类请求前进行交易很容易违背平台明示或默示的保证。抢先交易是一种市场滥用的形式，一定程度上与内幕交易同时存在，而且已经被一个平台明确提到了。[②]

3. 要约收购交易

并非所有内幕交易理论都以重大非公开信息或者违反义务为构成要件，但少数谈及加密资产领域时仍记得这一点的评论家，总会很快忘记这些理论的重要性，[③]这是错误的。除了我们熟悉的基于义务的理论以外，另外两种内幕交易理论也适用于加密资产。

即使是基于已批准的、关于未公开要约收购的信息而进行的交易，规则 14e-3 也是禁止的，而且该条款适用于任何证券，只要代币是证券，那就适用代币。部分证券加密资产的要约收购将受制于这些规则。

---

① 这也可能构成欺骗性收购。Cf. SEC v. Dorozhko, 574 F.3d 42, 51 (2d Cir. 2009).

② William Suberg. Cyptocurrency Exchange Yobit Investigated in Russia on Fraud Claims, Cointelegraph, https://www.cointelegraph.com/news/cryptocurrency-exchangeyobit-investigated-in-russia-on-fraud-claims.

③ David Golumbia. Cryptocurrencies Aren't Currencies. They Aren't Stocks, Either, *Motherboard: Tech by Vice*, https://www.motherboard.vice.com/en us/article/xwwv83/cryptocurrencies-arent-currencies-they-arent-stocks-either（分析证券要约收购，然后得出结论："这一现象与加密货币的'市值'之间根本没有平行关系"）。

　　虽然要约收购加密资产看起来有些异想天开,但是这种策略已经被金融从业者掌握。例如,要约收购可能会被用来召回 2017—2018 年发行的不合规代币而换上合规注册的代币。

　　首先,未注册证券代币(姑且称之为旧代币)的发行者必须完成正式的 SEC 注册流程,以换取必需的替代代币(新代币)。在注册获得批准后,发行者必须为所有愿意接受新代币的人替换掉旧代币,这可以称得上是一个数字要约收购。① 这或许是一个不错的计划,但它会让所有在要约收购前夕交易的人——包括被授权交易的收购人的朋友、顾问以及和要约收购根本无关的人员承担内幕交易的责任。

　　内幕交易监管还可能阻碍构建加密资产投资基金。② 拥有底层加密资产会带来安全风险和支付挑战,许多投资者发现,购买持有加密资产的投资基金份额更为常见和方便。③ 但是 SEC 已表示不会认可此类产品。④ 不过,有变通办法可以避开 SEC 的回绝,即"封闭式要约收购基金"。⑤

　　共同基金是一种受监管的投资工具,它允许投资者在一天结束时以其在基金资产净值中的比例赎回份额。⑥ 封闭式共同基金是一种剥夺了投资者每日赎回权利的共同基金。封闭式基金可以几十年不赎回份额或者向投资者付息。但是,要约收购封闭式基金,这种封闭式基金在封闭的同时仍为

---

① Daniel Alter. Why the SEC Should Give Amnesty to Illegal ICOs. *Coindesk*, https://www.coindesk. com/sec-give-amnesty-illegal-icos(其他计划包括用代币换股票)。菲律宾的一家公司提出了这样的策略,因为它缺乏足够的现金来发起传统的现金换股票的收购要约。Arra B. Francia, Calata Planning to Issue Digital Tokens in Exchange for Shares, Busnessworld, https://www.bworldonline. com/calata-planning-issue-digital-tokens-exchange-shares.

② Susan Gault-Brown. Structuring Options for Retail Crypto Fund Products. *Rev. Sec. & Commodities Reg.*, Vol.51, 2018, pp.117, 119.

③ 这种偏好有很多原因:一些投资者在法律上被允许购买基金,但不能购买外来资产;其他人则担心忘记电子钱包的密码。

④ Staff Letter from Dalia Blass, Div. of Inv. Mgmt. Dir., SEC, on Engaging on Fund Innovation and Cryptocurrency-Related Holdings to Paul Schott Stevens, President & CEO, Inv. Co. Inst. and Timothy W. Cameron, Head of Asset Mgmt. Grp., Sec. Indus. and Fin. Mkt. Assoc. (Jan. 18, 2018), https://www.sec.gov/divisions/investment/noaction/2018/cryptocurrencyo1818.htm(声明 SEC 工作人员"认为基金发起人将打算大量投资加密货币和相关产品的基金进行注册是合适的")。

⑤ 因此,通过要约收购回购自己的部分股份的"要约收购基金"不同于普通封闭式基金。James Chen. Closed-End Fund. https://www.investopedia.com/terms/c/closed-endinvestment.asp; Adam Hayes. Tender Offer. https://www.investopedia.com/terms/t/tenderoffer.asp. 当基金内容为加密资产时,此类定期回购也会引发对内幕交易的担忧。

⑥ John Morley & Quinn Curtis. Taking Exit Rights Seriously:Why Governance and Fee Litigation Don't Work in Mutual Funds. *Yale L.J.*, Vol.120, 2010, pp.84, 92.

投资者提供合理选项，以便投资者在需要时收回现金。基金通过定期要约收购向投资者回购份额来实现这一目标，[①]例如，封闭式基金的董事会可能每隔六周就向投资者赎回一次高达 25％ 的份额。[②] 购买加密资产的基金可以通过要约收购的方式作为具有流动性的封闭式基金来运作，从而回避诸多监管障碍。

因此，要约收购可用于加密资产 ETP，不过这样就得受到 SEC 规则 14e‐3 的约束。任何人如果知道封闭式基金打算通过要约收购来提供流动性，即使他们获得了基金经理的许可，也不能基于该信息进行交易。[③]

4. 短线交易

股本证券受到美国 1933 年《证券法》第 16 条的约束，该条款惩罚了某些法定内幕信息知情人快速交易股本证券的行为，包括那些拥有 10％ 股份的人。总的来说，它要求上缴 6 个月窗口期内获得的利润，16（a）部分要求及时披露所有交易，对于交易者是否知道重大非公开信息没有任何要求，关于信息源能否减轻交易者的交易后果也没有任何争论（关于信息源减轻交易者的不利交易后果也无需任何证明）。

因此，拥有某类加密资产（假设该类别符合股权证券的要求）10％ 份额的大型交易商将被要求向 SEC 提交文件，以记录他们的每一笔交易。[④] 他们还需要上缴 6 个月窗口期内的所有利润。据笔者所知，从未有交易者向 SEC 记录过加密资产交易。

随着时间的推移，这个问题可能会越来越严重。目前，最著名的加密资产采用的是工作量证明（Proof of Work，PoW）机制，该机制会奖励那些为维护系统贡献了算力的"矿工"，但是以太坊基金会（Ethereal Foundation，

---

① 共同基金通常被禁止赎回股票，除非通过常见的日终（资产净值）流程，但是有一个例外情况允许通过要约赎回。

② Clair E. Pagnano et al., K. & L. Gates LLP. PowerPoint Presentation at 2017 Boston Investment Management Conference on Special Issues for Registered Closed-End, Tender Offer and Interval Funds, at slide 6 (Nov. 28, 2017), http://www.m.klgates.com/files/Uploads/Documents/2017IMConf/Boston/SessionlV.pdf.

③ 要约收购基金会进行要约收购并不奇怪，尽管时间和价格的细节很可能是非公开的。交易者预先知道加密资产价格可能变动即意味着拥有关于要约收购的重大非公开信息。

④ 大多数证券代币不是股权，但有些却可能类似于股权，被赋予了控制权或获得剩余利润的权利。Evgeny Lyandres et al. Do Tokens Behave Like Securities? An Anatomy of Initial Coin Offerings. https://www.papers.ssrn.com/so13/papers.cfm?abstract-id=3287583(指出代币倾向于像股票一样发挥作用)。

EF)希望在不久的将来将以太网（可以说是比特币后第二重要的加密资产了）过渡到权益证明（Proof of Stake，PoS）机制。[①] PoS机制奖励那些准确验证交易并已投注大量加密资产以证明正确性的交易者。要在那个勇敢的新世界里玩挖矿游戏，需要大量的产权，但是人们购买10％以上PoS股权代币后都基本被禁止继续交易（股权代币）了。因此在未来的日子里，既有的内幕交易法律会发展壮大，[②]那些拥有足够能力去采矿的人可能会被禁止出售他们的劳动所得。

上述分析的重点并非要论证特定内幕交易例子的发生或者根据法律应承担责任，也不是说法律应该以这样的方式运作。长期以来，人们一直忽视内幕交易分类对货币和商品的可行性。上述分析的要点是我们不能如此轻率地继续下去，在已经明确内幕交易法律应该如何的情况下，我们必须决定内幕交易法律是否应该像对待其他资产一样对待加密货币，这是我们接下来要讨论的问题。

五、政策和优先级：加密资产是否需要内幕交易法律

几十年来证券法领域管制内幕交易一直饱受争议。主张放松管制的人声称，内幕交易提高了价格准确性，增进了管理激励；[③]反对放松管制的人对此提出异议，[④]他们认为内幕交易对普通投资者来说不公平，[⑤]增加了交易成本，[⑥]

[①] Nathaniel Popper. There is Nothing Virtual About Bitcoin's Energy Appetite. *N. Y. Times*. https://www.nytimes.com/2018/01/21/technology/bitcoin-mining-energyconsumption.html.

[②] 关于这种风险还有很多话要说。规则16b-3(d)(1)免除了董事会授权的高管与发行人之间的任何交易，不受16(b)部分的约束。17 C.F.R. § 240. 16b-3(d)(1) (2018). 有类似规则豁免了被认为不太可能有欺诈意图的非高管交易。Id. § 240. 16a-9. 可以制定类似的规则来保护"矿工"，但通过类推来主张豁免是有风险的。Cf. Huppe v. WPCS Int'l Inc., 670 F. 3d 214, 216 (2d Cir. 2012)；[认为"直接从发行人处购买证券的受益人"受16(b)部分的约束]。同样，美国最高法院也认为"非正统交易"是一个安全港，而矿业销售可能属于也可能不属于"非正统交易"。Kern Cty. Land Co. v. Occidental Petroleum Corp.*U.S.*, Vol.411, 1973, pp.582, 600-604.

[③] Dennis W. Carlton & Daniel R. Fischel. The Regulation of Insider Trading. *Stan. L. Rev.*, Vol.35, 1983, pp.857, 868(指出内幕交易破坏了价格准确性)。

[④] Zohar Goshen & Gideon Parchomovsky. The Essential Role of Securities Regulation. *Duke L. J.*, Vol.55, 2006, p.711(认为内幕交易损害了市场分析的可行性，从而损害了价格准确性)。

[⑤] Alan Strudler & Eric W. Orts. Moral Principle in the Law of Insider Trading. *Tex. L. Rev.*, Vol.78, 1999, pp. 375, 376-377.

[⑥] Nicholas L. Georgakopoulos. Insider Trading as a Transactional Cost: A Market Microstructure Justification and Optimization of Insider Trading Regulation. *Conn. L. Rev.*, Vol. 26, 1993, pp.1, 6-7.

而且构成对公司发行人财产的盗窃。[1]

无论这场争论的结果如何，都不能逃避对加密资产市场的考虑。事实上，大多数支持和反对证券和商品内幕交易法的政策依据也适用于加密资产，有些甚至更适合应用于加密资产领域。该部分介绍了与内幕交易监管相关的常见政策主张（例如公平、价格准确性、交易成本），以回应总是被提出来反对"内幕交易法应当适用于加密资产市场"的三个论点。

第一，加密资产常被认为处于萌芽阶段，其成长和创新要求律师不插手。[2] 与此密切相关的一点是管制会破坏建立最低有效规模所付出的努力，而这正是加密资产所赖以生存的。[3] 对此，笔者认为监管和执法可以通过消除市场滥用引发的风险和成本来鼓励加密资产发展壮大。

第二，虽然通过分叉获得彻底的自助似乎使得加密资产用户在没有国家帮助的情况下就有能力解决市场滥用问题，但笔者认为分叉会带来全新的问题，例如内幕交易。

第三，加密资产的用户可能在意识形态上反对法律干预。不管是生存还是死亡，他们都更喜欢按照自己的准则进行，而内幕交易也是他们宁愿自己处理的诸多风险之一。很多现实的和潜在的加密资产用户并非这么想，法律也应该考虑他们的期望。无论如何，笔者认为即使是"加密鲁滨逊"（crypto-Crusoe）也受益于一个尊重他们价值观的法律体系，而内幕交易法律可以构建这样一个法律体系。

第四，目前加密资产受欺诈和市场操纵困扰，而打击内幕交易的举措将大大减少这些弊病。

（一）繁文缛节、流动性和欣曼悖论

现在人们普遍认为，颠覆性商业模式在无视法律时发展得最好。[4] 杰

---

[1] Stephen M. Bainbridge. Incorporating State Law Fiduciary Duties into the Federal Insider Trading Prohibition. *Wash. & Lee L. Rev.*, Vol.52, 1995, pp.1189, 1252 – 1257.

[2] Diamantis, at 1 – 2, 4.

[3] Park, at 6 – 11.

[4] Elizabeth Pollman & Jordan M. Barry. Regulatory Entrepreneurship. *S. Cal. L. Rev.*, Vol.90, 2017, p. 383(讨论"监管型创业"及其在商业世界中的破坏作用)。

出的创新者认为有必要"快速行动，打破常规"。[①] 他们不会允许法律细节
排挤技术和经济上的见解。由于詹姆斯·帕克(James Park)教授提出的
"欣曼悖论"(Hinman Paradox)，前述观点引发了剧烈的反响。

这个悖论的名称源于威廉·欣曼(William Hinman)，他是 SEC 公司金
融部的主管，在演讲中他解释了 SEC 为什么要监管未注册新兴加密资产的
销售行为，即使它容忍了比特币这一最大未注册加密资产的销售。欣曼设
立了一个标准，表示一旦一种加密资产被广泛使用，不再依赖于少数推广者
以获得成功，SEC 的工作就完成了："如果代币运行的网络足够去中心化以
至于购买者不再合理期待个人或团体进行必要的管理或经营行为，那么资
产就不再代表投资合同了。"[②]

欣曼的标准产生了一个"先有鸡还是先有蛋"的问题，将法律与加密资
产可行性对立起来。正如帕克教授所言，对于实用型代币来说，要想在不受
证券法监管的情况下自由分布，它必须能够起作用。但是，许多实用型代币
只有在分布足够广泛、出现去中心化系统的情况下才能起作用。它们只有
在广泛分布时才起作用的原因是："对于许多代币平台来说，为了高效运行，
它们必须通过算法或其他方式生成代币，并向矿工、预言家、验证者或者其
他为平台和更广泛代币生态系统提供有价值服务的人支付代币。"因此，"这
些代币必须能够被交付给任何人……并且必须在对方收到后能自由
交易。"[③]

功能性平台用代币奖励"矿工"，而只有在可销售的情况下这些代币才
能吸引"矿工"。如果它们不需要注册，就特别吃香；但如果它们还不能使
用，就需要注册。"欣曼悖论"是指资产通过广泛使用逃脱了监管，但如果受
到监管，它们就无法实现广泛使用。[④]

---

① Samantha Murphy. Facebook Changes its Move Fast and Break Things' Motto. https://www.
mashable.com/2014/04/30/facebooks-new-mantra-move-fast-with-stability.

② William Hinman, Dir., Div. of Corp. Fin., SEC, Digital Asset Transactions：When Howey Met Gary
(Plastic)，Remarks at the Yahoo Finance All Markets Summit：Crypto. https://www.sec.gov/
news/speech/speech-hinman-061418.

③ Wilson Sonsini Goodrich & Rosati. Practitioner Insight. https://www.wsgr.com/email/Practitioner-
Insight/Token%20Platform/Practitioner-Insight-token-platform-web.html.

④ 帕克和欣曼都认为注册并非不好；相反，帕克认为欣曼的主张只是让注册很难避免。笔者推断"欣曼
悖论"带来的结果是放松监管。

　　帕克发现"欣曼悖论"无可指摘，但这种分析是不完整的，因为它假定了监管会对系统运转所需流动性产生阻碍。事实上，市场监管应该改善流动性。① 如果投资者不必担心信息不对称，或者交易成本较低，那他们就更有可能购买产品，市场监管通常可以推进这些目标的实现，②尤其是内幕交易法律的执行降低了交易成本，③而考虑交易成本是当前证明内幕交易监管合理性的最有前途的理论之一。

　　此外，许多加密爱好者不仅想要可行的资产，而且想要可行的货币。④对于非国家货币而言，提高流动性的紧迫性更高。正如戈登（Gorton）教授和其他学者在分析私人货币形式 MBS（抵押支持证券，Mortgage-Backed Securities）的涨跌时所表明的那样，这种工具成功的关键正在于它的信息不敏感。⑤ 信息不敏感资产是指对其质量很难有任何信息优势的资产。所有的 MBS 看起来都很相似——普遍但极其复杂，所以大多市场参与者认为它们具有可替代性。如果它们是更简单的资产，收款人在接受 MBS 作为支付款项或抵押物之前可能会感到不安：卖方向我提供 MBS 是因为他知道将会违约拖欠付款吗？ 要使一项资产成为一种流动的支付单位，接受者就不该认为研究该资产的质量有任何意义，⑥也不该担心卖方是在把无用的东西硬塞给他们。⑦ 如果接受者担心又在意，那么，每笔交易都将包含尽职调查产生的摩擦成本。简单地说，人们必须相信即使不经检查他们的货币也是有价值的。要让货币发挥作用，经济和法律因素的结合必须使研究的收益低于研究成本。戈登展示了如何通过 ABS（资产支持证券，Asset

① Utpal Bhattacharya & Hazem Daouk. The World Price of Insider Trading. *J. Fin.*, Vol.57, 2002, pp.75, 92.

② Merritt B. Fox et al. The New Stock Market: Sense and Nonsense. *Duke L.J.*, Vol.65, 2015, pp.191, 222 - 224.

③ Stanislav Dolgopolov. Insider Trading and the Bid-Ask Spread: A Critical Evaluation of Adverse Selection in Market Making. *Cap. U. L. Rev.*, Vol.33, 2004, pp.83, 148.

④ Chris Douthit. Can Cryptocurrencies Become Real Currencies? Hackernoon, https://www.hackernoon.com/can-cryptocurrencies-become-real-currencies-addde1db21d.

⑤ Tri Vi Dang et al. Ignorance, Debt and Financial Crises, http://www.columbia.edu/~td2332/Paper-Ignorance.pdf; Gary B. Gorton & Andrew Metrick, Securitized Banking and the Run on Repo (Nat'l Bureau of Econ. Research, Working Paper No. 15223, 2009), https://www.nber.org/papers/w15223.pdf; Gary B.Gorton. Slapped by the Invisible Hand. the Panic of 2007.

⑥ Gary Gorton et al. The Safe-Asset Share. *am. Econ. Rev.*, Vol.102, 2012, pp.101, 102.

⑦ George A. Akerlof. The Market for "Lenmons": Quality Uncertainty and the Market Mechanism. *Q.J. Econ.*, Vol.84, 1970, pp.488, 489 - 490, 495.

Backed Securities)实现这种结合。①

对于想具备可使用性的加密资产来说风险同样很高。② 如果要实现这一目标,经济和法律必须协同工作以打消接受者对支出者明知资产有问题的担忧。内幕交易法律进行了一番调整来消除令人担忧的信息不对称,通过法律程序来降低资产对信息的敏感性,增强资产的货币属性。

因此,监管并不是加密资产广泛分布之路上的阻碍,反而是实现这种转变的重要桥梁。鉴于此,欣曼悖论(具备功能性才能不受监管,广泛使用才能实现功能,而监管又阻碍使用)必须由我们所谓的欣曼推论来补充:监管有助于代币被广泛使用。欣曼悖论提出了一个难题:如果唯一的出路是监管,那么,如何摆脱监管的影响? 欣曼推论重构了这个难题:在达到了足够大的、足以实现功能并避开监管的规模时,如何在保持该规模的前提下实现监管? 在欣曼的观点中这个问题显得尤为突出,但它与最初提出的问题完全相反,而且它的这一观点并不反对执法。

（二）分叉

人们经常声称对加密资产的监管没有那么必要,因为有问题的交易总是可以通过社区的共识而消除。例如,臭名昭著的 DAO 代币黑客攻击事件从一个投资社区提取了价值近 6 000 万美元的以太币,但当"矿工"和用户将代码分叉到一个新版本的、除了没被攻击外一模一样的以太链条时,问题就被有效地抹去了。加密货币盗贼依旧持有他们偷来的以太币,只是社区不再认可。这相当于一个社区联合抵制所有从银行偷走的美元。存在如此神奇的自助方式,谁还需要警察呢?

虽然加密资产中自助可能具有潜在性的变革,但有三个理由来解释为何现在终止常见的执法形式还为时过早:一是分叉情形下达成社区共识成

---

① Gary B. Gorton & Guillermo Ordoñez. The Supply and Demand for Safe Assets 1 - 5, https://www.nber.org/papers/w18732.pdf.
② Hossein Nabilou & André Prüm. Ignorance, Debt and Cryptocurrencies: The Old and the New in the Law and Economics of Concurrent Currencies. *J. Fin. reg.*, Vol.5, 2019, pp.29, 57 - 58(讨论加密资产成为信息不敏感的"安全"资产的可能性)。

本很高。① 改变比特币区块规模的决定（该决定促成了比特币现金的出现）花费了数年来谈判和分析解决难题，包括为开发者和"矿工"召开无数国际会议，②而且这些决定是有争议的，③每次被指有不当行为时都会增加决策成本，效率太低。我们不要求对每一桩刑事审判都进行全民公投是有原因的，因为委托给专业的执法系统更好。

二是分叉给加密资产用户带来了特别成本。在潜在分叉发生之前的日子里，不确定性占主导地位，因为用户不确定他们的资产是否会因为分叉而改变或直接变得没用。分叉之后，总是能看到（名称相似的）资产的竞争版本在市场上同时交易，这会压低两者的价格。宣告欺诈交易无效的分叉可能会波及无辜的受害者，例如那些收到不再被社区认可的加密资产作为款项的人。

三是分叉中彻底的自助模式开启了一种强大的知情交易新模式，在证券领域没有完美对应的情况："矿工"和用户知道分叉是否会发生，以及是否会在其他用户之前成功分叉，因为分叉的决定是在他们的帮助下做出的。

要理解这一点，首先要考虑投票问题。大家总是比别人先知道自己将如何投票。在公司选举中，大股东的投票计划可能是重大非公开信息，因为它可以预测一个公司的未来。④ 糟糕的管理层是否会被保留？拟议过程中的合并能否成功？这些因素对股价有很大影响。在一场势均力敌的投票中，一个大投资者可以决定投票结果，而这个大投资者必然比第三方更清楚自己将如何投票。在少数人做出重要决定的情况下，必然存在一种无法消除的信息不对称。

加密资产也涉及这类投票，因此有权势的投票人能从他们预见的投票结果

---

① Alex Evans. A Brief Study of Cyptonetwork Forks，Placeholder，https://www.placeholder.vc/blog/2018/9/17/a-brief-study-of-cryptonetwork-forks. 还有一种风险是，少数用户可能会拒绝新协议，可能因为他们从先前饱受争议的行为中获益了。

② Bitcoin Roundtable Consensus. https://www.medium.com/@bitcoinroundtable/bitcoin-roundtable-consensus-266d4 75 a6 ff.

③ 因此，仅发生过有限数量的分叉。List of Bitcoin Forks. https://www.iconow.net/ist-of-bitcoin-forks.

④ Institutional S'holder Servs. Inc. Advisers Act Release No. IA - 3611，106 SEC Docket 1681，2013 W. L. 11113059（与一位著名的代理顾问达成和解，认可员工拥有的关于客户在公司争议中可能投什么票的数据，并承认这是重大非公开信息）。

中获利。加密资产并不严格按照民主原则运作,而是采用了一种平行系统,即"矿工"投票决定哪一区块链生效,用户投票决定选择和支持哪一种加密资产。[①]在这两种情况下,事先知道资产客户将如何应对冲突对于预测资产未来价格极其重要。[②] 例如以太坊 DAO 黑客攻击事件后分叉,用户决定是继续支持现有版本的以太坊,还是努力转到新的版本上来消除源于程序漏洞的盗窃案带来的有害影响。为硬分叉所做的准备包括……以太坊矿工进行预投票以确定硬分叉成功的可能性。只有很小一部分以太币持有者或"矿工"参加了预投票,但是以太坊开发人员决定继续进行硬分叉。大概大型"矿工"根本不需要投票就能对他应当如何投票以及投票本身产生的结果进行合理推测。

由于"采矿"是一项高度集中的作业,这些推测应当非常准确。[③] 截至2018 年夏天,一家公司的两个子公司控制了所有比特币 42% 的"采矿"能力,[④]另外的 40% 由其他四家公司控制。[⑤] 其他加密资产的集中度甚至更高:两个"矿工"就占据了以太坊采矿的多数份额。[⑥] 采矿业的快速卡特尔化意味着仅 3—4 个团队就可以单方面控制许多加密资产的未来,十几个团队的合作则意味着任何分叉都不会遇到实质性的反对。[⑦]

由于衍生品合约通常在分叉发生之前就开始交易,即使涉及不存在的加密资产,也有可能根据对"矿工"如何投票的预测来获利,例如在最近发生

---

① 这两种情况都是"用脚投票"的结果。Charles M. Tiebout. A Pure Theory of Local Expenditures. *J. Pol. Econ.*, Vol.64, 1956, pp.416, 416–418.

② 例如,新闻报道花了大量时间猜测大型"矿工"将如何应对比特币现金的分叉。普遍猜想是受到较少支持的资产很快会变得毫无价值。Jeremy Wall. Bitcoin Cash (BCH) Hard Fork:The Competition Is Heating Up. Invest in Blockchain. https://www.investinblockchain.com/bitcoin-cash-hard-fork. 分叉使加密资产在某些方面存在零和博弈。一种加密资产的成功可能直接威胁其他加密资产的生存能力。证券市场没有类似的情况,苹果股票的成功不会危及微软和其他公司。没有股票能够替代苹果股票的市场份额,并声称自己有权利被叫作"苹果"。

③ 这符合整合了交易商市场的非加密货币市场的路径。Katie Martin. Deutsche Bank Wins Euromoney J'X Poll. https://www.wsj.com/aricles/SB10001424127887324244304578471422221191246(描述了成为全球最大货币交易银行所经历的竞争)。

④ Josiah Wilmoth. Bitmain's Mining Pools Now Control Nearly 51 Percent of the Bitcoin Hashrate, https://www.ccn.com/bitmains-mining-pools-now-control-nearly-51-percent-of-the-bitcoin-hashrate.

⑤ Josiah Wilmoth. Bitmain's Mining Pools Now Control Nearly 51 Percent of the Bitcoin Hashrate, https://www.ccn.com/bitmains-mining-pools-now-control-nearly-51-percent-of-the-bitcoin-hashrate.

⑥ Top Miners by Blocks, Etherscan, https://www.etherscan.io/stat/miner? range= 7&blocktype= blocks.

⑦ "矿工"当然可以示意或"标记"他们打算如何投票,但这种标记不是必需的,而且无论如何,"矿工"们仍然比其他人更清楚他们将标记什么,这本身就是重要信息。

的比特币现金的分叉中，大小区块规模支持者成对立状态，[1]期货市场价格提早开始剧烈波动，这大概率是由对算力强劲的"矿工"和平台支持哪种形式加密资产的预测引发的。[2] 采矿过程牵涉的人员或者平台内部人员比其他人更容易猜出他们最终会支持哪一方，从而猜出期货合约底层资产的真实价格。

（三）加密无政府主义

我们所熟悉的银行系统、[3]国家发行的货币[4]或者整个国家[5]终有一天会终止，这点是无法避免的，一些加密货币爱好者对此充满渴望，或者说坚信不疑；另一些人则认为保密性远比价格和便利性重要，[6]他们中有很大比例是自由论者，[7]因此，动用国家力量来保护社区不受内幕交易的影响似乎有些讽刺。

与此相关，许多加密资产已被开发为开源项目。[8] 开源社区反对任何人"拥有"风险投资的知识产权。所有权的缺失与一些支持内幕交易监管最有力的论据（这些论据依赖于财产的概念）产生了矛盾，[9]即交易者私自占

---

[1] Aaron Hankin. What You Need to Know About the Bitcoin Cash "Hard Fork", https://www. marketwatch.com/story/what-you-need-to-know-about-the-bitcoin-cash-hard-fork-2018-111-3（描述了最著名的比特币硬分叉）。

[2] Press Release, CFTC, Release No. 7592 - 17, CFTC Grants DCO Registration to LedgerX LLC (2017), https://www.cftc.gov/PressRoom/PressReleases/pr7592 - 17.

[3] Franklin R. Edwards & Frederic S. Mishkin. The Decline of Traditional Banking: Implications for Financial Stability and Regulatory Policy 2, https://www.nber.org/papers/w4993.

[4] Alasdair Macleod. Why a Dollar Collapse Is Inevitable, https://www. seekingalpha. com/article/ 4161382-dollar-collapse-inevitable. The Poly Capitalist. Barry Eichengreen on Timing the Inevitable Decline of the US Dollar, https://www. businessinsider. com/timing-theinevitable-decline-of-the-us-dollar-2011-1.

[5] Neil Gross. Is the United States Too Big to Govern? https://www. nytimes. com/2018/05/11/ opinion/sunday/united-states-too-big. htrnl.

[6] Scott Helme. Perfect Forward Secrecy: An Introduction, https://www. scotthelme. co. uk/perfect-forward-secrecy.

[7] Georgia Frances King. The Venn Diagram Between Libertarians and Crypto Bros is So Close it's Basically a Circle, https://www. qz. com/1284178/almost-half-of-cryptocurrency-and-bitcoin-bros-identify-as-libertarian.

[8] https://github.com/bitcoin/bitcoin/blob/master/COPYING; Samuel Furter ed. Licensing, https:// www. github. com/ethereum/wiki/wiki/Licensing.

[9] 讨论是如何将代码中缺少产权与其他信息中缺少产权结合起来，例如预计好的代码变更或代码相关资产的使用。

有了他人的信息。

当然,大多数加密资产用户并没有否定"国家"的概念,[1]并可能支持推行恰当的法律。[2] 如果加密资产得到广泛使用,其用户将表现出与整个人群相同的需求和期望,从而希望获得类似的保护。

即使是对当前金融和政府体系有强烈疑虑的用户也可能接受支持替代方案的规则。长期以来,黄金一直是这类投资者的支柱,但是黄金也是广泛市场操纵[3]和内幕交易的重灾区。在检察官设法减少大型银行的市场滥用行为时,支持金本位者看起来并不会放弃他们的金条。[4] 相反,大多数黄金投资者可能很高兴他们的投资将不受人为稀缺性或波动性的影响。在这里,警察通过确保备用计划的稳定性来帮助怀疑论者。有时敌人的敌人就是朋友。

对加密爱好者独特价值观的认可甚至会有利于监管干预,因为市场监管和内幕交易法律都注重(依赖于)实物,[5]而加密爱好者只关心资产的非金融方面。[6] 对于持有这种观点的加密资产买家来说,存在一组完全不同的与加密资产可取性有关的重要信息。

如果这类买家发现加密资产的开发商或"矿工"已采取措施将该资产

---

[1] Anne H. Dyhrberg et al. How Investible is Bitcoin? Analyzing the Liquidity and Transaction Costs of Bitcoin Markets. *Econ. Letters*, Vol.171, 2018, p.140.

[2] 鼓励投资加密资产是否好政策,这是个重要问题。但对加密资产投资的怀疑并不会使监管机构放弃监管。通过类比,我们中的许多人都质疑投资者是否应将大笔资金投入低价股或反向 IPO 公司的证券;这些投资往往价值不高,被卖给了之后可能后悔购买的"金融小白",但这很难反驳对这些证券进行内幕交易监管。有更合理的方法来阻止不合理的投资,例如禁止这些产品、要求产品购买者具有一定经验、教育投资者等,而不是听之任之,让投资者吃亏。

[3] Gold Silver Worlds. It Removes Article "Gold Price Rigging Fears Put Investors on Alert". http://goldsilverworlds.com/physical-market/ft-removesarticle-gold-price-rigging-fears-put-investors-on-alert(记录《金融时报》于 2014 年 2 月 23 日撤回"麦迪逊婚姻"一文的截图,描述了黄金市场普遍的市场操纵行为)。

[4] Hugh Son & Dan Mangan. Former JP Morgan Trader Pleads Guilty to Manipulating US Metals Markets for Years. https://www.cnbc.com/2018/1/06/ex-jp-morgan-trader-pleads-guiltyto-manipulating-metals-markets.html.

[5] 证券法对重大进行客观定义,这种定义不强调特定投资者的特殊偏好。TSC Indus., Inc. v. Northway, Inc., *U.S.*, Vol.426, 1976, pp.438, 445. 不过,如果被告知道受害者的特殊偏好,则可以采用主观标准。5C Arnold S. Jacobs, Disclosure & Remedies under the Securities Laws § 12:32, Westlaw SECDRSL (updated June 2019)("被告可能会故意利用原告的特殊偏好,通过发表一份声明表示他知道原告很可能将此视为重要信息,尽管合理的投资者不会这样做。然后,法院就会认定信息是重要的")。

[6] 关于投资者对利润以外目标的兴趣,参见 Cynthia A. Williams. The Securities and Exchange Commission and Corporate Social Transparency. *Harv. L. Rev.*, Vol.112, 1999, pp.1197, 1287 – 1289.

与熟悉的商业机构联系起来，[1]或使用该资产协助执法人员追踪非法收购行为，他们可能会后悔购买。[2] 如果卖方知道其中一条轴线上有一个悬而未决的妥协方案，他可能会在不向买方披露任何信息的情况下出售资产。[3] 难道我们不能说卖方在没有披露重大非公开信息的情况下售卖了资产吗？[4]

如果加密资产爱好者想要具有某些特性的资产，例如具有隐私性、独立于国家和银行等，他们就应当相信开发人员和推广人员正在努力创造和维护这样一种产品。内幕交易法可以通过确认关于特性存在与否的信息是否重要来支撑起这份信任（法律可以通过认可那些财产存在与否的信息为实物来赢得信任。内幕交易法就是助力这些努力的自然方式）。正如我们不允许内部人士在知道公司确实不盈利的情况下出售股票一样，尽管有相反的公开声明，内幕交易法可以优先考虑加密爱好者的非货币价值，以支持他们继续寻找可接受的资产，并尽可能避免无信用的推广人员出售不符合过去假设的产品。

（四）优先考虑欺诈和市场操纵

无论内幕交易法应用于加密资产领域的优势和适用性如何，一些评论人士认为这不是执法人员最应优先考虑的。相反，这类资产中欺诈和市场操纵的问题更大。

这种说法有一定的说服力，因为欺诈现象确实很普遍。许多加密货币资产是彻头彻尾的闹剧。[5] 更糟糕的是，加密资产似乎很容易遭受一种独

---

[1] Rosalie Stafford-Langan, Crypto Goes Mainstream. What Big Finance Is Doing, Fin. News, https://www.fnlondon.com/articles/what-the-biggest-financial-institutions-are-doing-aboutcryptocurrencies-20180807.

[2] Adrian Zmudzinski, Law Enforcement Inquiries Sent to Kraken Nearly Tripled in 2018, Cointelegraph, https://www.cointelegraph.com/news/law-enforcement-inquiries-sent-to-kraken-nearly-tripled-in-2018.

[3] See C. Edward Kelso. Bitcoin ETFs Are a Terrible Idea: Andreas Antonopoulos, Bitcoin Com News, https://www.news.bitcoin.com/bitcoin-etfs-are-a-terrible-idea-andreas-antonopoulos("如果开发人员找到了一种方法来升级该系统，使其更加注重隐私，那么，ETF 基金背后的主要财力可能会努力阻止它发生，以免激怒他们在政府机关工作的朋友")。

[4] 关于欺诈行为如何侵害特殊偏好或完全使他们拒绝投资的讨论，参见 Sarah Dadush. The Law of Identity Harm. Wash. U. L. Rev., Vol.96, 2019, pp.803, 849 - 851.

[5] Shane Shifflett & Coulter Jones. Buyer Beware: Hundreds of Bitcoin Wannabes Show Hallmarks of Fraud. https://www.wsj.com/articles/buyerbeware-hundreds-of-bitcoin-wannabes-show-hallmarks-of-fraud-1526573115(调查大量不准确的信息)；Complaint at 1133 - 1149, SEC v. AriseBank, No. 3: 18 - cv - 00186 - M(指出加密资产推广人员谎称经营了一家有 100 年历史的银行)。

特形式的欺诈,即51％的攻击。① 同样,市场操纵现象也很普遍,②包括哄骗欺诈③和哄抬倾销④等常见的手法,而现有的法治基础看起来不足以解决市场操纵问题。⑤

面对种种欺诈和市场操纵问题,在"更大的"问题得到解决后不去解决内幕交易问题是不合逻辑的。一方面,不执行内幕交易法就要付出代价;⑥另一方面,在促进私人诉讼的问题上,没有在两种强制执行形式之间进行权衡。私人原告可能提出任何可行的民事诉讼。基于加密资产(被视为商品⑦或者证券⑧)的商品期货交易的原告具有私人诉讼权。只要他们同时交易,就无需证明其直接与内幕信息知情人进行了交易。⑨ 目前已有私人原告提起民事诉讼指控加密资产内幕交易。⑩

更重要的是,市场操纵、欺诈和内幕交易之间有着密切的联系,它们就像同胞姐妹,很大程度上它们相互依赖而产生影响。减少内幕交易是减少市场操纵和欺诈的有力途径。

---

① 51％的攻击是一种机会主义的形式,通过获取并利用区块链网络的大部分算力改变交易历史,从而使自己受益。Alex. Coinbase, Bitfly Say Reorganizations Detected on Ethereum Classic's Blockchain; ETC Devs Deny Claim — ADTmag, http://www. cryptocenternews. com/2019/01/coinbase-bitfly-say-reorganizations-detected-on-ethereum-classicsblockchain-etc-devs-deny-claim-adtmag. 租用足够算力的成本可能只要500万美元。Alex Tabarrok. Ethereum Double Spend Attack? https://www. marginalrevolution. com/marginalrevolution/2019/01/ethereumclassic-double-spend-attack. html.

② John M. Griffin & Amin Shams. Is Bitcoin Really Un-Tethered? https://www. papers. ssrn. com/2013/papers.cfm?abstract id=3195066(提出比特币交易所具有维持货币价格的责任)。

③ Paul Vigna & Alexander Osipovich. Bots are Manipulating Price of Bitcoin in "Wild West of Crypto". https://www.wsj.com/articles/the-botsmanipulating-bitcoins-price-1538481600(最近向国会提交了两项法案,要求CFTC研究如何防止虚拟货币领域市场操纵行为);U. S. Virtual Currency Market and Regulatory Competitiveness Act of 2018,H. R. 7225, 115th Cong. (2018);Virtual Currency Consumer Protection Act of 2018,H. R. 7224, 115th Cong. (2018).

④ Tao Li et al. Cryptocurrency Pump-and-Dump Schemes 1, https://www. papers. ssrn. com/2013/papers.cfm?abstract_id=3267041.

⑤ 确定十个主要加密资产平台中有六个没有市场操纵的相关政策。

⑥ Utpal Bhattacharya & Hazem Daouk. When No Law is Better than a Good Law. Rev. Fin., Vol.13, 2009, pp.577, 582 - 584(认为未实施的内幕交易法增加了公司的资本成本)。

⑦ 7 U.S.C. § 25 (2012).

⑧ Kardon v. Nat'l Gypsum Co., 69 F. Supp. 512, 514 (E.D. Pa. 1946).

⑨ 15 U.S.C. § 78t - 1 (a) (2012).

⑩ Berk v. Coinbase, Inc., No. 18 - cv - 01364 - VC, 2018 WL 5292244, at * 2 (N.D. Cal. Oct. 23, 2018).

内幕交易会引发市场操纵，因为市场操纵者常常冒充内幕交易者。[①] 市场操纵者想要影响市场价格，最可靠的方法就是欺骗其他市场参与者，让他们以为有交易者知道公司的一些非公开信息。[②] 如果交易者希望股票价格上涨，他们可以暗示自己知道该股票的利好消息，然后买进，其他交易者受该暗示影响哄抬股价，或者至少拒绝按以前的价格卖出。如果每个人都知道市场操控者其实只有公开信息，那么这种策略就会无效。广泛的内幕交易使市场操纵者的虚张声势更加可信和有效。因此，减少内幕交易（或至少加强执法）有助于降低市场操纵的可行性。

合法的内幕交易也可以为其他非法的市场操纵提供掩护。如果市场操纵者动机复杂，大多数法院会驳回市场操纵案件。[③] 这意味着，一个有意操纵市场但以非操纵理由进行交易的人将无需承担操纵市场的责任。重大非公开信息的存在支持了此种辩护。例如 CFTC 诉威尔逊（CFTC v. Wilson）案中，一家贸易公司通过将价格推高到"正确"方向的方式积极投标，从而获利。[④] CFTC 提出的市场操纵指控失败了，因为交易者掌握的信息表明价格最终应该上涨，而他只是将价格推到了"真实"的位置。在这种情况下，毫无疑问，交易者对真实价格的了解与违反义务获得的非公开信息有关，他可以基于此自由交易。可以合法作为交易基础的信息越多，就越能找到真实理由或者借口来掩护市场操纵。

问题的关键不在于不同形式的市场滥用之间总是有正相关关系。[⑤] 关

---

① Rajesh K. Aggarwal & Guojun Wu. Stock Market Manipulations. *J. Bus.*, Vol.79，2006，pp.1915，1915 - 1921.

② Xiaoquan Jiang & Mir A. Zaman, Aggregate Insider Trading: Contrarian Beliefs or Superior Information? *J. Banking & Fin.*, Vol.34，2010，pp.1225，1225 - 1226；Franklin Allen & Douglas Gale. Stock-Price Manipulation. *Rev. Fin. Studies*，Vol.5，1992，pp.503，503 - 510（区分三种形式的市场操纵）；Paul G. Mahoney, The Stock Pools and the Securities Exchange Act. *J. Fin. Econ.*，Vol.51，1999，pp.343，356 - 367（主张许多明显的市场操纵行为实际上是内幕交易）。

③ 马斯里（Masri）要求市场操纵是个 but-for 动机。SEC v. Masri, 523 F. Supp. 2d 361, 371 - 372 (S.D. N.Y. 2007)；Andrew Verstein. The Jurisprudence of Mixed Motives. *Yale L.J.*，Vol.127，2018，pp. 1116，1137 - 1139. 这不是件容易证明的事情，但这是最宽容的测试。穆列伦（Mulheren）认为被告的唯一动机应该是进行市场操纵。United States v. Mulheren, 938 F.2d 364, 372 (2d Cir. 1991). 其他案例则表示除非操纵行为与其他客观欺诈行为相结合，否则，任何不良动机都无法支持市场操纵主张。GFL Advantage Fund, Ltd. v. Colkitt, 272 F.3d 189, 205 (3d Cir. 2001).

④ CFTC v. Wilson, 27 F. Supp. 3d 517, 532 (S.D.N.Y. 2014). 当然，知情交易仍然是对不能以内幕交易起诉情况的有效保护，因为在这方面没有违反任何法律。

⑤ 内幕交易可以通过揭露真相来减少市场操纵，也可能会阻碍基础研究，从而使市场操纵变得更容易。

键在于,加密资产和其他领域存在很深的关系,以致对其中一个领域的监管会成为减少对另一个领域监管的备选方式。

六、内幕交易法律的局限

虽然关于联邦内幕交易法的范围和轮廓存在大量争议,但至少在某些时候,几乎所有评论人士都支持惩罚信息不对称的交易。内幕交易法只是信息监管的一种形式,合同法还强行赋予了当事人纠正不知情相对方错误的义务。[①] 内幕交易法的根本问题不在于应该明确地禁止什么,而在于什么情况下合同的背景法律已足够,什么情况下应该再附加一层联邦法律。证券内幕交易法是否为大宗商品提供了示范? 是否为加密资产、房地产还有艺术品提供了示范? 内幕交易法的范围到底有多广?

以下是与现有法律有关的备选答案:如果一项资产受到披露制度的全面制约,那么应该适用内幕交易法,但披露义务并不是一个二元分类。有些证券所承担的披露义务远不如其他证券那么严格。[②] 许多非证券类资产都要遵守报告要求,尽管大多数评论人士认为内幕交易监管并不适合这些资产。[③] 更重要的是,全面监管是一种选择——如果要将艺术品纳入内幕交易法律领域,也许艺术品也应该接受联邦范围的登记。通过参考现有法律来定义内幕交易法律范围,充其量只能给我们提供一个内核一致的答案,而不能保证它就是正确答案。

一些为内幕交易法正名的政策作为限制性原则,同样无法令人满意。例如,对信息产权的关注可以证明证券内幕交易是正当的,但这样的理论并不能解释为什么我们目前把内幕交易法集中在证券领域上。在艺术品、房地产等其他资产中也有可以窃取的信息财产,但我们没有专门的联邦机构专职处理这些信息的滥用问题。同样,如果高管带着与股价相关的秘密回家是不公平的,那么,他们带着与房地产价格相关的秘密回家也是不公平

---

① Anthony T. Kronman. Mistake, Disclosure, Information and the Law of Contracts. *J. Legal Stud.*, Vol.7, 1978, pp.1, 2-9; Restatement of Contracts § 154(以偶尔鼓励披露的方式分配不对称信息的风险);Restatement of Torts § 551(2) (a)-(e)(解释普通法中的披露制度);Melvin A. Eisenberg. Disclosure in Contract Law. *CAL. L. REV.*, Vol.91, 2003, pp.1645, 1651-1655.
② 例如,非报告公司的豁免证券可以在未经 SEC 登记和定期披露的情况下出售。
③ 例如,帕克(Park)教授会将证券与大宗商品区分开来,因为对大宗商品的报告要求不那么全面。

的，但目前还没有对房地产内幕交易者提起的诉讼。虽然公平、财产和其他政策都为内幕交易法的正当性提供了合理的理由，但它们并不是界定内幕交易法领域的最佳政策。

在笔者看来，从基本原则开始更有成效。在现有合同信息规则基础之上再增加一层法律有两个目的：一是惩罚更多的行为。[①] 联邦内幕交易法的适当框架有待讨论，但毫无疑问，如果存在联邦内幕交易制度，它将产生普通法中没有的新规定。二是建立一个新的专业执法者阶层，即集体诉讼原告、监管者和检察官。考虑到这两个核心特征，我们可以提出这样的问题：资产的哪些属性会使得更大程度限制知情交易，并赋予新一类执行者权力一事更切合实际。

这些原则都是经得起仔细检查的，简单来说就是：① 将更多行为纳入惩罚范围是有道理的，缺乏特殊信息的交易者面对广大知情交易者时会采取代价高昂的自我保护措施，从而损害流动性；② 在知情交易的"受害者"无法完全独立提出索赔的情况下，赋予专业执法人员权力是有意义的。

因此，考虑到大多数交易者会在交易前过度保护自己而在交易后自我保护意识不足，内幕交易法能对资产披露的普通法起到补充作用。[②] 这里所探讨的政策会因此受到市场微观结构经济学和执行经济学的双重影响。

（一）限制交易以提高流动性

对于一个市场来说，有多少知情交易是最好的？知道重大非公开信息的交易者通过交易体现出他们知道的内情，从而提高了资产价格的准确性，[③]并且交易获利的可能性鼓励他们从一开始就获取信息。只要价格是准确的，价

---

① 本文侧重于评估证券知情交易监管的细节，除证券外，没有对其他资产进行评估。本文关注的是法律应该适用于什么领域。

② 这两个因素并不具有完全决定性。内幕交易法在很大程度上是强制性法律。在我们怀疑市场参与者是否能够为更有效的制度订立合同的领域——无论是具有重要外部性、高交易成本的领域，还是我们对某些结果有政治承诺的领域——强制法是最合适的。对于内幕交易法的"发行人选择"或内部化文献等主要内容需展开更长时间的讨论。目前，我们应该承认加密资产的一个重要事实，即通过智能合约实现加密资产可以让加密资产的推广人员为其交易嵌入一些规则。原则上，加密资产开发者可以设计产品表达对内幕交易的特定态度。然而，这种差异是程度上的差异，而不是与现有资产的差异。

③ Ronald J. Gilson & Reinier H. Kraakman. Mechanisms of Market Efficiency. *Va. L. Rev.*, Vol.70, 1984, pp.549, 631.

格观察者就能做出更好的决定,例如在实体经济中如何投资或调配资源。[①]

但知情交易也有成本:知情交易者的利润是以非知情交易者的损失为代价的。大量的知情交易不仅会劝退投资者,[②]而且会提高交易的预期成本。在许多市场中,不断上升的交易成本反映在更大的"买卖价差"上,这是被称为"做市商"的市场中介收取的隐含佣金。[③] 较大的价差使投资者难以实现交易目标,市场价格的准确性也因此降低。

福克斯(Fox)教授、格洛斯顿(Glosten)教授以及劳特伯格(Rauterberg)教授将价格准确性和流动性之间的权衡作为审查各类型知情交易的主要评估指标:市场功能在多大程度上可以用价格准确性和流动性这两个最重要的特征来描述……每种类型的知情交易都会对价格准确性产生积极影响,对流动性产生消极影响。但是,这两种影响的比例和提高价格准确性的持续时间在不同类型之间差异很大。

例如,对于谨慎的市场基本面研究人员(他们会给市场带来新信息)进行的交易来说,这个比率是"好的"。相比之下,对于在财报发布前交易的高管来说,这一比率是"糟糕的",因为财报信息很快就会被披露。福克斯等人支持前者而禁止后者。

尽管内幕交易导致的价格准确性效应因交易类型而异,但流动性效应并不显著。如果做市商输钱给知情交易者,那么,相对方如何获得其优势并不重要;如果赌徒知道比赛结果,那么,无论赌徒如何知道庄家都会输钱。因此,价格准确性在评估特定交易行为时很重要,但在评估内幕交易监管所涉范围时,流动性才是关键。在某些情况下,应对被知情交易严重侵害流动性的资产实施内幕交易监管(具体应根据价格准确性效应决定),而不该对流动性受知情交易侵害较小的资产进行内幕交易监管。因此在一定程度

---

① Merritt B. Fox. Shelf Registration, Integrated Disclosure and Underwriter Due Diligence: An Economic Analysis. *Va. L. Rev.*, Vol.70, 1984, pp.1005, 1020; Marcel Kahan. Securities Laws and the Social Costs of "Inaccurate" Stock Prices. *Duke L.J.*, Vol.41, 1992, pp.977, 1005 – 1016.

② 这是内幕交易相关立法背后的动机之一。H.R. Rep. No. 100 – 910, at 7 – 8 (1988), reprinted in 1988 U.S.C.C.A.N. 6043, 6044 – 45(如果小投资者觉得市场对他不利,他不会也不可能会愿意在市场上投资);United States v. O'Hagan, 521 U.S. 642, 658(投资者可能会犹豫要不要在一个内幕交易……不受法律约束的市场上冒险投资)。

③ Nabil Khoury et al. PIP Transactions, Price Improvement, Informed Trades and Order Execution Quality. *Eur. Fin. Mgmt.*, Vol.16, 2010, pp.211, 226.

上，我们可以根据知情交易的流动性成本来确定内幕交易监管的范围，而非根据价格准确性进行微调。

关于基本原则如何应用于各类资产有如下考虑。显然知情交易具有证券市场流动性成本。我们可以确信在有知情交易者的情况下，证券市场中介的存在扩大了其利差。虽然这可能很难证明，[①]但人们普遍认为投资者会被随处可见的内幕交易劝退，为了诱使散户投资者把钱从他们的床垫下取出来——这是个重要的社会政策目标需要一个相对公平的竞争环境。

大宗商品市场也有类似情况。交易成本上升是对知情交易者预期损失的回应。[②]如果老练的中介担心有内幕信息知情人存在，那么，交易和对冲就会变得更加困难。[③]加密货币资产也差不多，尽管没那么明确。[④]知情交易者的存在似乎会影响（其他）交易者的反应。加密资产领域没有无论市场状况如何都肯定交易的自然用户。许多资产推广人员创造流动货币的目标高度依赖于减少逆向选择和交易成本。

房地产、珍贵艺术品等其他资产的情况则不同，因为信息不对称对实体经济行为的无效改变作用较小。房地产买家通常要向经纪人支付 6% 的佣金和无数其他费用。[⑤]艺术品买家通常支付 50% 或更多的佣金。[⑥]在这两

---

① John P. Anderson. Insider Trading and the Myth of Market Confidence. *Wash. U.J.L. & Pol'y*, Vol. 56, 2018, pp.1, 5 - 12.

② Henry L. Bryant & Michael S. Haigh. Bid-Ask Spreads in Commodity Futures Markets. *Applied Fin. Econ.*, Vol.14, 2002, pp.923, 924 & n.1; Carol L. Osler et al. Price Discovery in Currency Markets. *J. Int'l Money & Fin.*, Vol.30, 2011, pp.1696, 1696 - 1698(注意外汇利差与逆向选择之间的关系)。

③ Verstein, at 480.

④ 虚拟货币目前的定价方式是否反映了某种基本面，这个问题尚处于争论之中。David Yermack. Is Bitcoin a Real Currency? An Economic Appraisa4 in Handbook of Digital Currency: Bitcoin, Innovation, Financial Instruments and Big Data, Vol. 31, pp. 38 - 43; Shaen Corbet et al. Datestamping the Bitcoin and Ethereum Bubbles. *Fin. Res. Letters*, Vol.26, 2018, pp.81, 87(提及投机泡沫); Gerald P. Dwyer. The Economics of Bitcoin and Similar Private Digital Currencies. *J. Fin. Stability*, Vol.17, 2015, pp.81, 82(提及波动性)。Compare Saralees Nadarajah & Jeffrey Chu. On the Inefficiency of Bitcoin. *Econ. Letters*, Vol.150, 2017, pp.6, 9(发现比特币属于信息有效的); Aviral Kumar Tiwari et al. Informational Efficiency of Bitcoin: An Extension. *Econ. Letters*, Vol. 163, 2018, pp. 106, 108; Andrew Urquhart. The Inefficiency of Bitcoin. *Econ Letters*, Vol. 148, 2016, pp.80, 82(认为比特币信息效率不断提高)。

⑤ Dan Moskowitz. How Real Estate Agent and Broker Fees Work, https://www.investopedia.com/articles/active-trading/031215/how-real-estate-agent-and-broker-feeswork.asp(当然，名义上卖家向经纪人支付费用，但实际此进入市场的买家间接承担)。

⑥ Jason T. Borbet. An Artist's Business Guide to Commissions. https://www.forbes.com/sites/jasonborbet/2025/04/16/an-artists-business-guide-to-commissions.

种交易中,交易双方都已习惯由于信息不平衡而承受有意义的摩擦,因此一个意外的小摩擦不太会削弱交易的可能性。一个原因是在这些领域,人们出于个人目的而非财务原因购买标的(买家想住在房子里或看艺术品),因此弹性不大;另一个原因是大多数房地产和艺术品市场的参与者只是偶尔参与,他们不会成天地进行买卖。在房地产世界里没有随时准备买卖房产的"经纪人"。① 艺术品市场有经纪人,但他们的成交额远低于证券交易商的快速交易。综上所述,这意味着参与者不会不断受到知情交易成本的惩罚,并因此采取社会意义上效率低下的自我保护举措。

内幕交易法禁止知情交易者以牺牲市场中介和其他交易者的利益为代价,而使自己获取利益,这是否具有重大的社会意义很大程度上取决于"受害者"的反应。如果他们逃离市场或者要求更高的流动性(例如证券、大宗商品和加密资产),那么,我们应当受内幕交易法制约,而问题就变成是否存在价格准确性抵消效应,不论成本高低使某种类型交易成为明智选择。如果中介和交易相对方(不像在艺术品和房地产领域那样)根据知情交易大幅调整他们的行为,则我们很可能超出了内幕交易法的范围,现有普通法中的信息保护和自由应该占主导地位。②

(二)专业的执行者

普通法中的合同法规定合同缔约方有义务向相对方披露资料或避免与其交易。例如,房地产的卖方不可能在未披露潜在缺陷的情况下出售房屋,正如股票的卖方不可能出售未披露潜在缺陷的股票,③但只有受害的合同缔约方才会提出普通法上的索赔要求。内幕交易法由众多专业人士实施,例如集体诉讼律师和政府执法人员。

在某些联邦责任理论禁止内幕交易的地方,证券内幕交易法刑事上可以由司法部执行,民事上可以由监督股票市场的联邦机构 SEC 执行。联邦

---

① 炒房人可能在某一瞬间想拥有房子,但他们与市商截然不同。
② 可以肯定的是,财富转移有利于知情交易者,这可能看起来(或确实)不公平。本文不考虑公平问题,除非它们影响效率或福利,笔者的目标不是否定这些论点。不过许多关于公平性的争论是在普通合同法的背景下提出的,而非内幕交易法,而且就公平问题很难达成广泛共识。由此,对福利要素进行初步研究很有用。
③ Mitchell v. Skubiak, 618 N.E.2d 1013, 1017 (Ill. Ct. App. 1993).

法律还允许被内幕交易者侵害的人提起私人民事诉讼。对于规则 14e - 3 和规则 10b - 5，交易者不需要证明他们确实是从内幕信息知情人那里买进或卖出，只需证明他们"同时"进行了交易就足够了。[①] 对于 16(b) 部分，交易者作为内部人员所在的实体可在任一股东的要求下提起诉讼。

如果这些专业执法人员的设立是正当的，那么增加一层级的法律在更大程度上也是正当的。有两个因素与这个问题有关：① 专业知识的必要性；② 资产和资产类别的价值。

专业执行者可以学习专业知识，而专业知识使执法更加容易。但专业知识只有在某些时候才有很大价值。当问题很复杂以致业余执法者可能会把事情搞砸，或者案件非常相似以致可以归纳为专门研究的一般主题时，专业知识才有巨大价值。

资产价值是另一个因素。当一个类别的资产整体价值很高时，它就值得社会资源来防止该类别资产出现问题。而如果对私人原告来说价值巨大，他们也会自己提出诉讼。因此，如果针对的是一种对社会的总价值很高，但对受损投资者的价值相对较低的资产，那么就需要公共执法者，因为受害者可能会听之任之，导致执行不力。[②]

这两个原则大体上符合笔者对内幕交易法范围的主张。想了解原因，请考虑备选资产类别。

证券内幕交易非常适合进行专业执法。[③] 市场是复杂的，法律、经济学以及证券和证券交易的微观结构让大多数法学生感到困惑，更不用说投资者了，此时需要专业人士来理解金融并提出资本市场的案例。这个主题很重要——证券的价值是惊人的，它代表着一个国家的产业政策和退休前景。而且这不只是复杂性的问题。内幕交易很难被发现，相关取证技术（例如窃听和保密证人）价格昂贵，只有政府和经验丰富的公司才会使用。理论和经验告诉我们，如果要减少证券中的内幕交易，一定得重视

---

① 15 U.S.C. § 78t - 1(a) (2012).
② 专业执法并不是解决执法不足的唯一可行方案，提高处罚的严厉程度往往可以达到类似效果。Gary S. Becker. Crime and Punishment：An Economic Approach. *J. Pol. Econ.*，Vol. 76，1968，pp.169，170.
③ Bainbridge，at 1262 - 1266(指出私人执行内幕交易法律的障碍).

专业执法。①

　　大宗商品也如此。有多少美国人能看懂电影《颠倒乾坤》(*Trading Places*)的最后几分钟呢?② 有多少私人原告能够发现并起诉市场操纵行为,或者 Libor 充斥着行话的国际操纵行为呢?③ 同样,股本在公众面前很重要,但私下里可能并不重要。虽然大宗商品价格有时波动剧烈,但重大非公开信息所导致的微小价格变化往往不足以促使受害者提起诉讼,部分原因是其头寸是对冲的,其在一种产品上的损失很大程度上被另一种产品抵消了,其无法证明长期的损害,即对冲和投机工具价值普遍缩水了。

　　尽管现在还为时尚早,但加密资产看起来符合上述条件,因此加密资产需要专业的执法者。加密资产市值很大,④并且可能预示着资本主义技术进化的变革阶段。但很少有投资者将其储蓄的一小部分投资于加密资产,而那些以各种方式亏了钱的投资者也几乎不再打算提起诉讼。不少推广人员和交易所位于海外,这使情况更加复杂。⑤ 很少有加密资产的用户会去了解金融、经济和计算机科学,从而充分明白他们面临的风险、可能导致知情交易的因素以及实现其权利的途径。

　　房地产和艺术品在这两个方面是不同的。每一处房产、每一份艺术品都是独一无二的,这使得专家们很难总结出专业知识。交易者倾向于使用自己拥有的资产,这使他们在某些方面拥有了超越专业执法者的专业知识。对于买家来说,购买一栋建筑或珍贵艺术品通常是一笔巨额支出,他们有足够动机对不公平交易提起诉讼。

① 乔纳森·梅西(Jonathan Macey)认为,内幕交易法律需要专门的监管人员,但最终的执行可以留给私人主体进行。Jonathan R. Macey. Insider Trading: Economics, Politics and Policy 1991, pp.40 - 41. SEC 发现内幕交易然后告诉公司或交易者,然后由他们决定是否起诉。无论梅西的建议有什么优点,它都与本节的分析一致。如果专门执法者的职能是监管而非诉讼,那么,我们仍然需要解决哪个领域授权私人主体执行的问题,讨论才能得出答案。

② 不熟悉丹·艾克罗伊德(Dan Aykroyd)和艾迪·墨菲(Eddie Murphy)这部喜剧的读者真的应该看看。

③ David Enrich. The Spider Network (2017)(重述了 Libor 丑闻的内幕);Gabriel Rauterberg & Andrew Verstein. Index Theory: The Law, Promise and Failure of Financial Indices. *Yale J. on Reg.*, Vol.30, 2013, pp.1, 5.(伦敦同业拆借利率,London Interbank Offered Rate)是一个重要的利率基准。

④ Top 100 Cryptocurrencies by Market Capitalization. https://coinmarketcap.com(2019 年 6 月 23 日总市值为 3 260 亿美元)。

⑤ Henning. Can Cryptocurrencies Survive the Start of Government Regulation?

七、结论

内幕交易法律的确切边界是有争议的。我们是否应该制定一项临时规则禁止短线交易?[①] 接收信息的人可以利用它进行交易吗?[②] 在涉及内幕交易原理、概念先行的问题时,我们究竟应该为什么类型的资产考虑这些问题?

解决这个问题的常见方法是假设股本证券是独立的。当有其他资产,例如玉米、债券、比特币等被提出来进行考虑时,常见的回应是否认该资产可能存在内幕交易,否认该资产的交易者需要或希望得到政府的帮助。长期以来,这些回应一直在大宗商品和传统货币内幕交易相关讨论中占据了巨大篇幅,但现在它们正被用于将加密货币和其他加密资产排除在内幕交易法律和政策范围之外。本文从值得关注的重要资产类别的自身优点以及通往范式广泛路径的象征两个角度出发,对加密资产进行讨论。不能简单认为加密资产不受内幕交易法律和政策的约束。事实上,这些新型资产的诸多特征使人们熟悉的市场滥用理由用在它们身上比以往任何时候都合适。

但是如果不与普通股划清界限,那界线又该划在哪里呢? 如果有人并未完全坦白地买卖东西,应该被视为联邦犯罪吗? 无论形式如何,内幕交易法都是有成本的,这些成本只有在值得付出代价的情况下才应承担。

相反,关键在于内幕交易法对现有合同法主体部分具有边际贡献,认识到这一点很有帮助:对知情交易设立额外的限制和额外的执行层。如果交易者在事前保护自己方面反应过度而在事后保护自己方面反应不足,那么,这些差异是合理的。也就是说,在交易者和中介可能因为广泛的知情交易而退出市场的领域尤其是在大体量的中介市场,我们应该制定《内幕交易法》,在这些领域,专家们能够在各种可替代但复杂的资产方面精进专业知识,相对于整体社会价值,这些资产对单个诉讼当事人的价值实在太低了。虽然这些考虑将加密资产、证券和大宗商品置于内幕交易的范围内,但许多其他资产被排除在外了。

---

① Steve Thel. The Genius of Section 16: Regulating the Management of Publicly Held Companies. *Hastings L.J.*, Vol.42, 1991, pp.391, 414 - 415.
② United States v. Martoma, 894 F. 3d 64, 78 (2d Cir. 2017).

欧洲加密经济的政策和监管之路

艾里斯·H.Y.邱[*]

李　素　译　张林越　沈　伟　校

摘要：欧盟尚未为对加密经济制定明确的政策,作者认为政策制定应运用"系统性"而非"部门性"方法。这是因为加密经济不仅是金融化的空间,而且新型生产性活动也正在此发生,比起专注于证券和投资的监管,整体政策的制定更有利于这些活动。作者建议欧盟应该更广泛地基于创新政策制定加密经济政策,或许还可以将其纳入单一市场项目。

关键词：加密经济;区块链;金融监管;欧盟监管;系统监管

一、引言

在过去几年中,加密经济的规模不断增长,尽管政策制定者仍质疑加密货币和资产的本质特征[①]可以被传统货币和资产所替代[②](正因如此,它们成为主流的潜力受限),并质疑它们不会对金融和实体经济的系统稳定构成威胁这一说法。[③] 在2019年2月—4月,[④]加密代币销售筹集了超过5.7亿

---

[*] 艾里斯·H.Y.邱,伦敦大学学院公司法和金融监管教授。

[①] 这引起了广泛的讨论,有人认为加密货币不是货币,因为它们并不是真正的价值储存或记账单位,即使被视为资产,其价格波动也会极大地削弱其可取性,参见 BIS Annual Economic Report 2018. Cryptocurrencies — Looking Beyond the Hype. https://www.bis.org/publ/arpdf/ar2018e5.pdf.

[②] 在早期的研究中,我将可替代性视为我们是否应该将一种新趋势视为颠覆性的一个关键方面,参见 IH-Y Chiu. Fintech and Disruptive Business Models in Financial Products, Intermediation and Markets — Policy Implications for Financial Regulators. *Journal of Technology Law and Policy*, Vol.21, 2016, p.168.

[③] 2018年3月13日,马克·卡尼以金融稳定委员会主席的身份致信G20财长和央行行长,参见 https://www.fsb.orgwp-contentuploadsP180318.pdf.

[④] https://www.coinschedule.com/stats.

美元,欧洲在加密经济中占有重要份额。统计数据显示,英国与其欧洲邻国法国和荷兰①一样,都是加密代币销售的热门管辖地。马耳他②拥有全球热门的加密货币交易所币安(Binance),③更不用说其拥有全世界最早、最著名的加密货币交易所比特币公司(Coinbase),④该公司为全球客户提供服务,其中许多客户位于欧洲。

欧盟曾就加密经济⑤和推动该经济的技术,即分布式账本技术⑥进行了大量讨论,但尚未提供明确的监管政策。本文讨论影响监管政策制定的竞争力量,并认为欧盟的创新政策为制定本质上可能更全面、更周到的监管政策提供了基础。

政策制定者可能会犹豫是否要确定加密经济的监管政策。技术的发展引起了新现象,人们担心监管的法律本质可能并不灵活。⑦ 有人对立法或监管的过早介入保持警惕,特别是在欧盟层面,因为法律具有构成性的特点,是建立单一市场经济秩序的手段,⑧并且法律会以成文的方式出现在监管国家的正式文本中,⑨是欧盟关键的治理制度。然而,正如尊巴森(Zumbansen)所说:法律应该被理解为一种社会系统,其功能体现在允许交际意义从当代冲突的战场上存活下来,并在未来追寻稳定性、确定性和记忆。法律可以履行这一稳定功能——尽管因为它相对独立于在经济交换或

---

① Crypto-token sales and market statistics. https://www.coinschedule.com/stats-geo/ALL? dates = Feb%2001,%202019%20to%20Apr%2026,%202019,在该网址可以按时间段、地理位置等提供流行司法管辖区和代币销售筹集资金的详细信息。

② Best Bitcoin and Cryptocurrency Exchange Reviews. https://www.buybitcoinworldwide.com/exchanges/.

③ 截至 2019 年 4 月 26 日,币安的交易量超过 140 亿美元,参见 https://www.coinmarketcap.com/exchanges/binance/.

④ https://www.coinbase.com/.

⑤ 例如,EU Commission Communication. *FinTech Action plan: For a More Competitive and Innovative European Financial Sector* (2018); European Banking Authority. *Report with Advice for the European Commission on Crypto-assets* (January 2019). https://www.europa.eu/documents/10180/2545547/EBA? Report? on? crypto? assets.pdf.

⑥ 例如建立欧盟区块链观察论和论坛,https://www.eublockchainforum.eu/.

⑦ 反对欧盟立法的批评,可见 C. Joerges. Europe's Economic Constitution in Crisis. https://www.papers.ssrn.com/sol3/papers.cfm?abstract_id=2179595.

⑧ PF Kjaer. European Crises of Legally-Constituted Public Power: From the "Law of Corporatism" to the "Law Of Governance". *European Law Journal*, Vol.23, 2017, p.417.

⑨ G. Majone. The Rise of the Regulatory State in Europe. *West European Politics*, Vol.17, 1994, p.77; D. Muggë. From Pragmatism to Dogmatism: European Union Governance, Policy Paradigms and Financial Meltdown. *New Political Economy*, Vol.16, 2011, p.185.

政治对话中发生的规则制定。与此同时,在解释当前监管挑战方面,[①]法律与其他说法相互冲突。

笔者认为,与制定欧盟加密经济监管政策有关的主要"当代冲突之战"在于部门监管(金融监管领域)与超越金融部门监管的更广泛监管议程之间的竞争。我们看到,在欧盟有关加密经济和分布式账本技术的政策和学术讨论中,[②]正在形成一种意义,但这种意义似乎被分为两种政策发展轨迹:一是关注加密融资和资产与传统金融市场等价物之间的相似之处,这产生了以金融为重点的部门监管方法;二是考虑针对加密经济的新特征,制定一套新的经济监管政策。由于缺乏国际趋同,[③]人们对采取哪一种路线犹豫不决。

在第二部分中,笔者认为加密经济的发展提供了两个方面的政策考虑,分别是"生产性"和"金融化"。笔者将解释这些相互关联的内容,并认为当前政策对"金融化"方面的过分关注有些不平衡。对不受监管加密代币销售的炒作以及对投资者欺诈的担忧,使得金融监管方面的改革问题迫切需要解决。[④] 然而,狭隘地将政策制定集中于金融监管方面,可能会导致加密经济的金融化方面与其生产性方面脱节,并进一步导致加密经济"生产性"方面的政策制定不足,而这被认为是次优的。

第三部分分析了欧盟政策制定中的驱动因素,这些驱动因素可能会引导政策制定仅关注比较窄的"金融化"这一焦点,并分析了"平衡"驱动因素,这些因素迫使人们考虑在加密经济的监管时采取超越金融监管更为全面的方法。在笔者看来,后一种方式能够更好地服务于加密经济的"生产性"方面,并促进创新导向的经济增长和发展效益。笔者认为,有

---

① P. Zumbansen. Spaces and Places: A Systems Theory Approach to Regulatory Competition in European Company Law. *European Law Journal CHK*, Vol.12, 2006.

② M. Finck. *Blockchain Governance and Regulation in Europe*. Cambridge: Cambridge University Press, 2018; D. Kraus et al (eds). *Blockchains, Smart Contracts, Decentralised Autonomous Organisations and the Law*. Cheltenham: Edward Elgar, 2019.

③ 虽然加密经济的监管政策没有朝着国际趋同的方向发展,但金融稳定委员会开展了调查和监测职能,参见 FSB. Crypto-asset Markets (2018), www.fsb.org/wp-content/uploads/P101018.pdf.

④ UK's Crypto-assets Task Force Report (2018). https://www.assets.publishing.service.gov.uk/government/uploads/system/uploads/attachment_data/file/752070/cryptoassets_taskforce_final_report_final_web.pdf, para 1.5.该报告提出了正在进行的对加密经济和区块链技术的更全面的研究和思考,但研究似乎表明,政策的紧迫性由进入不受监管市场的加密资产所驱动。

"系统性"力量以及"部门性"力量在影响欧盟层面的关于加密经济的决策。本文所说的"系统性"力量是指影响欧盟在单一市场或经济构成方面政策制定的力量，既包括建立单一市场方面，也包括维护其完整性或信心方面。这在本文中与"部门性"一词的使用有所区别，"部门性"一词更侧重于金融服务业，而在该领域政策制定遵循与特定监管机构职责相关的具体目的和目标。

在第四部分中，笔者认为监管政策制定的"系统性"方法是最佳的。[①]这种方法可以从欧盟创新政策中得到借鉴。重要的是，创新政策包含了实质性和程序性两个方面，并为审议和对话提供了体制支持的整体方法。

二、加密经济的治理需求

（一）加密经济及其金融化的简要说明

加密经济源于区块链（或分布式账本技术）出现后的"技术进化"。[②]比特币区块链[③]首先引入了一批新的经济参与者（节点），[④]定义了生产和财富创造（采矿）[⑤]的新范式，并创造了一个独特的交换和社区环境，而无需集中的信任和执行机构。[⑥]自 20 世纪 90 年代末以来，平台经济带来了新的商业模式和市场，而比特币区块链引入了一种具有潜在颠覆性的经济互动新技术，迈出了超越平台经济的一步。[⑦]"世界经济的扁平化"[⑧]激发了新的经济行为者、经济活力和财富创造。区块链通过提供一种非中介的经济连接方式，进一步促进了这一点，而这种经济连接方式目前仍由促进信任和

---

① 第四部分探讨了创新政策的视角，此外，欧洲银行管理局竭力主张对加密经济的监管思考制定更全面的议程。

② C. Perez. *Technological Revolutions and Financial Capital: The Dynamics of Bubbles and Golden Ages*. Cheltenham: Edward Elgar, 2002.

③ S. Nakamoto. Bitcoin: A Peer to Peer Electronic Cash System. https://www.bitcoin.org/bitcoin.pdf.

④ 即任何想把自己的电脑连接到区块链的人。

⑤ 通过执行基于加密验证的维护任务，可以在区块链上创建新的价值，即这些任务的执行会带来可以在区块链上使用的价值奖励。

⑥ 这是因为区块链依赖于一个去中心化的认证和确认系统，其目的是防止篡改。

⑦ M. Kenney and J. Zysman The Rise of the Platform Economy. *Issues in Science and Technology* which sees Digital Platforms as Offering New Business Models. https://www.nbp.pl/badania/seminaria/25x2016_2.pdf.

⑧ T. L. Friedman. *The World is Flat*. Farrar: Straus and Giroux, 2005; G. Hadfield. *Rules for a Flat World*. Oxford: Oxford University Press, 2016.

可靠性①的自动化协议维护，挑战着经济行为者和经济活动应按照惯例加以组织和安排的观念。

以太坊区块链②的开发是挖掘分布式账本技术（DLT）革命性潜力的下一个重要且关键的步骤。现在分布式账本可以支持比最初主要的转移支付活动更复杂的各种经济活动，允许在账本上对智能合约③进行编码和执行，以实现一系列经济活动，包括未来或有条件的合约履行。这一发展是两个近期趋势的重要基础：一是企业可以使用以太坊区块链向其支持者发放权利和特权，即"首次代币发行"（ICO）运动，以换取开发资金；④二是在商业和非商业环境中，⑤以太坊区块链可用于提高不同数据、流程或网络记录和管理系统的效率和可靠性。本文重点介绍了首次提及的与构建加密经济作为替代经济空间相关的发展，因为该空间出现了政策和监管新问题。

许多加密经济产生于不受监管的领域，但目前可见，许多司法管辖区正在不断扩大监管，尤其是与首次代币发行（ICOs）⑥相关的监管。这些首次

---

① 在分布式账本这个概念中，所有节点都保留交易和账本最后完成状态的相同副本，因此所有记录都是不可变、不可删除、不能任意调整的。这被描述为"不可信任的信任"，但有关限制的讨论，参见 K. Werbach. Trust, But Verify: Why the Blockchain Needs the Law. *Berkeley Tech Law Journal*, Vol. 33, 2018, p.489.

② https://www.coindesk.com/information/who-created-ethereum.

③ 这些代码或算法片段被设计用来在满足某些条件时执行某些命令，进而执行或形成法律义务，因此是"智能合约"，参见 N. Szabo. Smart Contracts: Building Blocks for Digital Markets. University of Amsterdam（1996）. https://www. fon. hum. uva. nl/rob/Courses/InformationInSpeech/CDROM/Literature/LOTwinterschool2006/szabo. best. vwh. net/smart_contracts_2.html.

④ 有很多文献描绘了 ICO 的世界，参见 S. Adhami et al. Why do Businesses Go Crypto? An Empirical Analysis of Initial Coin Offerings. *Journal of Economics and Business*, Vol.100, 2018, p. 64; D. Zetzsche et al. The ICO Gold Rush: It's a Scam, it's a Bubble, It's a Super Challenge for Regulators. https://ssrn.com/abstract=3072298.

⑤ 这涉及多个领域，例如清算和结算，参见 ESMA. The Distributed Ledger Technology Applied to Securities Markets（Discussion Paper, June 2016）; A. Pinna and W. Ruttenberg. Distributed Ledger Technologies in Securities Post-Trading（ECB Working Paper 2016）; D. S. Evans. Economic Aspects of Bitcoin and Other Decentralized Public-Ledger Currency Platforms. https://ssrn. com/abstract=2424516. 关于股东投票，参见 C. van der Elst. Blockchain and Smart Contracting for the Shareholder Community. https://papers. ssrn. com/sol3/papers. cfm?abstract_id=3219146.关于供应链等网络的管理，参见 K. Kopela et al. Digital Supply Chain Transformation toward Blockchain Integration. https://scholarspace.manoa.hawaii.edu/bitstream/10125/41666/paper0517.pdf. DLT 还可用于创建记录以防止篡改，例如与非洲的粮食援助和分配有关的记录，参见 https://www.coindesk.com/un-food-program-to-expand-blockchain-testing-to-african-supply-chain.

⑥ 具体讨论见下文。这是最初用于加密代币销售的术语，但随着术语的发展，应当区分代币销售和 ICO，因为前者可能是不向公众开放的私人销售。对代币销售通用的描述可能是为了与首次公开证券发行脱钩。

代币发行类似于公开发行证券等受监管的集资，会引发投资者保护和监管套利问题。分布式账本技术项目开发人员获得资金的轻而易举和项目[①]的高失败率引起了人们对这一未受监管、如"西大荒"般的领域的担忧。本文第三部分详细讨论了这一过程，认为这是一个可以影响欧盟政策思维的重要趋势。

为了资助基于分布式账本技术的开发项目，开发商通常会提供"代币"，以换取项目支持者手中的比特币或以太币等加密货币。这些代币是账本中的原生代币（native coin）。[②] 这意味着"代币"，一种标准化的代码是参与分类账的权利以及可转移的价值单位。账本中的原生代币适时地为其经济运作提供动力。许多评论员已经描述了"代币"的性质，[③]这些代币为支持者的资金提供了各种对价报酬。例如，实用型代币（utility tokens）授予认购人（在未来）使用或享受基于分类账的业务开发的某些服务的权利。趣味代币（fun tokens）可能会给整个社区带来好处。投资代币（investment tokens）赋予认购人参与某种形式投资的权利，在功能上与受监管的证券或投资基金最接近。货币代币（currency tokens）赋予认购人以比实用型代币更具互操作性的方式去使用支付的权利。例如，比特币、以太币或其他流通量和交易量更大的代币。[④]

有学者证实，[⑤]大多数初始代币发行都是为了"实用型代币"。有人认为，监管套利的需要是这种集资形式的关键原因，即开发商以预售商品或服务的形式集资，以避免在不遵守证券监管[⑥]的情况下被归为发行证券。然而，销售"硬币"或"代币"也可以被视为基于 DLT 的商业模式的内在特征，

---

① A. Alexandre. New Study Says 80 Percent of ICOs Conducted in 2017 Were Scams. https://www.cointelegraph.com/news/new-study-says-80-percent-of-icos-conducted-in-2017-were-scams.

② B. Buchwalter. Decrypting Cryptoassets：A Classication And Its Implications. https://www.ssrn.com/abstract＝3271641.

③ P. Hacker and C. Thomale. Crypto-Securities Regulation：ICOs, Token Sales and Cryptocurrencies under EU Financial Law，*ECFR*，2018，p.645；J. Rohr and A. Wright. Blockchain-Based Token Sales，Initial Coin Offerings and the Democratization of Public Capital Markets. https://www.ssrn.com/abstract＝3048104 amongst others.

④ D. Lee (ed). *The Handbook of Digital Currencies*. Elsevier，2015.

⑤ W. A. Kaal. Crypto-Economics：The Top 100 Token Models Compared. https://www.ssrn.com/abstract＝3249860.

⑥ U. Rodrigues. Semi-Public Offerings？Pushing the Boundaries of Securities Law. https://www.ssrn.com/abstract＝3242205.

因为代币是账本上生产参与和经济价值的综合体现。预售账本原生代币可确保基于 DLT 的商业模式的大量参与(或网络效应)。然而,由于集资机制模仿了传统证券集资市场,政策制定者对于代币销售是否应受到证券监管存在分歧。

集资机制包括开发商制作的一份白皮书,这是一种自愿披露的形式,模仿了证券集资的披露文件。在这个不受监管的领域,出现了各式各样的信息服务为开发者和支持者搭建桥梁,例如比特币新闻资源网(coindesk.com)发布了关于即将推出的产品的公告和意见,史密斯和皇冠(smith and crown.com)保留了即将推出的 ICO 名单等。对即将发行的 ICO 进行"审查"或"评级"的服务已经出现,发挥着信息调解作用。例如,ICOBench 为首次代币发行(ICO)概况、团队、愿景和产品提供评级(满分 5)服务。平台已经兴起,以托管 ICO 的一级市场,它们还在声誉上支持 ICO,以缓解信息不对称(例如 CoinList、ICO Engine、BlockEx)。值得注意的是,许多作为一级市场、提供评级服务的平台都是新市场主体,它们有时还会自己开展 ICO。可以说,这种格局类似于以公司为中心进行首次公开发行(initial public offers,IPO)的生态系统,从询价、信息中介到一级市场,只缺少投资银行这一关键中介。

支持者被这种预售吸引是因为代币的"液化"。预售时授予购买者的代币通常可以立即在世界各地众多数字资产交易所的任何一个里面进行交易,以换取比特币、以太币等更热门的、可被兑换为法定货币的加密货币。代币的"液化"从根本上允许代币金融化,转变为金融工具,英格兰银行现在将其定义为"通常由期望升值的人持有的投资"。[①] 至关重要的是,代币的液化吸引了广泛的潜在代币购买者,他们并不执着于某个项目,可能是投机者。本质上,加密经济已经通过代币金融化[②]转变为加密投资经济。从ICO[③]筹集的价值来看,现在加密经济产生的价值十分显著,而且与发行后

---

① https://www.bankofengland.co.uk/knowledgebank/what-are-crypto-currencies.
② G. A. Epstein (ed). *Financialization and the World Economy*. Cheltenham: Edward Elgar, 2005, p.3.本书定义了这一术语,意味着金融动机、金融市场、金融参与者和金融机构在经济运行中的作用越来越大。
③ 2018 年 3 月—2019 年 1 月,记录了近 1 000 个 ICO,筹集了超过 180 亿美元,参见 https://www.coinschedule.com/stats.

将要开发的项目相比，围绕发行本身的炒作要多得多。

正如将在第三部分中讨论的，直接监管的讨论围绕着证券或投资监管是否应扩展到代币，特别是实用型代币。这种方法体现的是"连贯主义"，[①]因为它试图将创新纳入现有的法律框架。现有的法律框架[②]并不总是技术中立和永恒的，并且在定义证券、[③]投资基金[④]和其他金融工具方面，金融监管表现出对精确描述金融技术的高度依赖，使人们很难在代币融资和现有监管制度之间建立明确的匹配关系，需要在法律上下巨大的功夫来解释监管范围和边界。这项工作没有重新探讨"匹配"的边界，因为在这一领域已有大量的文献。[⑤] 世界各地的许多监管机构都采用这种方法，但笔者认为，人们应该从对集资法律特征的争论中退后一步，将加密经济视为一个整体的替代经济空间，这可以使我们能够从两个方面来理解加密经济：生产性和金融化。

（二）加密经济的生产性方面

在其真正的颠覆性层面上，基于 DLT 的商业模式可以与公认的企业或合作形式区分开来，其融资需求解释了代币融资的最优性。基于 DLT 商业模式的生产性方面对新的经济生产力和动员产生了影响，通过这种方式，加密经济的生产性和金融性方面的监管设计能以一种整体的方式形成，防止对后者的过分关注而导致前者利益受损。

基于 DLT 的商业模式为新形式商品化[⑥]的直接交易提供了点对点（peer-to-peer）的平台，为新型商品或服务创造了新市场。例如，基于

---

① R. Brownsword. Regulatory Fitness：Fintech，Funny Money and Smart Contracts. *European Business Organisations Law Review*，Vol.20，2019，p.5.

② 美国也采用了这样的方法，在英国，英国金融行为监管局（FCA）已经明确了监管边界，捍卫但没有扩大其监管范围，参见 FCA. Guidance on Cryptoassets：Policy Statement（July 2019）. https://www.fca.org.uk/publication/policy/ps19-22.pdf.

③ 例如为实现《2017 年招股书条例》（*The Prospectus Regulation 2017*）的目的而定义的证券，这些证券与公司形式以及对市场可交易性和流动性特定的理解高度相关。

④ 例如，欧盟可转让证券集合投资计划（Undertakings for Collective Investment in Transferable Securities，UCITs）作为零售投资基金，在《欧盟 UCITs 指令 2009》（*The EU UCITs Directive 2009*）中定义了与投资可转让证券有关的基金。

⑤ IM Barsan. Legal Challenges of Initial Coin Offerings（ICO）. *RTDF*，Vol.3，2017，p.54.

⑥ 数字化使新商品化成为可能的趋势，参见 M. Cherry. Cyber Commodification. *Maryland Law Review*，Vol.72，2013，p.381.

DLT 的平台可以促进点对点能源交易，颠覆和挑战现有的能源寡头垄断市场。① WePower 的商业模式促进了通过在家中利用太阳能单独生产的绿色能源②的点对点交易。Iungo 提供了一个非中介平台，连接各项 wifi 服务，形成全球无线互联网网络；③Golem 是一种允许付费④使用个人计算机的闲置电力，并将愿意分享"过剩容量"的计算机网络聚集起来的商业模式。Cappasity 的模型也有潜力为游戏和虚拟现实体验⑤的在线创作者创建一个分布式市场，Madana 的分布式数据市场模型⑥则试图颠覆谷歌和亚马逊等大数据巨头所积累的经济力量。⑦

就像共享经济中的平台经济模式一样，⑧基于 DLT 的商业模式创建了参与市场不同方面的用户社区，鼓励新的经济流动性，摆脱了当前经济或商业模式的束缚，例如公司的股东至上主义，⑨或市场与社会的新自由主义分离。⑩ 在最好的情况下，加密经济模式有可能迎来经济社会的新时代。

———————

① 长期以来，能源领域的竞争一直是一个具有挑战性的问题，参见 Competition in the UK's Electricity Market（2016）. https://www.assets.publishing.service.gov.uk/government/uploads/system/uploads/attachment_data/file/556310/Electricity_competition.pdf(参与者(六大公司)继续占据 80% 的市场份额，尽管新的和较小的参与者正在逐渐挑战这一趋势)。
② 事实上在欧洲大陆的一些国家从能源交易(peer-to-peer energy trading)正在增长。T. Morstyn et al. Using Peer-To-Peer Energy-Trading Platforms to Incentivize Prosumers to Form Federated Power Plants. *Nature Energy*，Vol.3，2018；Jodie Giles. Peer to Peer Trading and Microgrids — the next Big Thing? *Regen*，21 February 2018，www.regen.co.uk/peer-to-peer-trading-and-microgrids-the-next-big-thing/；D. Shipworth. Peer-to-Peer Energy Trading Using Blockchains. The Newsletter of the International Energy Agency Demand-Side Management Programme，No 67，December 2017，pp.5-9，https://www.ieadsm.org/wp/files/IEA-DSM-Spotlight-Issue67-December20171.pdf.
③ https://www.iungo.network/.
④ https://www.golem.network/.
⑤ https://www.cappasity.com/.
⑥ https://www.madana.io/.
⑦ J. M. Barnett. The Costs of Free：Commodification，Bundling and Concentration. https://www.papers.ssrn.com/sol3/papers.cfm?abstract_id=2916859.
⑧ A. Sundarajan. *The Sharing Economy*. MIT Press，2016.
⑨ 更广泛的讨论参见 A. Keay. Shareholder Primacy in Corporate Law：Can it Survive? Should it Survive? *European Company and Financial Law Review*，Vol.7，2010，p.369.在全球层面，股东至上被认为是企业经济的主导模式，参见 H. Hansmann and R. Kraakman. The End of History for Corporate Law. *Georgetown Law Journal*，Vol.89. 2000，p.439.
⑩ J. Ikerd. Sustainable Capitalism：A Matter of Ethics and Morality. *Problems of Sustainable Development*，Vol.3，2008，p.13；G. Baars. "Reform or Revolution" Polanyian Versus Marxian Perspectives on the Regulation of The Economic. *NILQ*，Vol.62，2011，p.415；L. Boldeman. *The Cult of the Market*. ANU Press，2007.

新加密经济的生产性方面呈现出某些新颖的特征。真正的基于 DLT 的商业模式①具有高度去中心化和高度标准化的特征。这些模式需要大众参与，以建立不同于机构网络的替代网络，例如 Iungo 的全球无线互联网，并且可以达到高度"民主化"和开放化，因为进入或退出是通过购买或出售账本代币实现的。同时，参与是高度市场化的，唯一的"订单"是实现交易和价值转移标准化的智能合约协议。不应假设智能合约治理足够充分，也不应假设"代码即法则"（code is law）。可能会出现各种问题影响加密经济的生产运营。

编写智能合约是为了在账本上特定条件下执行预定义的交易，此时的高标准化可能不灵活，也无法处理交易的"链下"（off-chain）部分。用于购买和销售同行所生产能源单元的智能合约可能能够执行交易以及实现和记录价值转移。然而，能源单元的交付是"链下"的，即由国家电网等其他基础设施推动，因为基于 DLT 的平台并非特定类型交易的完整基础设施。有人质疑是否需要制定关于链上和链下协调的治理规则，例如基于 DLT 的平台②的特定争议解决机制。如果智能合约因未成年参与者或受胁迫的参与者而无效，应该怎么办？事后③如何处理错误和失误？

如果基于 DLT 的平台仅用于交易谜恋猫④（crypto-kitties）等链上加密商品，智能合约便能够从头到尾处理交易。然而，这引发了一个问题，即是否确实存在维护链上秩序和完整性的中央实体——如果存在的话，分类账维护的是什么组织形式，中央实体又应该承担什么治理角色和责任。如果分类账像比特币区块链一样，尽管缺乏协调但仍建立了一个信任制度的无许可的区块链，那就需要考虑平台的开发者、代码编写者和为该系统共同创建币（代币）以及财富的"矿工或造币商"是否基于 DLT 系统⑤中的权

① 由于许多早期 ICO 的成功被视为 ICO 的商业提案追逐炒作，但这不一定是由分布式账本技术驱动的，参见 A Failed ICO is Trying to Flog Itself on Ebay. *Financial Times*，25 March 2019. https://www.ftalphaville.ft.com/2019/03/25/1553498702000/A-failed-ICO-is-trying-to-flog-itself-on-eBay-/.

② F. Möslein. Legal Boundaries of Blockchain Technologies: Smart Contracts as Self-Help? in A. De Franceschi et al (eds). *Digital Revolution: New Challenges for Law*. Cambridge, Intersentia, 2019.

③ S. Green. Smart Contracts: Interpretation and Rectification. *LMCLQ*, 2018, p.234.

④ https://www.cryptokitties.co.

⑤ Queried in EU Blockchain Observatory and Forum Workshop Report. *Legal Recognition of Blockchains & Smart Contracts* (2018).

力核心,以及他们应承担什么职责。① 此外,市场化模式可以促进代币持有的集中,人们质疑这种现象和代币区块持有者所拥有的权力是否应该受到治理。

评论员还讨论了一些相关的法律和监管问题,例如自动化②的法律风险以及数据保护和数据安全。有大量问题浮出水面,故有必要开展更广泛的对话,讨论是否需要监管政策以全面促进和管理生产性方面,例如与生产活动的组织、责任分配、决策和问责制以及分配政策③有关的问题。这些问题补充了加密经济金融化方面的监管思维。

三、欧盟关于加密经济的政策:没有系统性的方法?

从欧盟委员会的金融科技行动计划(Fintech)和欧洲金融监管机构的政策指示中可以看出,欧盟关于加密经济的政策正在制定中。欧洲银行管理局(EBA)发布了一份关于加密资产的报告,④欧洲证券和市场管理局(ESMA)和欧洲央行(ECB)发布了关于区块链的早期论文。⑤ 此外,欧盟的区块链观察站和论坛(the EU's Blockchain Observatory and Forum)参与了知识生产和对话。

与此同时,其他司法管辖区正在制定国家政策。英国⑥和卢森堡⑦设立了监管沙盒,在监管沙盒中,创新可以在一定程度上不受监管的环境中进行测试,以便公司和监管机构了解治理的需要。这些领域很可能与欧

---

① Queried in A. Walch. Deconstructing "Decentralization": Exploring the Core Claim of Crypto Systems. https://www.ssrn.com/abstract=3326244; K. Yeung. Regulation by Blockchain: The Emerging Battle for Supremacy between the Code of Law and Code as Law. *Modern Law Review*, 2019; P. Hacker. Corporate Governance for Complex Cryptocurrencies? A Framework for Stability and Decision Making in Blockchain — Based Organizations, in P Hacker et al (eds). *Regulating Blockchain: Techno — Social and Legal Challenges*. Oxford: Oxford University Press, 2019, p.16.

② P. de Fillippi and A Wright, *Blockchain and the Law*. Mass.: Harvard University Press, 2018, ch.9.

③ 关于应该如何分配创造的财富。

④ EBA. *Report with Advice to the European Commission on Cryptoassets* (December 2018). https://www.eba.europa.eu/documents/10180/2545547/EBA?Report?on?crypto?assets.pdf.

⑤ ESMA. *The Distributed Ledger Technology Applied to Securities Markets*, Discussion Paper, June 2016.

⑥ 英国的监管沙盒制度,参见 I. H. Y. Chiu. A Rational Regulatory Strategy for Governing Financial Innovation. *EJRR*, Vol.8, 2017, p.743.

⑦ DA Zetzsche et al. Regulating a Revolution: From Regulatory Sandboxes to Smart Regulation. *Fordham Journal of Corporate and Financial Law*, Vol.23, 2017, p.31.

盟政策制定①相互影响，而欧盟政策制定不太可能孤立地进行。然而，欧盟的政策制定仍然必须源自其治理体系，无论这些体系是多层次、多行为体的，还是以从硬法到软法各种可能的治理手段为框架的。②

　　本文转向讨论欧盟自身的治理体系将如何理解影响其决策的各种力量，笔者认为，欧盟治理体系中的意义建构正处于两条轨迹之间潜在的"当代冲突之战"中：一条是部门性定义的轨迹，在这个轨迹中，意义建构集中于在金融监管领域制定欧盟层面的政策和法律的必要性；另一条是系统性驱动的轨迹，将加密经济的潜在变革更广泛地解释为影响一般业务、商业、社会关系和经济结构。由这些观点形成的政策制定将包括但不受制于金融监管举措。

（一）欧盟政策和监管加密经济的部门性定义路径

　　欧盟政策制定的部门性定义轨迹具有吸引力是基于以下驱动力：首先，许多国家监管机构专注于加密经济的金融化，并会通过与之类似或相互竞争性的监管方法相互影响。此外，Facebook③推出Libra（天秤币）可能会激发国际社会对金融监管的反应。其次，欧盟层面金融部门监管机构的发展是泛欧治理的巅峰，目前有一些动向表明，这些机构的决策越来越集中，这将是依靠金融部门监管机构为加密经济制定相关政策的制度基础。然而，我们也看到了金融部门监管机构的反抗，它们倾向于采取更全面的方法。

1. 全球金融监管机构的回应

　　许多司法管辖区都选择参照证券和投资领域来规制加密经济问题。一些人担心监管套利和制度挑战，而另一些人则拥抱新的机会并参与

---

① A. Delemarle and P. Laredo. Governing Radical Change, in S. Borras and J. Edler (eds). *The Governance of Socio-technical Systems: Explaining Change.* Cheltenham, Edward Elgar, 2014.

② I. Tömmel. Modes of Governance and the Institutional Structures in the EU, in I. Tömmel and A. Verdun (eds). *Innovative Governance in the European Union.* Colorado, Lynne Reiner, 2009; A. Caviedes and W. Mass (eds). Sixty-five Years of European Governance. *Journal of Contemporary European Research*, Vol.12, No.1, 2016; D. M. Trubek and L. G. Trubek. New Governance & Legal Regulation: Complementarity, Rivalry and Transformation. *Columbia Journal of European Law*, Vol.13, 2006, p.2.

③ Libra: Facebook's Digital Currency, *Financial Times*, 31 July 2019. https://www.ft.com/content/0c5c4012-9100-11e9-b7ea-60e35ef678d2.

监管竞争①以吸引加密经济。除了在反避税和反洗钱这两个已经实现高度国际趋同的领域②外,所采取的各种方法几乎没有体现出国际趋同。

　　一些受欢迎的加密融资司法管辖区以适当的方式采取了明确金融(证券)监管范围的方法,以免阻碍刚起步的活动。这些司法管辖区参与了一种微妙的监管竞争。2018年,瑞士澄清了实用型代币不受证券法约束,并通过向瑞士金融市场监督管理局③(FINMA)寻求"不起诉意见"书的方式,间接允许在监管范围之外发行实用型代币。只有发行证券代币才需遵守证券监管。新加坡也采取了类似的立场,表明只有证券代币在其监管范围内,④支付代币必须遵守现有的商业和监管法律,例如反洗钱法。2019年,英国作为加密资产发行的热门司法管辖区,也采取了类似的立场,指出其现有的监管范围不包括实用型代币和货币代币。以这种方式,划清现有的监管范围出于两个奇怪的目的。

　　一是人们似乎对现有监管框架的充分性过于自信,认为改革是不必要的,尽管人们承认实用型代币不太可能落入证券或支付工具的现有监管框架内。此外,人们认为这种方法旨在缩小范围,以便给予隐性许可,使实用型代币自我监管。尽管瑞士、新加坡或英国没有明确规定正式的"豁免"制度,但"隐性许可"可以从当局对监管范围及其不适用性的明确界定中得出。或许这样的立场可以在拥抱创新和防止现有监管过度扼杀创新欲望之间找到平衡点,同时展现出现有监管和法律的力量。除非涉及反洗钱和税法,这

---

① 由于加密经济具有很大的流动性,故监管竞争很重要。W. Bratton et al (eds). *International Regulatory Competition and Coordination: Perspectives on Economic Regulation in Europe and the United States*. Oxford: Clarendon, 1997.

② R. Girasa. *Regulation of Crypto Currencies and Blockchain Technologies: National and International Perspectives*. Palgrave, 2018; P. Franco. *Understandng Bitcoin*. John Wiley & Sons, 2014.

③ How FINMA's ICO Guidelines Impact Future ICOs in Switzerland. KPMG, 26 February 2018. https://www. home. kpmg/ch/en/blogs/home/posts/2018/02/finma-ico-guidelines. html; D. Zelic and N. Baros. Cryptocurrency: General Challenges of Legal Regulation and the Swiss Model of Regulation, 33rd International Scientific Conference on Economic and Social Development — "Managerial Issues in Modern Business", Warsaw, September 2018.

④ Monetary Authority of Singapore. A Guide to Digital Token Offerings. https://www.mas.gov.sg/~/media/MAS/Regulations% 20and% 20Financial% 20Stability/Regulations% 20Guidance% 20and% 20Licensing/Securities%20Futures%20and%20Fund%20Management/Regulations%20Guidance%20and%20Licensing/Guidelines/A% 20Guide% 20to% 20Digital% 20Token % 20Offerings% 20last% 20updated% 20on%2030%20Nov%202018.pdf.

些方法并不会扩大现有的监管范围。尽管这些方法不一定会阻碍创新，但它们同样也没有提供任何政策或监管方面的指引。

二是美国对加密经济采取了联邦和州混合管辖的方法，反映了其在发挥指引监管作用和采取连贯性方法的困境中进退两难。在代币提供类似支付手段功能的领域，有迹象表明美国有兴趣引入全新的授权监管制度，以迎合新的"虚拟货币"或货币服务业务。然而，这些努力与证券交易委员会（SEC）和商品期货交易委员会（CFTC）更为保守的做法背道而驰，后者更注重打击欺诈和监管套利。

美国的监管政策在很大程度上是按照既有部门划分制定的，其中货币服务业务的监管制度可能适用于加密货币，证券发行的监管制度可能适用于代币发行，商品、期货和衍生品交易的监管制度可能适用于加密货币的交易。有政策迹象表明美国欢迎加密经济，例如统一法律委员会（Uniform Law Commission）推出了一项统一立法，①可以为各州提供一个现成的模板，允许建立虚拟货币业务并对其进行适当监管。通过这种方式，加密货币业务可以合法化，并参与支付服务的竞争。然而，这项统一立法尚未在任何一个州通过，纽约现有的比特币许可证条例被指过于烦琐。②

2017 年，美国证券交易委员会（SEC）对 DAO（去中心化自治组织）首次代币发行的调查报告③根据 Howey 测试将证券监管扩展到代币发行领域。该测试把具备联合投资企业逐利商业投资特征的投资合同定性为证券。DAO 向参与者发行代币，为"联合投资企业"（common enterprise）做出贡献，而参与者期望通过 DAO 的主要目标——为其他项目提供资金以获利，因此，DAO 的代币发行符合 Howey 测试的要求。然而，美国证券交易委员会（SEC）拒绝承认"实用型"代币绝不可能是证券，并且 SEC 将根据具体情

---

① 《统一虚拟货币经营监管法》（*Regulation of Virtual Currency Business Act*）（以下统称《统一法案》，*Uniform Act*）. https://www. uniformlaws. org/committees/community-home? CommunityKey ＝ e104aaa8-c10f-45a7-a34a-0423c2106778.

② 《统一法案》可能涵盖所有形式的代币，因为比特币、以太币等广泛流通的代币可以说是一种"交换媒介"或"记账单位"，就像进行了 ICO 的分布式账本原生代币一样。"虚拟货币"和"虚拟货币业务"的解释范围包括 ICO 本身，以及促进代币转让、交易或托管的中介机构。然而，只有当明确代币不属于证券或商品时，这种解释范围才能被认可。

③ SEC. *Report of Investigation Pursuant to Section 21 of the Securities Exchange Act of 1934: The DAO.* https://www.sec.gov/litigation/investreport/34-81207.pdf.

况解释此类代币是否符合 Howey 测试的要求。事实上,美国证券交易委员会(SEC)已经介入,叫停并责令 Munchee 退款——Munchee 的食品评论分类账相关代币并未注册,SEC 也对 AirFox 和 Paragon① 进行了民事处罚。

商品期货交易委员会(CFTC)的职权范围扩大到法律规定的各种衍生品合同的交易。CFTC 管理的《商品交易法》要求交易经营者进行登记注册,并授权 CFTC 对市场上② 的欺诈或操纵活动行使执法权。尽管 CFTC 的"警告"并未明确哪些代币可能被视为"商品",③但许多执法决定仍可能具有广泛影响。例如,My Big Coin Pay 公司的 MBC(My Big Coin)是一种旨在成为能够被黄金支持的加密货币,CFTC 对 My Big Coin Pay 公司的执法④决定可以被狭义或广义地解释。狭义的解释将仅限于 CFTC 对欺诈计划的执法,因为发行 MBC 是为了资助创始人继续奢侈地生活,而不是为了项目开发。这种执法行为表明非欺诈性代币发行可能不会被执法。然而,针对欺诈计划的执法依据是涉及"商品",而将 My Big Coin 定性为商品⑤可能会牵涉大多数性质类似的货币代币。

此外,由于实用型代币是预售代币,可能涉及在现货市场豁免 28 天之后的未来交付,因此,它们也可能属于商品期货的范畴。⑥ Bitfinex⑦ 是一个允许杠杆交易和 28 天以上期货交割的加密交易平台;Coinflip⑧ 则是一个

① Company Halts ICO After SEC Raises Registration Concerns. https://www.sec.gov/news/press-release/2017-227; Two ICO Issuers Settle SEC Registration Charges, Agree to Register Tokens as Securities. https://www.sec.gov/news/press-release/2018-264.
② 《美国商品交易法》[US Commodity Exchange Act 7 USC § 2a(1)(A)-(C)].
③ CFTC. Customer Advisory: Use Caution When Buying Digital Coins or Tokens. https://www.cftc.gov/sites/default/files/2018-07/customeradvisory_tokens0718.pdf.
④ CFTC v. My Big Coin Pay Inc., https://www.cftc.gov/sites/default/files/2018-10/enfmybigcoinpayincmemorandum092618.pdf.
⑤ Zabel 法官引用了《商品交易法》中"商品"的定义,以确定 My Big Coin 的性质,并支持 CFTC 关于 My Big Coin 是一种商品的论点。
⑥ 评论员指出,多年来,尽管 CFTC 的管辖范围已经扩大到所有种类的商品,但衍生品交易的自由化也有所上升。因此,纳入商品范围并不等同于实现禁止效果,参见 A. G. Balmer. *Regulating Financial Derivatives*. Cheltenham: Edward Elgar, 2018; C. Muellerleile. Speculative Boundaries: Chicago and the Regulatory History of US Financial Derivative Markets. *Environment and Planning*, Vol.47, 2015, p.1805.
⑦ CFTC Orders Bitcoin Exchange Bitfinex to Pay $75,000 for Offering Illegal Off-Exchange Financed Retail Commodity Transactions and Failing to Register as a Futures Commission Merchant. https://www.cftc.gov/PressRoom/PressReleases/pr7380-16.
⑧ In the Matter of Coinflip, Inc., d/b/a Derivabit, Francisco Riordan and the CFTC. https://www.cftc.gov/sites/default/files/idc/groups/public/@lrenforcementactions/documents/legal pleading/enfcoinfliprorder09172015.pdf.

互换和期权的加密交易平台，CFTC 对 Bitfinex 和 Coinflip 的执法似乎表明执法是基于交易的"期货"方面。美国在发挥对加密货币的监管领导作用和对 SEC 及 CFTC 方法的路径依赖之间苦苦挣扎，与此同时，一些司法管辖区采取另一种方法，将监管作为有吸引力和前瞻性的制度，重新定位加密经济活动和投资。然而，这些监管先驱者并没有冒险去越过金融的监管。

泰国为代币发行提供了授权制度，[①]无论它们被设计为用作加密货币（交换媒介）、实用型代币（授予商品或服务的权利）或证券代币（授予参与投资的权利），并为代币发行门户网站（用于进行代币发行的平台）、数字资产交易所、经纪人和交易商提供了相应授权制度。此类授权以公司在泰国注册为基础。这种方法认为，加密经济的生产性适用当地的公司法。这一看法值得质疑，因为基于 DLT 的商业模式独特的去中心化和标准化方面要求人们在组织法和治理方面采取新的思考逻辑。法国[②]为受到诸如披露、反洗钱和资产保管义务等基本规则框架约束的代币发行人提供了"签证制度"这个选项，使其得以在法国（离岸）注册并能够参与一般性招标。同样，这种方法是部门性的，并假定能与基于 DLT 的业务模型极好地结合。

中国已禁止加密资产商业活动，即购买、交易、提供加密资产投资以及与加密资产相关的支付和交换中介服务。中国这一禁令[③]的出台，是因为政策制定者担心中国资本会通过加密交易转移到海外市场。此外，因为主流监管机构管制过多、手续费高昂，金融活动会从主流监管机构转移到影子银行，而这一禁令符合中国对影子银行的总体打击。[④] 韩国也禁止了首次代币发行和代币销售，[⑤]但鉴于其现有的巨大加密货币交易市场，它并未禁

---

① 贝克·麦坚律师事务所（Baker McKenzie）.《泰国加密货币和 ICO 的完整指南》(*A Complete Guide to Cryptocurrencies and ICOs in Thailand*). https://www. bakermckenzie. com/-/media/files/insight/publications/2018/09/bk_thailand_completeguidecryptoicos_sep18.pdf?la=en.

② 《商业增长与转型行动计划法》(*Action Plan for Business Growth and Transformation Act*)（2019 年 4 月 11 日通过）. https://www. amf-france. org/en _ US/Reglementation/Dossiers-thematiques/Fintech/Vers-un-nouveau-regime-pour-les-crypto-actifs-en-France.

③ 中国正式禁止所有与加密货币相关的商业活动(China Officially Bans All Crypto-Related Commercial Activities). https://www.bitcoinist.com/china-officially-bans-crypto-activities/.

④ W. Shen. *Shadow Banking in China: Risk, Regulation and Policy*. Cheltenham：Edward Elgar, 2016.

⑤ 为什么韩国必须禁止加密 ICO(Why South Korea had to ban crypto-ICOs). https://www.ccn.com/why-south-korea-ban-crypto-ico-risk-billion-dollars.

止加密货币交易,除非此类交易不能匿名。① 采取这种做法的司法管辖区有着独特的、源于国内的顾虑,不一定有助于国际监管领导。

欧洲金融监管机构欧洲银行管理局(EBA)和欧洲证券与市场管理局(ESMA)一直专注于加密货币的金融性,例如消费者保护和监管套利。其所采取的立场是,现有的监管制度在"技术中立"的情况下得到了充分的支持,监管机构采取了一种评估功能等效性的方法,以确定基于 DLT 的商业模式销售的代币是否符合现有监管制度。重点是打击监管套利,而不是监管改革。事实上,Maijoor 的演讲表明了对设计监管改革以追求特定新技术的反感。监管机构在应对加密经济的发展时采取了连贯性方法,例如将反洗钱条例②扩展到加密货币业务,从而减少洗钱渠道。

笔者认为,过度强调为加密经济的金融化方面设计监管政策可能会导致扭曲效应。如果认为代币销售被涵盖在证券监管的监管范围内,那么,监管机构会将基于 DLT 的商业模式认定为一种公司形式。是否应该做出这样的假设? 公司形式可能确实不适合基于 DLT 的商业模式,因为股东至上或董事控制的概念可能需要在考虑利益相关者的重要性和参与这类经济③的情况下进行调整。如果不将代币销售视为证券发行,那么,证券监管的不适用为重新思考经济和监管模式铺平了道路。此外,评论员可以将加密代币描述为金融化范式④中的期货合约,但代币是否可以被视为商业销售?这种处理方式将为思考进行销售法的潜在改革,以迎合基于 DLT 的商业模式的生产性方面而铺平了道路,并涉及制定新的商业权利和义务。

以金融监管为重点的监管政策也会鼓励加密经济变得越来越过度金融

① 韩国禁止加密货币交易者使用匿名银行账户(South Korea to ban crypto-currency traders from using anonymous bank accounts). https://www.reuters.com/article/us-southkorea-bitcoin/south-korea-to-ban-crypto-currency-traders-from-using-anonymous-bank-accounts-idUSKBN1FC069.

② Directive (EU) 2018/843 of the European Parliament and of the Council of 30 May 2018 Amending Directive(EU) 2015/849 on the Prevention of the Use of the Financial System for the Purposes of Money Laundering or Terrorist Financing and Amending Directives 2009/138/EC and 2013/36/EU, Arts 2(1)(g), 3(18) and Preamble paras. 8‐10.欧洲议会指令(EU)2018/843 和理事会 2018年5月30日指令,修订关于防止利用金融系统洗钱或资助恐怖主义的指令(EU)2015/849,并修订指令 2009/138/EC 和 2013/36/EU,第 2(1)(g)、3(18)条和序言第 8—10 段。

③ B. Morgan and D. Kuch. Radical Transactionalism: Legal Consciousness, Diverse Economies and the Sharing Economy. *Journal of Law and Society*, Vol.42, 2015, p.556.

④ H. Deng et al. The Regulation of Initial Coin Offerings in China: Problems, Prognoses and Prospects. *EBOR*, Vol.19, 2018, p.465.

化,吸引更多的金融家而非生产性经济代理人进入该领域。代币二级市场已经具有高度投机性和波动性,[①]而传统金融经济体的参与者越来越多地占据了这一空间,例如机构、成熟且高净值投资者,[②]他们不断寻求收益率高、投资组合多样化的新资产类别。[③] 政策制定者专注于阻止散户参与[④]"西大荒"加密市场,加剧了对他们的排挤。事实上,狭隘地专注于实现金融监管目标,例如打击监管套利、通过阻止入市来捍卫现有的监管边界、保护消费者,可能会导致加密经济过度金融化,使其成为信息不对称且高度投机的市场,让对其生产能力感兴趣的经济代理人望而却步。加密衍生品或加密基金等金融创新也可能导致加密经济中的过度投机和金融参与,[⑤]削弱吸引力和真实生产力的发展。[⑥]

Facebook 开发数字货币 Libra 可能会激发国际社会对金融监管的一致回应。由于 Facebook 拥有 20 亿现有用户,Libra(天秤币)有可能成为一个超越任何国家监管的私人资金转移网络。人们担忧其会为洗钱和欺诈[⑦]提供便利。基于国际上对加密货币实施反洗钱控制的共识,我们可能会看到由中央银行和金融监管机构牵头加快制定国际政策,将政策坚定地引导到

---

① T. Bourveau et al. Initial Coin Offerings: Early Evidence on the Role of Disclosure in the Unregulated Crypto Market. https://www.ssrn.com/abstract=3193392.

② 根据《金融工具市场指令》(*Financial Instruments Directive*)第 24 条,经验丰富的投资者及其金融中介机构通常可以免除广泛的零售客户义务和保护。

③ 机构投资者对加密货币进行多元化投资颇感兴趣,许多人认为加密货币是一种资产类别,参见 L. Lin and D. Nestacorva. Venture Capital in the Rise of Crypto Economy: Problems and Prospects. *Berkeley Business Law Journal*, Vol.16, 2019; What We Learnt from 100 Crypto-talks with Institutional Investors. https://www.coindesk.com/what-we-learned-in-100-crypto-asset-talks-with-institutional-investors.

④ FCA. Consumer Attitudes and Awareness of Cryptoassets: Research Summary. https://www.fca.org.uk/publications/research/consumer-attitudes-and-awareness-cryptoassets-research-summary.

⑤ 投机和风险金融是明斯基模型(Minskyan trajectory),参见 H. Minsky, The Financial Instability Hypothesis (Levy Institute Working Paper 1992). https://www.levyinstitute.org/pubs/wp74.pdf; E. Avgouleas. Regulating Financial Innovation: A Multifaceted Challenge to Financial Stability, Consumer Protection and Growth, in N. Moloney et al (eds). *Oxford Handbook of Financial Regulation*. Oxford: Oxford University Press, 2015.

⑥ M. Mazzucato and C. Perez. Innovation as Growth Policy: The Challenge for Europe. https://www.ssrn.com/sol3/papers.cfm?abstract_id=2742164.

⑦ 美联储主席鲍威尔警告,参见 https://www.forbes.com/sites/billybambrough/2019/07/11/blow-to-bitcoin-as-fed-chair-jerome-powell-issues-stark-facebook-warning/#1977c23f3eaf;美国财政部长和英国央行行长的观点,可参见 https://www.bbc.com/news/business-48998304; https://www.theguardian.com/business/2019/jul/02/facebook-warned-libra-crypto-currency-will-come-under-close-scrutiny;欧洲央行的警告,参见 https://www.bloomberg.com/news/articles/2019-07-07/facebook-s-crypto-currency-plan-draws-ecb-warning-on-regulation.

货币和金融监管领域。我们反对依靠欧盟金融监管机构来主导加密经济政策的制定。

2. 欧洲金融监管体系及其在监管加密经济中的作用

欧洲金融监管体系(ESFS)于 2010 年首次创建,[1] 由三个机构组成,即欧洲银行业管理局(EBA)、欧洲社会保障局(ESMA)和欧洲保险和职业养老金管理局(EIOPA),三个机构和欧洲系统性风险委员会(ESRB)的联合委员会是位于欧洲央行保护伞下专门监测系统性风险的机构。EBA、ESMA 和 EIOPA 是在全球金融危机之后创建的,旨在维护欧盟金融市场的稳定和良好运作,同时不损害内部市场的一体化。[2] 它们监督国家监管机构,主要负责制定技术官僚政策和确保监管趋同。这三个机构和联合委员会已成为欧盟金融监管的技术官僚统治系统。

此外,欧洲社会保障局(ESMA)越来越有能力承担直接监管职能。这始于对信用评级机构[3]和贸易仓库[4]这些泛欧组织的监管。鉴于英国计划退出欧盟,人们进一步计划扩大 ESMA 对受监管实体泛欧化直接授权和监督的权限,从而对欧盟证券和市场监管采取更加集中的方式,例如对各种类型的泛欧集体投资基金和中央交易对手方的监管。[5]

欧洲金融监管体系(ESFS)的架构被认为是加密经济政策发展的"天然家园"。事实上,加密经济中存在大量的市场失灵,使政策干预变得十分必要,例如在应对欺诈、不受监管市场上的不良市场行为以及托管服务提供商给投资者带来的风险时。然而,监管机构尚未采取措施,将现有监管范围扩大到加密活动。其采取的一项关键行动是向消费者发出警告,不建议其参

---

① 见下文的 EBA、ESMA、EIOPA 和 ESRB 法规。

② J. de Larosière et al. Report by the High Level Group on Financial Supervision in the EU (Brussels, 25February 2009). https://ec.europa.eu/economy_finance/publications/pages/publication14527_en.pdf.

③ Regulation (EC) No.1060/2009 of the European Parliament and of the Council of 16 September 2009 on credit rating agencies amended in 2011,2013. 2009 年 9 月 16 日欧洲议会和理事会关于信用评级机构的法规(EC) No.10602009 于 2011 和 2013 年修订。

④ Regulation (EU) No.648/2012 of the European Parliament and of the Council of 4 July 2012 on OTC derivatives,central counterparties and trade repositories.2012 年 7 月 4 日欧洲议会和理事会关于场外衍生品、中央交易对手方和交易存储库的法规(EU) No.6482012。

⑤ D. Busch. A Stronger Role for the European Supervisory Authorities in the EU27, in D. Busch et al (eds). The Capital Markets Union in Europe. Oxford:Oxford University Press, 2019.

与加密经济。① 监管机构这样做可能是担心整个欧盟加密经济过早合法化。然而，监管方面的犹豫并不能阻止新活动的不断出现，警告和制止那些被认为"脆弱"的消费者无助于为他们做好准备②去迎接新的发展和新的经济未来。此外，金融监管机构对消费者保护的过分关注将导致加密经济的金融化加剧，并破坏其发展。

尽管欧盟监管机构准备在加密经济的政策和监管发展方面发挥技术官僚的领导作用，但尚未取得重大进展。然而，这些机构的克制并没有引发更广泛的对整体政策的思考。我们预测金融监管机构可能会继续"观望"，这一观点可以得到以下原因的支持。首先，各机构都理所当然地认为自己能影响并最终执行已经被机构核准的政策，即法律中所体现的欧盟委员会的信息和政策。其次，在意义建构的过程中，各机构极其谨慎，以防过早在加密经济领域显得"仗势欺人"。再次，这些机构实际上看到了加密经济在金融化方面以外的更大图景，并敦促欧盟的政策制定机构重视这一点。

金融监管机构负责市场整合、消费者保护和系统稳定性监测。③ 市场整合政策来自欧盟委员会（the European Commission），欧盟委员会表示，在制定任何加密资产提案之前，倾向于可能来自金融稳定理事会（the Financial Stability Board）的国际化政策制定的发展。④ 各机构目前的作用是信息学习和合成，因为它们的任务是在工作的各个方面系统地考虑金融科技，并监测国家监管机构开发监管沙盒的情况。⑤

然而，各机构迟迟不提出政策改革建议不是因为它们提不出相应建议，而是因为它们选择不提任何建议。这些机构被视为技术官僚专家，对于应该制定什么样的监管政策，例如对投资公司进行审慎监管的重大改革，没有

---

① FCA. Consumer Warning about the Risks of Investing in Crypto-Currency CFDs (November 2017), www. fca. org. uk/news/news-stories/consumer-warning-about-risks-investing-crypto-currency-cfds; FCA. Cryptoassets (7 March 2019), www. fca. org. uk/consumers/cryptoassets; ESAs Warn Consumers of Risks in Buying Virtual Currencies (12 February 2018), eba. europa. eu/-/esas-warn-consumers-of-risks-in-buying-virtual-currencies.

② 例如，FCA进行的研究表明，很少有消费者了解加密货币或资产，也没有多少人参与这些市场，但这样的调研不需要对消费者具有启示意义。

③ 这些是它们根据各自的设立条例所应承担的立法职责。

④ 《金融科技行动计划》（FinTech Action Plan）。

⑤ 《金融科技行动计划》（FinTech Action Plan）。

人阻止它们发表自己的观点。① 这种避免为加密经济制定明确政策的做法是一种自我约束,不能仅通过职权范围来解释。Maijoor 认为人们不愿意过早在欧盟层面承认加密经济活动的合法性。这可能是因为加密经济活动的无边界性质可能会在单一市场中找到一个天然的契合点,而政策制定者仍然不确定他们是否希望在这个新经济中建立一个单一市场。此外,人们更倾向于制定技术中立的法律和法规,这样立法者才会为了永恒的目标充分考虑并制定这些法律和法规。

金融监管通常是技术中立的,这一说法是错误的。虽然在解决金融产品的功能实质问题、规范金融产品的中介服务类型的问题上需要付出努力,②但仍有必要规定对特定类型技术行为的监管期望,因为这些会引起特定的问题和风险。例如,《金融工具市场指令》(*Markets in Financial Instruments Directive*)中关于算法高频交易员的治理、监督和责任的规定表明,人们意识到了具体的治理需求,而对市场参与者职责进行更广泛的功能性监管是不够的。③ 然而,有人可能会说,市场参与者的行为在很大程度上受到市场规则的监管,因此,监管干预只试图监管市场规则还没有规范的公共产品。在《2015 年支付服务指令》(*The Payment Services Directive 2015*)中,支付服务市场中负责支付和汇总账户信息服务的非银行提供商得到了认可,指令为其引入了监管框架,以促进支付服务市场的竞争。④ 制定此类监管政策是为了促进能够提供新支付手段和账户管理界面的非银行数据商业模式,这是对技术发展的回应。欧盟委员会的《金融科技行动计划》(*Fintech Action Plan*)鼓励使用远程了解客户尽职调查流程(know your

---

① EBA. *Advice on New Prudential Framework for Investment Firms* (September 2017). https://www.eba.europa.eu/-/eba-issues-opinion-on-the-design-of-a-new-prudential-framework-for-investment-firms (现已纳入法律). https://www.europa.eu/rapid/press-release_IP-19-2130_en.htm? locale=en.

② 这意味着,监管范围不再根据有关机构的标签(例如银行、保险或证券公司)来确定,而是扩大到任何从事功能性质相同活动的机构。参见英国金融服务管理局使用这一方法的例子,*FSA v. Anderson & Others* [2010] *EWHC 599 (Ch)*.

③ 《2014 年金融工具市场指令》(*Markets in Financial Instruments Directive 2014*)第 17 条。

④ Directive (EU) 2015/2366 of the European Parliament and of the Council of 25 November 2015 on Payment Services in the Internal Market,Amending Directives 2002/65/EC,2009/110/EC and 2013/36/EU and Regulation (EU) No.1093/2010 and Repealing Directive 2007/64/EC,Arts 46 - 48,64 - 66 on Payment Initiation Service Providers' Duties and Responsibilities,Arts 33,69,97 for account information service providers.

customer diligence processes)和电子身份识别，这也是一项应对技术发展并表示接受和认可的政策。因此，在非中介商业模式和代币融资的新技术方面，要避免对加密经济采取立场就不能真正归因于技术中立监管的需要。相反，与加密经济相关的意义建构仍然缺乏，因此，在支持或拒绝技术作为加密经济基础并为加密经济提供动力方面应十分谨慎。

金融监管机构不采取金融监管措施为更系统性驱动的方法铺平了道路，笔者认为这是正确的方法。然而，我们仍然需要朝着这一轨迹前进，否则，对各机构的抑制只会给集体行动的惰性留下余地。有学者警告说，对创新发展的监管持"观望"态度，可能会导致监管政策惰性过强，不能满足治理需求。[①] 我们注意到 EBA 明确警告说，如果不考虑超出了金融部门监管机构的职权范围、与加密经济相关的更广泛的问题，加密资产的政策制定就是不完整的。然而，我们厘清了在系统性层面制定欧盟加密经济监管政策的挑战。

（二）形成政策和监管的系统性驱动力

有几个因素将推动对欧盟加密经济政策和监管的系统性思考。首先，如果加密经济作为单一市场项目的一部分被采用，无论是作为资本市场联盟[②]（Capital Markets Union）的一部分还是更广泛主体的一部分，欧盟委员会都会发展系统性的政策思维。然而，我们将讨论反对这一发展的意识形态和政治阻力。其次，如果加密经济的金融化导致重大金融活动，并威胁欧盟金融市场的系统稳定性，那么，人们可能会采取协调一致的行动来应对此类事态发展，正如我们所看到的，全球金融危机如何促进机构层面的改革，导致 ESFS 的建立[③]以及一系列涉及多个领域的监管改革。[④] 然而，这些事态发展并不能使欧洲的治理得到很好的重视，因为欧盟被认为缺乏政策指引。再次，加密经济政策和监管的系统性方法可以通过应用创新政策框架

---

① N. Cortez. Regulating Disruptive Innovation. *Berkeley Technology Law Journal*, Vol. 29, 2014, p.175.

② https://www. ec. europa. eu/info/business-economy-euro/growth-and-investment/capital-markets-union_en.

③ P. Weismann. *European Agencies and Risk Governance in EU Financial Market Law*. Oxford: Routledge, 2016.

④ M. Andenas and I. H. Y. Chiu. *The Foundations and Future of Financial Regulation*. Oxford: Routledge, 2014.

产生。尽管欧盟的创新政策仍然有些零碎,但本文第四部分就如何为政策和监管提供统一和综合的方法提出了建议。

　　加密经济是否会成为单一市场项目的一部分?无边界的加密经济是否与促进单一市场中的跨境经济参与相兼容,这一点存在争议。此外,加密经济以众多的发展中企业或中小型企业参与为特点,欧盟对它们的发展融资需求给予了充分支持。[①] 然而,在加密经济中采用单一市场议程很可能会受到供需双方的抵制,即加密经济开发商和欧盟政策制定者的抵制。

　　在需求方面,加密经济开发商希望加密经济在全球范围内无国界,不希望加密经济被局限于单一市场。已知许多基于 DLT 的商业模式完成离岸合并,[②]并在全球范围内发行其代币。它们可能不需要欧洲护照就可以进入市场,尽管合法性的授予可能会极大地提升它们的前景。此外,单一市场被视为一个秩序自由主义项目,[③]即建立自由市场的经济秩序并以自由主义哲学为基础,但以整体公共秩序和机构治理框架进行巩固。单一市场的这一哲学基础可能被视为与加密经济不兼容,毕竟加密经济高度去中心化,且根据一些评论员的说法,它代表了一种无视传统权威和制度结构的无政府资本主义秩序。[④]

　　即使加密经济开发者不一定采取这种反建制的立场,加密经济的精神是自下而上的,并呼吁一种新的民主和参与形式。因此,人们可能对欧盟的经济治理政策和制度持谨慎态度。有大量文献批评欧洲经济治理过于严格,容易产生不公正,[⑤]在经济和市场政策的技术官僚管理方面过于教条,

---

① https://www. eu/info/business-economy-euro/growth-and-investment/capital-markets-union/capital-markets-union-action-plan/financing-innovation-start-ups-and-non-listed-companies_en,其中包括资本市场联盟解决小企业融资问题的举措,例如运用专门的投资基金结构和监管在线众筹平台。

② 例如开曼群岛和英属维尔京群岛。

③ C. Joerges. The European Economic Constitution and its Transformation through the Financial Crisis. https://www.papers.ssrn.com/sol3/papers.cfm?abstract_id=2560245.

④ J. Flood and L. Robb. Trust, Anarcho-Capitalism, Blockchain and Initial Coin Offerings. https://www.ssrn.com/abstract=3074263.

⑤ 主要是关于单一货币对财政纪律的影响,以及对需要金融救助的国家的后危机财政规则的严格程度,参见 F. Amtenbrink. New Economic Governance in the European Union: Another Constitutional Battleground? K. Purnhagen and P. Rott（eds）. *Varieties of European Economic Law and Regulation: Liber Amicorum for Hans Micklitz*. Heidelberg: Springer, 2014; A. de Streel. The Evolution of the EU Economic Governance since the Treaty of Maastricht: an Unfinished Task. *Maastrict Journal*, Vol.20, 2013, p.3.

因此变得与社会脱节,[①]在政治上不负责任。[②] 最近,欧洲经济治理被批评为难以持续的中央集权,[③]无法协调必要的差异性和需求多样性。[④]

在供应方面,政策制定者可能不热衷于将加密经济纳入单一市场项目,因为加密经济的参与者在制度上并不常见,[⑤]继而缺乏将加密经济开发商纳入单一市场项目范围的政治信任。加密经济开发商首先开发了替代货币来代表和转移价值,挑战主权支持的货币,从而使自己成为现有机构的挑战者。政策制定者一再否认加密货币具备成为"货币"的特性。[⑥]

然而,代币发行商继续奉行"替代"理念,即通过使用账本的原生代币来创造和代表价值,[⑦]并以私人方式进行交易。随着各种代币不断涌现并充斥着加密经济,代币可能越来越难以获得真正颠覆传统货币和投资工具的网络效应。政策制定者可能对这个不受监管的领域选择置之不理,因为允许代币竞争致其自行灭亡而非赋予其合法性,并为其颠覆性意图提供牵引力是一种策略。因此,迄今为止,监管政策主要集中在现有熟悉的行业结构上,例如基金和资产管理业,[⑧]以开发一系列融资产品来满足基础设施、[⑨]社会创业[⑩]或风险投资[⑪]等需求。这些服务将由传统的投资中介机构提供,并

---

① D. Muggë. From Pragmatism to Dogmatism: European Union Governance, Policy Paradigms and Financial Meltdown. *New Political Economy*, Vol.16, 2011, p.185; M. Everson. A Technology of Expertise: EU Financial Services Agencies. *LSE Working Papers*, 2012.

② P. F. Kjaer. European Crises of Legally-Constituted Public Power: From the "Law of Corporatism" to The "Law of Governance". *European Law Journal*, Vol.23, 2017, p.417.

③ W. Munchau. The Unsustainable Unbreakable Eurozone. *Financial Times*, 28 April, 2019.

④ S. Fabbrini. Beyond Intergovernmentalism: The Puzzle of European Economic Governance, in M. J. Rodrigues and E. Xiarchogiannopoulou (eds). *The Eurozone Crisis and the Transformation of the EU Governance: External And Internal Implications*. Aldershot, Ashgate, 2014.

⑤ H. E. Aldrich and C. M. Fiol. Fools Rush in? The Institutional Context of Industry Creation. *Academy of Management Review*, Vol.19, 1994, p.645.

⑥ 《国际清算银行 2018 年年度经济报告》(*BIS Annual Economic Report 2018*)。

⑦ 代币可以兑换比特币或以太币等加密货币。

⑧ 欧盟委员会(The EU Commission)继续呼吁资产管理行业,例如,在发展可持续金融方面,参见欧盟可持续金融高级别专家组(HLEG)《为可持续的欧洲经济融资》[*HLEG*(2018)]的建议。

⑨ Regulation (EU) 2015760 of the European Parliament and of the Council of 29 April 2015 on European long-term investment funds(2015 年 4 月 29 日,欧洲议会和理事会关于欧洲长期投资基金的法规(EU)2015760)。

⑩ Regulation (EU) No.346/2013 of the European Parliament and of the Council of 17 April 2013 on European social entrepreneurship funds(2013 年 4 月 17 日,欧洲议会和理事会关于欧洲社会创业基金的第 346/2013 号条例)。

⑪ Regulation (EU) No.345/2013 of the European Parliament and of the Council of 17 April 2013 on European venture capital funds(2013 年 4 月 17 日,欧洲议会和理事会关于欧洲风险投资基金的法规(EU)第 345/2013 条例)。

且受到欧盟政策和治理机构的监管和广泛参与。①

　　此外,虽然政策制定者可能不热衷于开展加密经济的治理,但是传统经济的生产性深深植根于不同的国家政治经济中,②其中劳动力与资本达成了不同的交易,③存在着不同的产业政策④和应对债权人、供应商等各样经济行为体的不同法律框架。⑤ 因此,协调欧盟公司法是一个棘手而渐进的过程,因为成员国的基本背景和制度差异证明了一刀切的做法是不合理的。此外,即使在统一了公司治理标准⑥或股东管理标准⑦的证券市场监管中,不同资本市场的适用细节仍存在差异。然而,可能有人会认为,体制包袱对加密经济来说不是问题,因为加密经济的意图就是脱离体制框架,而为加密经济的政策和监管引入协调思维可能更容易、更有效。

　　关于加密经济是否对金融系统稳定性存在威胁,并以此迫使欧盟政策制定者采取一致行动,金融稳定委员会(Financial Stability Board)已驳回了此类说法,因为与传统金融经济体相比,目前加密经济的活动规模较小。然而,加密货币一直被认为是可以与法定货币互换的,这一交换的基本原则使加密经济对实体经济和金融经济具有渗透性。传统金融参与者可能会成为

---

① E Monnet et al. Europe between Financial Repression and Regulatory Capture. Bruegel Working Paper, 2014. https://www.bruegel.org/wp-content/uploads/imported/publications/WP_2014_08_.pdf.金融业对金融部门治理和政策的主导影响,亦参见 P. Mooschlechner et al (eds). The Political Economy of Financial Market Regulation. Cheltenham:Edward Elgar, 2006; S. Pagliari. Who Governs Finance? The Shifting Public-Private Divide in the Regulation of Derivatives, Rating Agencies and Hedge Funds. *European Law Journal*, Vol.18, 2012, p.44.

② P. Zumbansen. Spaces and Places:A Systems Theory Approach to Regulatory Competition in European Company Law. *European Law Journal*, Vol.12, 2006, p.534.

③ 例如德国的共同决定制度,英国与此不同,英国公司法只关注股东与管理层的关系,将劳动相关的内容归于合同制度管辖。参见 P. A. Hall and D. Soskice. An Introduction to Varieties of Capitalism, in P. A. Hall and D. Soskice (eds). *Varieties of Capitalism: The Institutional Foundations of Comparative Advantage*. Oxford:Oxford University Press, 2001.

④ 例如,法国有一项支持国家冠军企业的产业政策,但英国自 20 世纪 80 年代以来一直在进行系统性私有化。

⑤ 不同的司法管辖区对公司提供不同的债权人权利,最近的发展(例如荷兰在公司和政府之间订立合同,以确保公司不会在供应链中滥用职权)与其他司法管辖区的做法(例如英国将供应链治理主要交给合同治理,但需要遵循基本的披露形式[2015 年《现代奴隶制法案》,*Modern Slavery Act* 2015)]第 54 条不同。

⑥ M. Siems. Convergence in Corporate Governance:A Leximetric Approach. *Journal of Corporation Law*, Vol. 35, 2010, p. 729; C. Gerner-Beuerle. Determinants of Corporate Governance Codes. https://www.papers.ssrn.com/sol3/papers.cfm?abstract_id=2346673.

⑦ J. G. Hill. Good Activist/Bad Activist:The Rise of International Stewardship Codes. *Seattle University Law Review*, Vol.41, 2018, p.497.

加密经济的新中介，因为他们提议以基金的形式开发金融产品，例如，交易所交易基金①邀请投资者（例如一些想接触新加密资产类别的风险资本投资者）参与。尽管许多加密资产交易所不像传统证券和衍生品市场那样设置交易准入壁垒，②但投资者可能会被噪声和炒作所"淹没"，或者可能对自己构建投资组合没有信心。现有的金融中介机构正在进入这一领域开展中介活动并寻租，利用其在传统金融经济中的现有地位获取新的投资空间。③传统的特别是机构参与的加密经济的规模是否会上升到更大的比例，并吸引政策制定者的注意仍有待观察。一方面，这可能导致以金融部门为重点的改革，而不是系统性改革；另一方面，2007—2009 年全球金融危机后的决策者变得更具前瞻性，④以防事后被视为无能。由全球稳定等大规模担忧引发的政策发展可能会在系统层面上激励政策和监管发展。

　　笔者建议，系统性政策和监管发展可以通过采用与加密经济相关的更广泛的创新政策来实现。创新为理解加密经济提供了一个不同的视角，而不是只把加密经济看作进行监管套利、反建制或无政府资本主义的领域。对创新的关注，将问题与它所预示的经济变化联系起来，⑤例如"第四次工业革命"⑥使政策制定者认识到颠覆性的潜力以及商业和经济模式可能产生的变化。人们可以回应如下问题：这种创新更倾向于渐进式⑦还是地震般的剧变式？⑧ 这种创新是否产生了包括伦理、可持续性、社会和政治辩论在内

---

① W. M. Peaster. Crypto & Blockchain Exchange-Traded Funds（ETFs）Launching in Europe. https://www.blockonomi.com/crypto-blockchain-etfs-europe/.

② 即中间人的交易，以及潜在的滥用，参见 N. Gunningham. Private Ordering, Self-regulation and Futures Markets: A Comparative Study of Informal Social Control. *Law and Policy*, Vol.13, 1991, p.297.

③ 资产管理公司富达（Fidelity）打算提供加密货币托管服务，参见 M. Leising and A. Marsh. Fidelity is Said to Plan March Launch of Bitcoin Custody Service. https://www.bloomberg.com/news/articles/2019-01-29/fidelity-is-said-to-plan-march-launch-of-bitcoin-custody-service; https://www. jpmorgan.com/global/news/digital-coin-payments.

④ 《2012 年巴塞尔核心原则（原则 8）》（*Basel Core Principles 2012* at Principle 8）。

⑤ S. Borràs. Analysing the Innovation Policy of the EU in S Borràs, *The Innovation Policy of the European Union: From Government to Governance*. Cheltenham: Edward Elgar, 2003.

⑥ K. Schwab. *The Fourth Industrial Revolution*. Currency, 2017.

⑦ C. Ford. *Innovation and the State: Finance, Regulation and Justice*. Cambridge: Cambridge University Press, 2018.

⑧ C. Ford. *Innovation and the State: Finance, Regulation and Justice*. Cambridge: Cambridge University Press, 2018.

的高层次影响。① 创新政策的视角被认为是在系统层面促进政策和监管发展的理想选择,该层面整合了对广泛问题的思考,而不只是侧重于金融治理。

可以说,欧盟设立了区块链观察站和论坛(the blockchain observatory and forum),以系统分析分布式账本技术的创新潜力,这是系统性方法的开始。笔者对此并不反对,因为观察站和论坛明确表示有兴趣向欧盟委员会提出政策建议。② 然而,观察站和论坛目前规模相对较小,主要由 1 名行业参与者和 4 名大学参与者领导,其中 3 人在英国,某些时候可能会受到英国退出欧盟的影响,因此,有必要考虑将政策议程更深地嵌入欧洲关于创新的机构治理框架中。

四、创新政策——制定监管管理的框架

创新政策为发展加密经济中监管政策的系统性驱动框架提供了最佳基础。这样的框架使我们能够评估、学习和研究创新各个方面③及其变革潜力,并考虑如何治理此类变革。④

(一)加密经济与创新

加密经济创新方面涉及的行业、部门和国家经济与以下方面有关:① 商业模式;② 技术改造;③ 新的经济联系;④ 新的经济行为体和生产力;⑤ 新的经济衍生产品。

一是在商业模式方面,基于 DLT 的商业模式是高度去中心化的商业模式,可以通过区块链这一最理想的方式提供独特的商品和服务。这些模式发动大众参与,以共享经济模式提供网络或集体商品和服务。

二是在技术变革方面,分布式账本技术是一项突破,通过加密方式将网

---

① HTC Hu. Financial Innovation and Governance Mechanisms: The Evolution of Decoupling and Transparency. *Business Lawyer*,Vol.70,2015,p.347;关于客观学习创新和传播对公共教育影响的重要性,参见 S. de Saille. Innovating Innovation Policy: The Emergence of "Responsible Research and Innovation". *Journal of Responsible Innovation*,Vol.2,2015,p.152.

② https://www.eublockchainforum.eu/about.

③ E. Sutherland. Trends in Regulating the Global Digital Economy. https://www.papers.ssrn.com/sol3/papers.cfm?abstract_id=3216772.

④ S. Borràs and J. Edler. "Introduction" in S. Borràs and J. Edler (eds). *The Governance of Socio-technical Systems: Explaining Change*. Cheltenham,Edward Elgar,2014.

络计算与确认和认证协议结合在一起，从而在商业和非商业交互中实现形式越来越复杂的自动化。

三是在形成新联系方面，DLT 平台上的智能合约可以改变不同地理区域社会和经济关系的动态。①

四是在新产品、服务和商品化方面，共享经济已经带来了产品和服务提供方式的变化，基于 DLT 的商业模式引入了共享经济之外的新型商品化。② 优步(Uber)允许拥有汽车的人将其"过剩载量"商品化，在汽车空闲时提供出租服务从而获得收入，爱彼迎(AirBnB)允许人们将其空余房间商品化，以从度假房客那里获得收入。商品化带来了新的问题，例如如何构想社会经济关系，以及是否普遍鼓励更多的计算。③ 这些影响应在系统性政策思考中进行辩论。

五是在融资加密代币等金融"衍生"产品方面，提供了一种新的资产类别，可以进一步创建对冲和可投资资产。④

应当结合欧盟政策制定的目标和目的，采用系统性方法考虑加密经济的所有发展和影响，⑤无论是为了提高欧盟经济体的增长、经济发展和总体绩效，还是出于免受伤害和减轻风险等保护目的。从这个意义上说，我们赞同评论员的建议，即创新政策应以公共政策为主导。有学者支持公共政策主导的创新框架，因为成功的创新需要承诺和治理，以及来自公众和私人的资金，公共政策的领导可以缓解私营部门经常卷入的短视和短期主义的弊病。其他评论员也支持创新政策以促进生产力复苏和复兴——特别是

---

① 人们还可以使用 Neil Fligstein 的经济社会学分析来进行新市场中参与者和结构的网络分析，参见 N. Fligstein and R. Calder. "Architecture of Markets" in R Scott and S Kosslyn (eds). Emerging Trends in the Social and Behavioural Sciences, sociology. https://www.berkeley.edu/sites/default/files/faculty/fligstein/architecture%20of%20markets%20Calder%20Trends.pdf；更早的著作，参见 N. Fligstein. *The Architecture of Markets*. Princeton：NJ, Princeton University Press, 2001.

② D. Prabhat. "BorrowMyDoggy. Com"：Rethinking Peer-to-Peer Exchange for Genuine Sharing. *Journal of Law and Society*, Vol.45, 2018, p.84.

③ J. Palomera. Reciprocity, Commodification and Poverty in the Era of Financialization. *Current Anthropology* Vol.55, 2014, p.105；此外，不应受市场价格支配的对象也会被破坏，参见 T. Dagan. Commodification without Money. https://www.ssrn.com/abstract = 1537586；M. Sandel. *What Money Can't Buy：The Moral Limits of Markets*. London：Penguin, 2013.

④ J. Lee. *Crypto Finance, Law and Regulation*. Oxford, Routledge, 2019.

⑤ OECD. Innovation Policies in the Digital Age. https://www.oecd-ilibrary.org/docserver/eadd1094-en.pdf?expires=1556192035&id=id&accname=guest&checksum=97455A905BE124534E1626E271C575DD.

在经济危机之后,这种支持创新的政策尤其能够应对有限财政政策的挑战。①

（二）欧盟创新政策

在 21 世纪初,有学者撰写了一篇文章谈及欧盟创新的新兴治理框架。②根据支持单一市场项目的目标和目的,欧洲推动了这一政策,经合组织（OECD）的一项调查表明,其在一定程度上取代了许多发达国家似乎缺乏或不连贯的"国家创新体系"。尽管如此,欧盟的创新治理是多层次和多方面的,这反映了在这个复杂的政体中需要的是反射性的而非自上而下的治理,以及创新治理应置于具体问题领域的不同具体轨迹中。然而,评论员梳理出了一些综合原则,可以有效地形成一个框架,更全面地考虑加密经济。

一是在通过资助促进创新方面发挥领导作用。由于欧盟委员会（the European Commission）有一个专门的研究和创新部门,专注于促进和资助创新,这种领导作用对于传达政策领导力和实施创新至关重要。

二是可以嵌套创新的高层次目的和目标,例如《欧盟地平线 2020 愿景》（the EU Horizon 2020 Vision）。③

三是制度结构应在确定和支持的环境中促进创新,例如促进泛欧知识产权和制定适当的欧洲标准。

四是制度结构应从吸收促进创新和对现有制度保护关切的平衡考虑,例如"负责任的创新"（responsible innovation）政策,④即在促进创新的同时考虑伦理、可持续性、保护免受伤害（无论是预防性的还是事后的）。《一般数据保护条例》（the General Data Protection Regulation）,可以说是为了在保护个人隐私以及使用和保存关于商业便利的个人数据之间取得平衡。

五是多层次对话框架,用于各种公共和私营部门行为者之间的学习和

---

① M. Benner. Innovation Policy in Hard Times：Lessons from the Nordic Countries. *European Planning Studies*，Vol.20，2012，p.1455.

② P. S. Biegelbauer and S. Borràs. "Introduction" in P.S. Biegelbauer and S. Borràs（eds）. *Innovation Policies in Europe and US: The New Agenda*. Aldershot：Ashgate，2003.

③ https://www.ec.europa.eu/programmes/horizon2020/en.

④ M. T. Casparri et al. Responsible Financial Innovation in Banks：Committees of New Products. *Revista Científica*，Vol.19，2015. https://www.redalyc.org/articulo.oa？id=357941099006.

相互协调，尽管这种网络可能因不透明和对民主参与不够开放而受到批评。

制定欧盟创新政策框架可以利用中央化的机构结构，并与地方和利益相关者进行网络对话、学习和协调。① 这种政策框架还应促进与地方和利益攸关方一起，建立起比目前区块链观察站和论坛所设想的更具包容性的网络。这一框架能够适应治理的变化，这样，变革的动因和意图（可能不只是出于激励目的）就可以被描绘出来，我们可以更清楚地辨别出为变革和创业创造机会的结构。然后，根据如何促进或阻碍变革来绘制制度因素图。

欧盟层面的创新和变革治理框架为制定政策和进行监管提供了一种系统性的方法，并有助于欧盟对加密经济的发展做出更全面和长期的回应。

五、总结

笔者认为，欧盟应以系统性和整体性的方式考虑加密经济的政策和监管，其机构和治理框架应以这种方式制定政策。制定政策和监管的系统性方法很重要，因为加密经济应在经济发展、动员和单一市场项目方面仔细考虑。

尽管全球对加密经济的金融化给予了极大关注，而且监管先驱们似乎专注于制定金融和证券监管政策，但这种做法本质上是狭隘的，可能会加剧加密经济过度金融化的负面影响。笔者建议欧盟应制定一个创新和变革治理的框架以考虑加密经济的发展，从而以整体方式制定政策，并进行监管，考虑将其纳入单一市场项目的可行性。

---

① S. Kuhlmann. Future Governance of Innovation Policy in Europe：Three Scenarios. *Research Policy*，Vol. 30，2001，p. 953.

后 记

　　本书是国家社科基金重大项目"美国全球单边经济制裁中涉华制裁案例分析与对策研究"(21&ZD208)的阶段性成果。

　　本书得到了作者们的大力支持,他们慷慨地授权,使得本书的翻译和出版顺利进行。

　　本书的出版得到了上海市法学会国家安全法律研究会的资助以及董卫民会长、杭燕老师、巫社广老师的帮助和支持,特此致谢!

　　汪娜编辑精心编辑全书,所有译者翻译并且三校了译文,感谢他们的付出!

沈　伟

2024 年 6 月 18 日